计算机信息化应用研究

姜晓龙　张润　李明　主编

江西科学技术出版社

图书在版编目（CIP）数据

计算机信息化应用研究 / 姜晓龙, 张润, 李明主编
. -- 南昌：江西科学技术出版社, 2022.12
　　ISBN 978-7-5390-8402-2

Ⅰ．①计… Ⅱ．①姜… ②张… ③李… Ⅲ．①信息化
建设－研究－中国 Ⅳ．①G203

中国版本图书馆 CIP 数据核字(2022)第 201488 号

国际互联网（Internet）地址：
http://www.jxkjcbs.com
选题序号：ZK2022287

	计算机信息化应用研究　　姜晓龙　张润　李明　主编
出版 发行	江西科学技术出版社
社址	南昌市蓼洲街 2 号附 1 号 邮编：330009　电话：(0791) 86624275　86610326(传真)
印刷	济南文达印务有限公司
经销	各地新华书店
开本	710mm×1000mm　1/16
字数	295 千字
印张	21.25
版次	2024 年 5 月第 1 版
印次	2024 年 5 月第 1 次印刷
书号	ISBN 978-7-5390-8402-2
定价	80.00 元

赣版权登字-03-2022-421
版权所有，侵权必究
(如发现图书质量问题，可联系调换。服务电话：0531-87127889)

计算机信息化应用研究
编委会

主　编： 姜晓龙　张　润　李　明

副主编： 徐桂红　王啸东　于保安　衷明婧

编　委： 肖荣利　王　昶　沈吉锋　周宗铂

前　言

随着计算机应用的不断普及和深入，人们的学习和工作越来越离不开计算机，特别是计算机网络和 Internet 的发展和普及，为人类带来了新的工作、学习和生活方式，人们与计算机网络的联系越来越密切，计算机信息化使人们的工作效率不断提高，带来了信息共享的方便性和灵活性。自改革开放以来，我国的经济实力和科技水平得到了迅猛的发展，二十一世纪是一个信息数量庞大的信息化时代，如何对数量庞大的信息进行快速有效的整合整理在各行各业都是一个需要解决的重要问题，尤其是在 5G 技术逐渐全面普及的背景下，计算机信息化必然会进一步方便人们的生产和生活。信息化是当今世界发展的大趋势，是推动经济社会变革的重要力量。大力推进信息化，是覆盖我国现代化建设全局的战略举措，计算机信息化是构建社会主义和谐社会的迫切需要和必然选择。本书详细介绍了 C/S 系统、PowerBuilder 开发工具、ORACLE 数据库、APRIORI 算法等系统开发技术，从更为专业的角度带领读者了解计算机信息化的应用过程。计算机信息化的应用，离不开数据库的建立，对于数据库应用系统，有一个开发工具的选择问题，在面向对象的编程语言中，PowerBuilder 是目前最有代表性的数据库前端开发工具之一，其与数据库的结合最为紧密，它提供多种与后台数据库相连接的方式，对于数据库的操作非常有效率。同时，本书也将提出计算机信息化在各个行业的应用研究实例。计算机信息化是技术变革和制度变革有机结合的过程，各行业必须在引入现代计算机网络技术的同时，改革现有的决策、业务流程、风险控制等管理方面的制度，才能使得计算机网络技术和先进管理技术相匹配，从而发挥信息化的巨大作用。

目 录

第一章 计算机信息化概述 ... 1
- 第一节 计算机信息化的内涵 ... 1
- 第二节 电脑信息化特点 ... 3
- 第三节 电脑信息化的深刻特点 ... 6

第二章 数据库理论 ... 8
- 第一节 资料处理的发展与特征 ... 8
- 第二节 数据库系统结构 ... 9
- 第三节 资料模式 ... 11
- 第四节 资料仓储技术 ... 13

第三章 有关软件的研制 ... 16
- 第一节 C/S 体系结构 ... 16
- 第二节 POWER BUILDER 开发工具 ... 18
- 第三节 ORACLE 数据库 ... 21
- 第四节 APRIORI 算法 ... 28

第四章 面向对象编程技术 ... 35
- 第一节 面向对象基本概念 ... 36
- 第二节 PowerBuilder 编程语言 ... 38
- 第三节 PowerBuilder 中的面向对象编程技术 ... 41

第五章 地理信息系统简述 ... 45
- 第一节 地理信息系统研究的内容 ... 45
- 第二节 地理信息系统的组件化发展 ... 47
- 第三节 ComGIS 软件开发 ... 51

第六章 计算机数据库安全 ... 54
- 第一节 数据库的安全问题 ... 54
- 第二节 推理泄露问题 ... 62
- 第三节 数据库的多级安全问题 ... 69

第七章 计算机网络安全技术 ... 78
- 第一节 计算机网络安全基础 ... 78
- 第二节 防火墙技术 ... 86
- 第三节 VPN 技术 ... 94

第四节　网络入侵检测 100
　　第五节　计算机病毒及其防治 108
第八章　计算机网络信息安全与防护策略研究 **117**
　　第一节　计算机网络信息安全中数据加密技术的研究 117
　　第二节　大数据时代下计算机网络信息安全问题研究 125
　　第三节　计算机网络信息安全分析与管理 132
　　第四节　计算机网络信息安全及防护策略研究 143
第九章　计算机信息化技术运用的重要性 **151**
　　第一节　计算机信息化技术对提高经济效益上的运用 151
　　第二节　有助于促进教育发展 155
　　第三节　有助于管理模式的改变 156
第十章　计算机信息化在办公自动化中的应用 **159**
　　第一节　办公自动化中所应用的计算机信息处理技术 159
　　第二节　计算机信息处理技术在办公自动化中的应用功能 161
　　第三节　计算机信息处理技术在办公自动化中的具体应用 163
第十一章　计算机信息化在教学管理中的应用 **166**
　　第一节　信息化教学管理工作流程 167
　　第二节　信息化计算机教学管理的应用 170
第十二章　计算机信息化在人力资源管理中的应用 **172**
　　第一节　人力资源管理信息化概述 172
　　第二节　计算机信息化在企业人力资源管理中的应用对策 175
第十三章　计算机信息化在电子信息工程中的应用 **178**
　　第一节　计算机网络技术在电子信息工程中的重要意义及作用 178
　　第二节　计算机网络技术在电子信息工程中的应用 180
第十四章　计算机信息化在医院中的应用 **185**
　　第一节　医院进行信息化管理和网络建设的重要意义 185
　　第二节　计算机信息化在现代化医院中的具体应用措施 188
第十五章　计算机多媒体技术在教学中的应用 **191**
　　第一节　计算机多媒体技术研究的主要内容 191
　　第二节　计算机多媒体的创作环境和应用前景 194
　　第三节　计算机多媒体素材的采集 199
　　第四节　多媒体教学软件设计与开发 207
第十六章　信息化教学基本问题研究 **209**
　　第一节　信息化教学要素 209

  第二节 信息化教学结构 216
  第三节 信息化教学模式 223
  第四节 信息化教学设计 236

第十七章 信息化教学软件的设计与开发 250
  第一节 多媒体素材采集 250
  第二节 多媒体教学软件设计与开发 259

第十八章 信息化教学创新应用制度构建 261
  第一节 制度建设的意义及概要 261
  第二节 教学形态信息化创新应用工作方案 263
  第三节 教学形态信息化创新应用项目管理办法 272
  第四节 在线开放课程管理细则 278

第十九章 信息化教学创新应用环境创设 283
  第一节 优化基础设施,建立信息化高速路 285
  第二节 教学环境智慧化,保障教育教学方式创新 286
  第三节 构建网络学习空间,共建共享资源,增进质量评价 289

第二十章 信息化教学创新应用实践研究 291
  第一节 信息技术与专业建设 291
  第二节 信息技术与课程建设 301
  第三节 信息化与课堂教学模式 315

参考文献 329

第一章　计算机信息化概述

第一节　计算机信息化的内涵

中国从 20 世纪 90 年代开始，信息化就已经成为国家发展的主要战略指标之一。以信息化为主的新一波技术变革正在兴起，网络正越来越多地发挥着推动创新的作用。随着信息技术、生物技术、新能源技术、新材料技术的不断发展，引发了以绿色和智能为特点的大规模技术创新。信息、资本、技术、人才的全球化，以及网络的驱动，从工业到信息的转变，新的国际劳动分工系统正在成型。作为新生产力和新发展趋势的新技术，人类认识和改造世界的力量前所未有地增强，它正从根本上影响着人类的生产和生活，使生产力发生了巨大的变化，使国际经济、政治、文化发生变化，在新的社会、生态和军事发展模式中起着重要作用。全球化进入全面渗透、跨界融合、创新加速、发展新时期。在全球信息技术革新迅猛发展的今天，以数字化、网络化和智能化为特征的信息化潮流正在崛起。现代化离不开信息化。顺应和引导新的发展模式，强化新的发展动能，必须把信息技术融入中国的现代化建设之中，使其充分发挥其潜力。

计算机信息化是一种新型的技术，它是以计算机为载体，通过计算机和计算机技术来进行数据的存储、传输和共享。其中，交换技术、无线技术和信号编码技术是计算机信息技术的基础；信息解码技术、数字电子技术、光纤通信技术是实现信息系统信息化的先决条件。另外，网络规划设计，路由器和防火墙配置管理，服务器部署；网络安全设置、网络关键技术等都是支持网络信息系统建设的一个关键因素。在信息的传输与共享过程中，利用信息技术对各种信息进行归类和整理，如文字、图片、音频等；为了保证数据的准确性和可靠性，对各种动画资料进行了统一处理。

一、信息技术在电脑中的角色

利用信息化技术可以加速各方面的信息和文化的交流，实现信息的共享和数字化的变革，从而提升原来的工作效能，方便人们的日常工作。比如采用电脑技术可以实现数据的分享，确保企业的资源得到科学的合理使用，节约相应的物力、人力和财力，从而达到数据化的目的，从而使公司的建设更加的完美。通过对国家经济社会发展的分析，可以看出，随着信息技术的普及，国家的许多重要部门都在不断地发展。

二、信息技术在计算机中的运用

在国内，由于电脑技术的不断发展，电脑不但成为人们生活和工作的帮助者，也成了企业在市场上的强大的竞争工具，例如电脑的信息技术可以弥补现有的企业的管理缺陷，保证了公司的利润。在今后，随着科技的发展，信息技术必然会是各国和各行各业的发展的焦点。为此，必须加大对信息技术的研究力度，加速推广和提高技术的应用，提高技术的防范能力；让它能更好地为百姓所用。

三、应用电脑技术在信息技术中的作用

信息技术是科技进步的必然结果，它的发展和运用对人类的发展和经济发展都有着不容小视的影响。必须提高认识到使用电脑技术的重要性。

首先，可以促进企业的经济发展。应用计算机技术可以有效地促进各产业的资源利用，减少能源、资源的浪费，保证企业的生产和施工的效益，并以改善产品的品质为前提；对企业的经营管理费用进行适当的管理，可以推动各个行业的经济发展，提高企业的经济效益。

其次，推动了我国的发展。当前，科技水平不断提高，在教育领域应用了大量的信息技术，使其与教育、教学有机结合；这对推进我国的教育事业

发展具有重要意义。远程教育和电化教学的建立和应用，突破了以往教学方式的藩篱，突破了时间和空间的局限，适应了不同的学生的需要。而利用电脑技术，使学校的教学资源得到充分的利用，从而激发了广大师生的学习热情，提高了教育教学质量，促进了教育的创新发展。

最终，可以帮助转变经营方式。在管理过程中，利用电脑技术手段进行管理，可以有效地转变原有的管理结构、管理方式和管理手段，从而达到管理上的虚拟和电子化，来降低管理人员的工作负担，最终改善管理的效率。比如新加坡利用电脑技术，在智能岛项目的实施过程中，实现了内部和外部网络的优化，从而推动了网络的发展；通过整合市场和国家的资源，可以有效地提高企业的经营效率和质量，从而为公司的持续健康发展提供技术支撑。

第二节 电脑信息化特点

要深入地研究电脑信息化，就必须对电脑网路有一个完整的认识。计算机网络是指将分散在各个地区的电脑和专用的外设，用一条通讯线将它们连接起来，形成一个规模庞大、功能强大的网络结构，使得大量的电脑能够很容易地进行数据交换和数据分享。计算机网络的出现，其最重要的因素就是信息的交互和共享。从发展的观点来看，在早期的电脑网路时代，电脑都是各自的装置，各自工作；没有任何的交流消息，一切都是独立的。各种电脑之间用同一种通信协定进行通讯，从而形成电脑网路。

最近几年，电脑网路发展迅速。电脑通讯网路和因特网已经是一个社会架构的基础。电子银行、电子商务，现代化企业经营的现代化；资讯服务等都是基于电脑网路的。从学校的远程教学到政府的日常工作，甚至是如今的电子化社会，都与互联网技术密不可分。现在的社会，互联网是无所不包的。

电脑网路起源自 60 年代，那时网路的观念是以大型机结构为基础的慢速串联，以执行应用程式、远程印刷及资料业务为基础。IBM 的 SNA（System Network Architecture）和 X.25 公共数据网（IBM）是该网络的一个经典例子。在 20 世纪 70 年代，由美国国防部出资建造了一个叫做 ARPANET（也就是

Apacket Switching）的数据包交换（packet switching）。70 年代，以电脑为主导的商用电脑开始兴起。起初，人们认为个人电脑是一种单独的装置，但因为人们意识到商用计算的复杂程度，需要大规模的协作操作，局域网（LAN）的出现极大地减少了商用客户的打印机和硬盘的高昂成本。从 80—90 年代开始，随着对互联网的要求越来越高，电脑业界开始研制各种标准的协议，其中有 TCP/IP 协议、IPX/SPX 协议等，以适应各种计算模式下的远程接入要求。

近些年，中国的电脑网路发展迅速。我国早期的电脑网路是以教学和研究为主，自 1993 年以来，随着电脑通信技术的发展，电脑网路的兴建由通信业者所投资，并以商用方式运作。

中国互联网的发展经历了三个时期：

第一个时期是 1986—1994 年，它与欧洲和北美的 E-mail 通讯，主要是由中国中科院高能所的网络线完成。中国科学技术领域自 1986 起首次采用因特网。国内部分研究机构，在欧洲部分地区，拨打了长途，进行在线数据库查询。很快，通过互联网接入了那些地方，电子邮件通信开始了。中国公共数据网络在 1989 年已初步建成。尽管中国 PAC 的业务范围很小，但是它和法国、德国等公共数据网（X.75）有了国际联系（X.75）。自 90 年代起，北京市计算机应用研究所、中国中科院物理研究所、华北计算机研究所、工信部石家庄 54 研究院以及其他的科研机构，已经把他们的电脑用 X.28 或者 X.25 与 ChinaPAC 相连。另外，采用欧洲各国电脑为网关，实现 X.25 网络与因特网的互联互通，从而实现了中国 ChinaPAC 技术的使用者与因特网使用者进行 E-mail 通讯。中国科学院于 1993 年 3 月，为支援外国科学家利用北京的正负电子对撞机进行高能物理试验，建立一条 64 kbit/s 的国际资料通道，将位于北京西部郊区的中科院高能所与美国斯坦福直线加速中心（SLAC）相连，并通过 SLAC 系统进行 DECNET，尽管目前尚无法实现全部互联网的全部网络能力；能够与因特网进行通讯。通过局域网或拨打电话，使用者可以登录到中国科学院物理研究所 VACII/780（BEPC2），并通过该系统访问该系统。有了 64 kbit/s 的专用通道，它的通讯容量是国内拨号和 X.25 频道的几十倍，通信成本也是几十倍，大大提高了中国互联网的使用效率。

第二个时期为 1994—1995 年，此时期为我国的教育科学研究网络。北京中关村地区与清华大学、北京大学组成的 NCFC 网络于一九九四年四月开放

64 kbit/s 的 Internet 接入，这是我国最早的国际互联网络，至此，中国正式进入世界互联网的世界。之后，中国教育与科学研究网络也相继成立。中国科学技术大学的计算机网络信息系统研究是在 1994 年 4 月建成的。从 1990 至今，研究和开发了一个由世界银行和国家计划委员会联合资助的中国全国计算机和联网设备。该工程主要是在中关村建立一座大型计算机系统，为该区域的科研人员提供科学的运算服务。为了方便使用这台超级电脑，中国中关村三十余所研究所以及北大清华两所大学，都通过光纤连接起来。在 1993 年，该公司已全面建成了互联网，一条 64 kbit/s 的国际专线已经在 1994 年 3 月与美国建立了连接。NCFC 随后演变为中国技术网络。Cernet 是由中国计委批准立项，由国家教委负责组织和实施的一种全国性的教学与研究网，其目标是将国内各高校之间建立联系，促进各高校校园网的建立、信息资源交换以及与当前的国际性计算机联网。

第三个时期是在 1995 之后，进入了商用的阶段。1995 年 5 月，邮政总局正式启用中国公共互联网，也就是中国网络。1996 年 9 月，中国电子商务网正式上线，全国互联网服务商也相继成立，到 1996 年末，光北京就已有三十余个。当前，有四个由政府核准的可以与因特网讲行连接的联网（称作互联网）：CSTnet、ChinaNET、Cernet 和 GBNet。

中国因特网上的电脑发展迅速，尽管与国外相比仍有很大的距离，但其发展的速率却达到了全球水平。从中国经济发展的角度看，2000—2010 年间，网络经济增速达到 17.67%，这样的增速实在是不可思议。在这段时间里，美国的经济只是翻了一番。很显然，十年前，美国的网络技术还算不错。但中国那时仍处于发展阶段，因此有更大的发展余地也在情理之中。

今天，计算机信息技术的大量使用是其最显著的特征。计算机信息化是以信息技术为基础的快速变化，其在实际运用中不可避免地会引进许多信息技术。电脑资讯技术是未来科技发展的摇篮，掌握电脑资讯技术者，将会掌控未来的发展。

第三节 电脑信息化的深刻特点

在信息技术的推广中,与人才观、教学观、教育观都有关系;技术应用、学习观、评价观等都是技术发展的一种,同时也是一个历史抉择。它的现代与未来是其他学科无法比拟的,所以我们要把握好它的发展脉络。

电脑可以通过互联网接入外部设备,比如我们可以看到小型企业和工作小组的电脑连接到打印机上。但是,我们应该知道,电脑网路的初衷并非是分享外部设备或让使用者可以即时接触到通讯工具。

分享大量运算的功能。

在以前,电脑是非常珍贵和珍惜的,在没有电脑网路的情况下,电脑是属于各个部门的,而且是独一无二的,ARPA的很多科研计划都要求采用最先进的电脑装置;而且,每一个团队都想要一款新的型号。到了60年代末期,ARPA的经费无法应付需要,于是就有了资料网路作为一种选择,让研究人员能够使用网路上最适合的电脑来执行作业。在这样的体系结构中,各科研单位往往仅有一部电脑与数据网络相连,通过相应的软件进行网络资源的分享。因而,计算机网络建设的首要目标就是要使信息资源共享。

计算机技术不断发展,计算机的运算容量越来越大,内存容量也越来越大,其运算性能也越来越强,能够在多台计算机上运行,从而使计算资源得以共享;这是电脑网路的初始化。然而,该体系架构对核心节点的安全性存在单一的弱点。所以,在军事方面,需要把大量的计算资源分散到各个节点上,所以二次开发的电脑必须是分散在各个地区的多个独立的电脑,相互之间可能没有明显的隶属关系;每个电脑都能在网络上运行或离线工作;一台联网的电脑既能为当地的使用者提供,也能为远方的网路使用者提供方便。

ARPANET的兴起,促使各大企业开始研究和商品化电脑网络,并在一个电脑网络中使用一个统一的控制系统,以达到同步、通讯和资源查找等目的。所以,电脑网络需要所有的电脑都遵守一个共同的网路协定。

在这个进程中,电脑网路发展出若干专用的电脑与装置来进行网路通讯,并以资源子网、通讯子网及通信协定等构成模式。而信息技术在某种意义上与社会、经济发展息息相关，二者紧密相连。随着社会和经济的发展，对信息技术的需求越来越大。从某种意义上说，它是把信息技术与经济发展紧密联系起来的，比如，它的信息技术、它的计算技术，以及它的运算能力，对于我们国家的经济发展，都有着巨大的影响。在今天的社会中，我们必须要持续地提升自己的经济发展，这样，我们就可以引进外国的先进技术，进行科学的研发。

由于区域的发展程度有限，各个区域利用电脑技术的情况不均衡，而发达的区域则更多地利用电脑技术帮助公司的发展；反过来对公司来说，由于区域的发展比较滞后，许多公司在一定的范围内无法利用电脑技术进行发展；而公司的发展也会比较糟糕。所以，要发展电脑技术，就需要全国统一规划，以缩短区域间的鸿沟；只有这样，我们的电脑技术，才能在不同的区域得到广泛的运用，推动着整个社会的发展。

第二章　数据库理论

第一节　资料处理的发展与特征

一、资料处理方式的发展及其特征

数据库技术是一种新的数据管理方式，主要是对数据进行有效的组织与储存，以及对数据的有效采集与加工。基于数据管理的特征，将其分为人工管理、文档管理、数据库管理三个阶段。

（一）手工经营（20 世纪 50 年代中叶之前）

目前尚无计算机辅助数据的处理，大多用于科研运算。资料和程式没有独立的关系。由于数据是以应用为导向的，不能实现不同的数据资源的共用，且数据的重复性较高，难以保证各系统数据的一致性。

（二）档案制度（20 世纪 50 年代至 60 年代中期）

这个时期的电脑系统是用一个叫做档案或访问方式的统一的软体来储存资料。这些计划与资料是分开的。在逻辑和实体的结构上，可能存在一些差异。在这一步中，虽然可以进行文档的数据分享，但是没有达到以记录或者项目为基础的数据分享，而且在逻辑上仍然是以应用为导向的；因此，这些程序中仍然有很多冗余的资料。

（三）（20 世纪 60 年代末至今）的数据库体系

这个时期的电脑在企业级的管理中得到了普遍的运用，对资料的高分享、程式与资料的高度自主性提出了更高的需求。基于操作系统的档案系统,是一个拥有数据处理能力的电脑系统。

在数据库体系中,基于所支撑的数据模型,可以分为三个阶段:分级网络模式、关联模式和 Object 模式。

1.分级网络模式

该体系支持分层和网格化的数据模式,采用分层的树形或网格的方式进行数据的组织。

2.关联模式

此代的资料库管理体系,支持以图表的方式来组织资料。20 世纪 70 年代,E·F·Codd 提出了一个关于关系数据库的概念,并为其整体的发展打下了坚实的基础。20 世纪 80 年代初期,出现了大量商业化的关系型数据库,如(DB2)、ORACLE(ORACLE)、INFORMIX(INFORMIX)等;SQL 作为关系型数据库的国际标准,已被美国 ANSI 及 IEC 采用。

3.Object 模式

此代的资料库管理体系,支持物件导向资料模式。面向对象的数据库技术和 OOP 编程技术的有机融合,为非传统的应用提供了新一代的数据库。

第二节　数据库系统结构

数据库是一种以数据为基础的数据处理的系统,是将硬件、软件、数据和人员结合在一起,为使用者提供数据的服务。

一、三层架构

数据库的体系结构是整个数据库的总体架构。虽然现实中的数据库系统具有各种类型的软件,它们对各种数据模式的支撑,采用了基于各种操作系统的数据库语言;虽然不同的数据储存架构不同,但是大部分的数据库系统总体架构都具备三层架构的架构特性。在数据库体系中,有三种模式:概念模式、外部模式和内部模式。

概念模式也称为"逻辑型",它是指整个资料库中的全部资料的逻辑性与特性,是使用者共同的资料视图。

内部模式亦称为储存模式,是资料库的内在表现,也就是资料的实体架构与储存方法。

外部模式,也称为子态或者使用者态,是资料库使用者所能看见的资料。

资料库的三层架构就是资料的三层抽象,让使用者可以从逻辑上抽象地处理资料,而不用担心资料在电脑里的表现与储存。在三个层面上,为达到三个抽象层面的衔接与转化,数据库系统在三级模式中提供两个映象:外模式、概念模式映象和内模式映象。

数据库系统中的软件主要有操作系统和 DBMS 自身,它们能够支撑 DBMS 的正常工作。另外,在软件系统的发展过程中,也要有各种不同的高级的编程和编译体系。软件系统是面向软件开发者和终端使用者的一款高效率、多功能的软件系统,例如数据词典、报表编写系统、表格软件、绘图系统,等等。他们为以 DBMS 为中心的应用程序开发提供了很好的环境。

该系统的人员包括管理、开发和使用这些系统的人员,他们包括 DBA,系统分析员,应用编程人员和使用者。资料库中的各种人所使用的资料抽象层是不一样的。

二、DB MIS

数据库管理是数据库的一个重要组成部分,它是数据库的建立、使用和维护。基于一个操作系统,可以对一个数据库进行一个集成的管理与控制。

第三节　资料模式

在数据库中，数据建模是以数据为中心的，而 DBMS 软件则以特定的数据模式为依据。资料模式是指对资料表达和作业集进行准确描述的严格定义的一组观念。一个资料模式包含三大要素：物件类型集合、行动集合、完整限制法则集合。

目前，已有大量的资料模型，例如：关联模型、层次模型、网状模型、关系模型、对象模型、OO 模型，等等。目前，最常用的是关联模式。

以下是关于关联模式的更多细节。

尽管在 DBMS 中并不是最早采用的数据模式，但是在 20 世纪 80 年代之后，大多数数据库都是基于关联模式的。其优势在于能够提供强有力的简明的例示式的语言。关系模式是基于一个数学的观念，它的数学观念是一个集的联系。

一、关联性资料库

一个关联的资料库包括一个领域集合和一个关联集合。在这里，领域是一个数值的集合。

若 D_1，D_2......D_n 为一组域，D_1，D_2，......D_n 的笛卡尔积定义为：

$D_1*D_2*......*D_n=\{（d_1d_2,......d_n）|d_i \in D_i, i=1, 2, 3...n\}$

在这里，每一个单元（d_1d_2，......d_n）被称作 n 单元，或简称单元，在该单元的每一个数值 d_i 叫做一个分量

$D_1*D_2*......*D_n$ 的子集叫做在域 D_1、D_2、......D_n 上的关系，若它的名称是 R，那么这个关联被用 R（D_1，D_2，....D_n），来表达，n 代表着关系的目或者度。这种联系叫做真实的联系。亦称为基础表格。

从真实、真实、虚拟的联系中推导出来的联系叫做"虚拟的联系"，也叫"视"。

一个关系是一个两维的表格，每个表格的栏位都与一个字段相对应，因

为字段可以在一个关联中多次发生，以便区别；每个栏都有一个名称，叫做"特性"。N 度的关联一定具有 n 个性质。一个特性包括一个名称和一个域。

关联的候补代码是一套不是空属性名称的集合，并且每一个都是这个关联的一个特性。每个对应 R 的候补代码具有以下两种特征：

唯一：没有两个具有同样的特性的元；

最少特征：也就是没有任何可以从特定的属性名称集合删除而不会影响到唯一。

任意一个带有以上两种特征的名称都是一个候选代码。在一种关联中，您可以选择一种类型的代码。

二、关联运算

关联模式提供了具有高度无流程性特征的关联运算功能和特征。在早期，关联运算的技巧有两个方面：代数学和逻辑学。在关联代数中，通过特定的关系运算来表达查询。在关联微积分中，用逻辑表达式来表达询问。二者在函数上是对等的，并且是以关联代数为基础的标准化。SQL 语言所支援的关联运算是在以上两者间进行的。

若两个 n 相关的 R（A_1：D_1, A_2：D_2, ..., A_n：D_n）和 S（B_1：D_1, B_2：D_2, ...B_n：D_n）对应的特征在相同的区域中被表示为并相容性。

并行运算（U）：假设 R 与 S 并兼容，并运算以 RUS 来表达，产生一个包含 R 的元素群或 S 元素的元素的关联；可以表达为：

RUS={t|t∈R U t∈S}

差操作：将 R 与 S 关系设为并兼容，将其差动运算用 R-S 表达，运算产生一种新的关系，该关系包括 R，而不是 S，它可以表示为：

R-S={t|t∈R∩t∈S}

三、关系模型的完整性

关联模式包括了两个完全的原则：实体的完整和参考的完整。

当 A 的属性是 R 的组成部分时，它就不能被称为"null"。也就是说，R 中没有一个元素在 A 上具有 null 的属性。

参考完整性意味着如果关联 R 包含与其他相关 S 的主代码 Ks 相关联的特征集 F （F 被称作 R 的异名代码），那么 R 中的各元素集 F 的数值必然是：要么是空白的，要么是与 S 中某一元的主要代码的数值相等。

第四节　资料仓储技术

在人类发展的今天，对单纯的资料处理已不再满意，需要更多地利用已有资料；这种需要会导致 DSS 的出现。当人们开始创建 DSS 时，他们会很自然地认为基于一个资料库。由于数据库技术日益完善，尤其是关系型数据库技术的迅猛发展，使得整个系统的性能都有很大的提升。因此，很多 DSS 都是以常规的数据库为基础，并在很多方面起到了很好的效果。

一、数据仓储的特点

（一）以专题为导向的资料仓储

这与传统的面向应用程序的数据库是一致的。题目是把资料分类到更高层面的一个准则，每个题目都与一个大的范围相适应。以专题为基础的资料划分成不同的范畴，并具有自身的逻辑性和非交叉性。而以程序为基础的资料组织方式就大不相同了，他们的资料仅仅是为了应付特定的用途。应用是一个被定义为客观的世界，其对资料的分类并不一定适合进行分析。

（二）整合了资料仓储

在 DSS 的分析中，初始资料和 DSS 资料有很大差异。在数据仓库中，必须对其进行处理和整合。这一步骤是建立在数据仓库中最关键和最复杂的步骤。首先要统一原资料中存在的各种冲突，例如：同义、异义、单位不统一等；字长的不协调，以及把原始的资料结构从一个面向对象的大转移到一个基于对象的大转移。

（三）稳定性的资料仓库

这只是对历史资料的反应，而非在线资料的加工。因此，在将资料整合到资料仓库之后，很难或不会进行任何的升级。

（四）随着时代而改变的资料仓库

这主要体现在：首先，在数据库中存储的时间比在运行状态下要长得多，在运行状态下，通常需要5~10年，而在运行状态下，在60~90天；其次，作业环境包括目前数据，也就是访问一瞬间的正确和有效数据，而数据仓库中的所有数据都是过去数据；最后，在编码键值中，所有的编码键值都含有一个时间项目，以表示此资料的年代。

数据仓储是一种以数据为基础的系统架构和技术。各种数据和信息被抽取到各个数据来源，再将它们转化为通用的数据，后与仓库本身的数据进行整合，这样一旦使用者想要询问，所要的资料就会自动生成。数据冲突，表达不一致等问题都被处理了。

二、数据仓储包含的三大要素

（一）资料收集

此部分主要从外界资料来源取得资料，经甄别、复制或再定格式等，然后将资料存入资料库。

（二）数据存储与管理

数据存储的组织、数据仓库例行维护、数据维护、数据分发；在日常的数据存储中，使用数据库管理软件（DBMS）的能力是必不可少的。

（三）数据存取

数据存取是数据仓库的前端，它针对的是多种终端使用者，它包括查询生成工具、多维分析工具以及数据挖掘工具，以满足多种需求。

在服务端实现 SQL 查询、复杂计算以及多种集成的功能；但是，目前最常见的三种模式是三种架构，在用户与服务器间添加一台多维分析服务器，以增强及标准化所支援的服务，整合并精简原有的 Client 与 DW Server 的工作；减少了系统的数据传送，从而提高了工作的效率。

第三章 有关软件的研制

第一节 C/S 体系结构

在信息化、计算机、互联网等领域,以分布式为主要特点的多层次数据库体系得到了广泛的应用。目前,多层次的分布数据库技术是目前应用最广泛的一种技术。美国是 20 世纪 70 年代首个分布数据库的诞生,20 多年后才开始真正的使用;从传统的关系型数据库过渡到基于多个任务的数据库,并逐渐走向客户机、服务器的发展。现代化 MIS 平台模型,通常采用 C/S 和 B/S 两种方式。

一、C/S 架构

(一) 双层 C/S 体系

通常情况下,C/S 架构的最基本的系统可以分成两大类:客户机和数据库服务。而客户机则变成了一个前端,而服务端则是一个叫做背景的软件。在这个计算机上,它被称为"应用程序",它是在等待一个对用户的程序发出的要求做出反应;用户的计算机被称为客户端。在执行数据运算时,该用户程序会自行查找服务器程式并发出该要求,服务器会依照该指令将其返回。

C/S 体系架构可以有效地使用用户和服务器的各种资源,减轻了网络负载,提高了系统的运行效率。然而,该方法并不适合大型网络广泛使用。由于 C/S 存在许多问题,例如,很难进行维修,而且越是复杂的应用,就越是难以维持。另外,对象处理器包括在客户端,这样,用户可以使用该中心事务处理系统的开发方式,但这样会导致该体系的安全性指标较低;这些都是违法的,他们可以很容易地入侵。所有的代码、接口、逻辑单位,都会被混淆，从而极大地削弱了代码的复用性。

（二）三层 C/S 体系

由于两级 C/S 体系的缺陷，必然会被其他的数据存取技术所取代，于是三级 C/S 模型就出现了。三级模型是将传统的顾客分成两大类，其中，应用顾客是整个程序界面的一部分，它仅用于界面和简单的操作；在应用客户部分中，程序服务器仍然保持着其核心商业逻辑。在系统架构上，该系统处于客户与数据库服务器的架构中，它与客户端连接，接收用户的要求，并对其进行访问，并将其返回到客户端。三级架构可以降低用户的复杂性，并且因为服务的逻辑都是在应用程序服务器上进行的，因此用户的要求也会随之降低；与此同时，这也让系统的维修变得更加简单，也更加易于被人接受，比起两个层次的系统，三个层次的架构更加符合当今的公司需要。

三个层次 C/S 架构的优势：

首先，三层 C/S 体系比二层 C/S 体系更易于扩充和扩展，并且易于操作。二级的中间层可以降低与服务器之间的连线，并在加入其他的应用程式服务器的情况下，降低资料服务器的负荷。三级架构可以有效地将用户分成两个层次，从而简化了用户对系统的要求。其次，采用了三个层次的架构，使得可以随时切换到各种平台，并且 DBM 的引擎易于更改。最后，因为三个层次的架构把客户机分成了两个不同的模块，其中的核心都是在一个程序的服务器上，所以维护起来比较简单。与二层相比，三层的造价更低，可以取代原有的全部应用；这就导致了三个层次的建筑在长远上要低于两个层次。三级架构允许多个界面之间的交互，它可以根据系统中的模块编码来反映企业的变化，而非整体的应用。而且比起两层，三层的危险性要小得多。发展三层架构系统，能够按需求从厂商采购仅适用的模组，并按需求进行集成，增加了三个层次的弹性；同时也能有效地规避因大型工程而引发的一系列的危险问题。

二、B/S 架构

B/S 体系架构与三级 C/S 体系相似，区别在于 B/S 使用了一个用户端，而

B/S 则是用一个浏览器来完成整个系统的运行。因此，使用者不必在计算机上安装额外的程序，减少使用者电脑的负荷。

B/S 架构允许用户通过网络浏览器浏览应用程序，并且不需要用户的操作能力，系统的成材成本较低，并且易于维修和更新。B/S 系统具有以下特征：用户利用浏览器和应用程序进行会话，并对其进行身份认证，从而排除可能出现的差错；降低了网络中的数据传递，提高了系统的运行效率。Web 服务实体存储了一个逻辑层次的软件，来对浏览器的要求做出反应，并在需要的时候执行商业操作或者其他的工作。在资料库伺服器中保存有程式码，它们会依照指令，执行网路指令所发出的指令。

根据图书馆的数据读取和写入，并对数据库进行检索和升级。B/S，因用户使用了浏览器进行存取，用户界面友好，易于使用；所以对客户端的性能不高，系统费用较少，维修方法也比较简便，而且因为 B/S 型架构以网路为中介，不会受到地理上的局限，通常是大型的公司；比如，跨国、大型的本土公司可以利用因特网进行跨区域的查询和存取。而系统的管理软件只是安装在一个服务器上，所以它的管理员仅仅是一个简单的浏览器；只需进行诸如网路维修等硬件的维修就可以了。然而，这样的架构会造成更大的负载，如果出现问题，将会造成非常大的影响。与 B/S 相比，C/S 架构能够更加有效地分配信息，减少网络的负载。

第二节　POWER BUILDER 开发工具

Power Builder 是美国 Sybase 公司研制的一种新型、快速的开发工具，是客户机/服务器结构下，基于 Windows3.x，Win-dows95 和 Windows NT 的一个集成化开发工具。它包含一个直观的图形界面和可扩展的面向对象的编程语言 PowerScript，提供与当前流行的大型数据库的接口，并通过 ODBC 与单机数据库相连。其主要特点如下：

可视化、多特性的开发工具。全面支持 Windows 或 Windows NT 所提供的控件、事件和函数。Power Script 语言提供了几百个内部函数，并且具有一个面向对象的编译器和调试器，可以随时编译新增加的代码，带有完整的在线帮助和编程实例。

功能强大的面向对象技术。支持通过对类的定义来建立可视或不可视对象模型，同时支持所有面向对象编程技术，如继承、数据封装和函数多态性等。这些特性确保了应用程序的可靠性，提高了软件的可维护性。

支持高效的复杂应用程序。对基于 Windows 环境的应用程序提供了完备的支持，这些环境包括 Windows，Windows NT 和 Win OS / 2。开发人员可以使用 Power Builder 内置的 Watcom C / C++ 来定义、编译和调试一个类。

企业数据库的连接能力。Power Builder 的主要特色是 Data Window（数据窗口），通过 Data Window 可以方便地对数据库进行各种操作，也可以处理各种报表，而无需编写 SQL 语句，可以直接与 Sybase，SQL Server，Informix，Oracle 等大型数据库连接。

强大的查询、报表和图形功能。Power Builder 提供的可视化查询生成器和多个表的快速选择器可以建立查询对象，并把查询结果作为各种报表的数据来源。Power Builder 主要适用于管理信息系统的开发，特别是客户机/服务器结构。

一、服务器应用（Server Application）

Power Builder 的服务器应用主要由一些特定功能的不可视（No visual object 简称 NVO）的用户对象组成，并被客户应用调用，在客户端这些用户对象也被称作远程对象。这种调用可以是同步的，也可以是异步的。服务器端还有一个 Transport 对象来监听客户端的调用请求。同时，这个服务器端的应用也可以向客户端应用一样调用另外的 Power Builder 服务器应用，由此可构成 N 层体系结构的分布式应用。

二、客户应用（Client Application）

Power Builder 客户应用是调用远程对象的部分，包括用以连接 Power Builder 服务器应用的 Connection 对象。当同服务器建立连接后，客户应用就可以像调用本地的不可视用户对象（NVO）一样调用远程对象。

三、远程对象（Pemote Object）

远程对象是一种不可视的用户对象，它可以是除 Data Store 等少数几个对象外的任何不可视对象。一个远程对象包含了用 Power Script 编写的业务逻辑，放在服务器被客户调用，同普通不可视用户对象一样，远程对象可以引用各种不可视的函数和数据库的命令。如果用 Data Store 来实现对数据库访问的封装等。远程对象支持参数（参数可以是普通类型、构造类型和其他对象等）的传递和结果的运用。

四、连接对象（Connect Object）

连接对象是客户端发送请求的对象。当使用 Create Connection 创建一个连接对象实例时，本对象实例的 ConnectToSver 函数执行同服务器的连接，通讯方式、服务器 IP 和应用程序名等由连接对象的属性来设定。

五、传输对象（Transport Object）

传输对象是服务器用以监听接听客户请求的特殊的连接对象。该对象包含一种函数 Liston，当使用 create transport 命令创建一个传输实例后，会按对象属性中定义的协议监听接收客户的请求。这个对象的属性包括应用程序名、服务器护、通讯驱动名称、通信协议类型、超时协议等，客户应用不能直接访问该对象的属性。

六、代理对象（Proxy object）

代理对象实际是客户应用远程对象的一个接口外壳，是一种存储用户对象的选择。存储处理保存对象的远程名称并生成内部代码以供远程调用。当 connection 对象与之建立连接后，该对象就能够用以远程调用。它好比是远程对象的一个接口，放置在客户应用端。

第三节　ORACLE 数据库

一、ORACLE 数据库系统

ORACLE 系统是由以 RDBMS 为核心的一批软件产品构成，按软件功能划分可分为协同开发环境（CDE），ORACLE RDBMS、应用和第三方集成工具，下面以 ORACLE 8 为例介绍 ORACLE 管理系统的特点。

二、ORACLE 数据库的体系结构

每一个 ORACLE 数据库与一个 ORACLE 实例相联系。一个 ORACLE 实例为存取和控制一数据库的软件机制。在数据库服务器上启动一个数据库，称为系统全局区（SGA，system global area）的一个内存区被分配。一个实例的 SGA 和进程管理数据库数据，为该数据库的一个或多个用户服务程序而工作。

进程是操作系统中的一种机制，它可以执行一系列的操作步骤。一个进程通常有自己的专用存储区。ORACLE 进程的体系结构设计使性能最优。

ORACLE 实例有两种类型：单进程和多进程。下面具体讲一下多进程。

多进程 ORACLE 实例使用多个进程来执行 ORACLE 的不同部分，对于每一个连接的用户都有一个进程。

在多进程系统中，进程分为两类：用户进程和 ORACLE 进程。当一用户运行一应用程序，即建立一个用户进程。ORACLE 进程又分为两类：服务器进程和后台进程。服务器进程用于处理连接到该实例的用户进程的请求。系统为了使性能最优并协调多个用户，在多进程中使用一些附加进程，称为后台进程。一个 ORACLE 实例可以有许多后台进程，但它们不是一直存在。后台进程有以下几种：

DBRW 数据库写入程序，该进程执行将缓冲区的内容写入数据文件，是

负责缓冲存储区管理的一个 ORACLE 后台进程。

LGWR 日志写入程序，该进程将日志缓冲区内容写入磁盘的一个日志文件，它是负责管理日志缓冲区的一个 ORACLE 后台进程。

CKPT 检查点，该进程在检查点出现时，对全部数据文件的标题进行修改，指示该检查点。

SMON 系统监控，该进程在实例启动时执行实例恢复，还负责清理不再使用的临时段。

PMON 进程监控，该进程在用户进程出现故障时执行进程恢复，负责清理内存存储区和释放该进程多使用的资源。

ARCH 归档，该进程将已填满的在线日志文件拷贝到指定的存储设备上。当日志为 ARCHIVELOG 使用方式，并可自动归档时 ARCH 才存在。

RECO 恢复。该进程是在具有分布式选件时所使用的一个进程，自动解决在分布式事务中的故障。

LCKn 封锁。在具有并行服务器选件环境下使用，可多至 10 个进程，用于实例间的封锁。

Dnnn 调度进程。该进程允许用户进程共享有限的服务器进程。

Snnn 服务器。每个后台进程与 ORACLE 数据库的不同部分交互。

三、ORACLE 数据库的组成

一个 ORACLE 数据库是数据的集合，被处理成一个单位，具有一个物理结构和一个逻辑结构。

数据库的物理结构（Physical Database Structure）是由构成数据库的文件所决定。每一个 ORACLE 数据库是由三种类型文件组成：数据文件、日志文件和控制文件。数据文件为数据库真正提供物理存储。

数据库的逻辑结构是用户所涉及的数据库结构。一个 ORACLE 数据库的逻辑结构包含下列结构：表空间（TableSpace）、段（Segment）和范围（Extent）这些逻辑结构将支配一个数据库的空间如何使用。数据库空间用于存储数据库模式对象，如表（Table）、聚集（Cluster）、索引（Index）等。

（一）物理结构

每一个 ORACLE 数据库由一个或多个物理的数据文件组成，这些数据文件存放数据库的全部数据。数据文件有下列特征：

一个数据文件仅与一个数据库相联系。

一旦数据文件建立，该文件不能改变大小。

一个表空间可由一个或多个数据文件组成。把表散布到多个数据文件可以改善性能。

每一个数据库有两个或多个日志文件组，日志文件组用于收集数据库日志。日志的主要功能是记录用户进程对数据所作的修改，当出现不能将修改数据永久地写入数据文件的故障时，可利用日志文件中的信息通过重新操作使用户进程对数据库的修改永久地写入数据库文件中。

为了防止日志文件本身的故障，ORACLE 支持日志镜像（mirrored redo log）即可在不同磁盘上维护两个或多个日志副本。

日志文件中的信息仅在系统故障或介质故障恢复数据库时使用，当需要使用日志信息对系统进行恢复时，ORACLE 会自动读取这些数据。

每一个 ORACLE 数据库有一个控制文件，它记录数据库的物理结构，包括数据库名、数据文件名和日志文件名以及数据库建立日期等。每次数据库的实例启动时，控制文件用于标识数据库和日志文件。

（二）逻辑结构

1.表空间

一个数据库划分成一个或多个逻辑单位，该逻辑单位称为表空间。每个表空间由一个或多个数据文件组成。在建立数据库时，系统自动地建立名为 SYSTEM 的表空间，数据库的数据字典将存放在该表空间中。通过增加组成表空间的数据文件，可扩大表空间。表空间的大小为组成该表空间的数据文件的大小的和。

2.段

段为表空间中一种指定类型的逻辑存储结构，它由一组范围组成。在

ORACLE 数据库中有四种类型的段：

数据段：对于每一个非聚集的表有一数据段，该表的所有数据存储在该段中。对于每一聚集（由多个表组成）也有一个数据段，该聚集的每一个表的数据都存储在该段中。

索引段：对每一索引有一索引段，存储索引数据。

回滚段：（Rollback Segment）用于临时存储要勾销的数据，在数据库恢复时使用，用于回滚未提交的事务。

临时段：为执行 SQL 语句时所需的临时工作区。当语句执行完毕，临时段便退回给系统。

3.范围

范围是数据库存储空间分配的一个逻辑单位，是由连续的数据块组成。每一个段是由一个或多个范围组成。

4.数据块

数据块（Data Block）是管理数据文件存储空间的单位，其大小不同于操作系统的标准 I/O 块的大小，是操作系统的 I/O 块的大小的倍数。

数据库存储数据库用户（owner）所持有的数据库对象，一个数据库用户所持有的全部对象的集合，称为模式（Schema）。每一个模式名就是用户名。模式对象为一用户所持有的数据库结构，包含表、视图、索引、聚集、序列、同义词、数据库链、过程和包等对象。模式对象是逻辑数据存储结构，一个模式对象逻辑地存储在数据库的一个表空间，每一个对象的数据物理地存储在一表空间的一个或多个数据文件中。下面对模式对象作一些说明。

（1）表：在 ORACLE 系统中，将关系模型中的关系称为表，是 ORACLE 数据库中数据存储的基本单位。其数据按行、列存储。每个表由一个表名和列的集合组成。每个表所包含的列至多为 254 列。每一列有一列名、数据类型、宽度、精度和比例。对于表的每一列可指定完整性约束。一般表的建立者为该表的持有者（owner），但 DBA 用户可为别的用户建立表，此时，DBA 为表的建立者，但他不是表的持有者。在建立非聚集的表时，ORACLE 系统为它在指定的表空间中自动地分配一个数据段，存放表的数据。

（2）视图：一个视图在关系模型中称为虚表，它是由一个或多个表（或视图）

导出的数据组成，是用一个查询来定义的，所以可认为是一个存储的查询（Stored Query）。视图可在使用表的许多地方使用。

视图与表不同，一个视图不分配任何存储空间，视图不真正地包含数据，而由查询获得数据。因为视图是由表导出的，所以视图与表存在着许多类似，视图像表一样最多可定义 254 列。视图可以被查询，而在作修改、插入或删除操作时具有一些限制。

使用视图有下列好处：

视图可限制对表的存取，因此视图为表提供附加的安全性。

视图可隐藏数据复杂性，例如一个视图可用连接操作定义，从多个表中抽取所需的行和列。视图可以隐藏信息来源于几个表的事实。

利用视图可简化操作命令。

利用视图可实现表的存储场地透明性。

（3）聚集：是存储表数据的一种可选择的方法，一个聚集是由一组表组成，将具有同一公共列值的行存储在一起，这些公共列构成聚集码。例如 EMP 表和 DEPT 表，其公共列为 DEPTNO（部门号）列，所以 EMP 表和 DEPT 表可聚集在一起。由于聚集将不同表的相关行存储在一起的优点是：可改进聚集表的连接的存取时间，减少磁盘的 I/O 次数。但是聚集有可能降低对聚集表的其他操作速度。

聚集码（Cluster Key）是聚集的表中公共的列或列组，在建立聚集时定义。组成聚集码的列不能超过 16 列，其值的长度不能超过数据块可用空间的三分之一。

建立一聚集时，系统为它建立一个数据段。在建立聚集后必须为它的聚集码建立索引，之后才能执行任何 DML 语句。聚集存在与否，对用户或应用是透明的，对存储在聚集中的表数据的存取与非聚集的表的存取完全一样。

（4）索引：是与表和聚集相关的一种可选择的结构，为提高数据检索性能而建立，利用它可快速地确定指定的信息，ORACLE 索引为表数据提供快速存取路径。索引适用于某一范围的行查询或指定行查询。

索引可在表的一列或多列上建立，一旦建立后，ORACLE 自动维护和使用，对用户是完全透明的。索引是逻辑地和物理地独立于表数据，它的建立或删除对表没有影响，所有应用可继续处理。索引数据的检索性能几乎保持一致。

索引有唯一索引和非唯一索引。唯一索引保证表中没有两行在索引列上具有重复值。一个索引的索引列最多为 16 列。

（5）同义词：一个同义词（Synonym）为表、视图、快照、序列、过程、函数或包的别名其定义存储在数据字典中。有两种同义词，公用（PUBLIC）和专用（PRIVATE）。公用同义词可为数据库中每一个用户所存取。专用同义词仅为定义者或授权的用户使用。同义词可用于：

可屏蔽对象的名字及其持有者。

可为分布式数据库的远程对象提供位置透明性。

（6）数据库链：是一个命名的对象，说明从本地（Local）数据库到远程（Remote）数据库的路径。在分布式数据库中，对全局对象名引用时，数据库链被隐式地使用。

（7）程序单元：是指数据库中的存储过程、函数和包（package）。一个过程或函数，是由 SQL 语句和 PL/SQL 语句组合在一起，是执行某一个指定任务的一个可执行单位。当过程或函数建立后，在数据库中存储其编译形式，可由用户或数据库应用所调用执行。过程和函数的差别在于函数总返回单个值给调用者，而过程没有值返回给调用者。

包可将相关的过程、函数、变量以及包的其他结构封装起来并存储在一起，允许管理者和应用开发者利用包组织程序，可提供更多的功能并提高性能。

四、ORACLE 数据库常用工具

（一）NET * Easy Config

SQL*Net 是 Oracle 公司为分布式 Oracle 数据库管理系统开发的一个通信软件模块（选件），该选件与各种操作系统所支持的通信协议一起为 Oracle 关系数据库管理系统（RDBMS）提供分布式的处理环境。分布处理是指不同网络结点上的多个程序通过网络传送信息来协调它们的工作。

1.SQL*Net 支持的通信模式有：

（1）客户/服务器（Client/Server）通信模式。

（2）服务器/服务器（Server/Server）。

（3）浏览器/应用服务器/DB 服务器（Browse/App Server/DB Server）通信模式。

2.SQL*Net 提供以下功能：

（1）网络上任何地方的用户，通过 SQL*Net 可以向网内任一结点上的 Oracle 数据库注册并使用远程的数据库。

（2）通过 SQL*Net，利用 Oracle 数据库的分布处理能力，用户可以同时存取网内多个数据库中的数据。Oracle 分布式数据库系统支持用户在一条 SQL 语句中查询、修改多个结点中的数据。

（3）SQL*Net 独立于它所支持的网络协议，无论什么协议，SQL*Net 提供相同的功能。

（4）SQL*Net 为分布式 Oracle 数据库系统中的用户提供了物理位置透明性。

3.SQL*Net 提供的数据访问方式有：

本地访问

远程访问

分布式的访问

4.SQL*PLUS

SQL*PLUS 可以远程对数据库进行操作，为数据库开发人员和管理人员提供了强大而方便的工具。

SQL*PLUS 命令可以与 SQL 数据库语言、过程语言的扩充 PL/SQL 一起使用。SQL 数据库语言可存储和检索 ORACLE 中的数据。PL/SQL 可通过过程化逻辑将几个 SQL 命令连接起来。

（二）Oracle Enterprise Manager（OEM）

OEM 为 DBA 提供了图形化的管理界面，能够建立数据库各种对象，建立用户、角色、启动、卸载数据库，备份、恢复数据库。总之，很多 DBA 的工作都可以在这个界面下完成。OEM 可以装在客户端通过网络远程维护数据库。

EXPORT、IMPORT 和 SQL*LOADER

数据库的后备和恢复是数据库管理员的重要职责之一。当数据库中的数据被破坏时，数据库管理员应当尽快地恢复，以确保用户使用。

EXPORT 是在数据库打开的情况下后备数据库的实用程序。它把 ORACLE 数据库中的数据以 ORACLE 二进制形式写到操作系统文件上。卸出文件可以装回原来的数据库，也可以装到其他数据库，还可以装到不同版本的数据库中。EXPORT 提供不同的卸出方式，应用灵活。IMPORT 是和 EXPORT 配合使用的工具，它把卸出文件恢复到数据库。

SQL*LOADER 是一个向数据库装入数据的工具，它把外部文件中的数据装入数据库中的表中。它能装入各种格式的数据，并可对装入的数据实施过滤，也可同时装入多张表。

第四节　APRIORI 算法

许多模式寻找算法，如决策树、分类规则归纳和数据聚类等，被广泛应用于数据挖掘的领域，它们其实是由机器学习社区发展起来的。与这一主流比较，频繁模式和关联规则挖掘的例外很少，它们直接推动了数据挖掘研究并对这个领域产生了巨大影响。其基本算法简单，实现起来也很容易。本节将介绍频繁模式与关联规则挖掘中最基本的算法；Apriori 与 AprioriTid，以及 Apriori 在序列模式挖掘中的拓展 AprioriAll，并用原始文献中的例子来进行阐释。Apriori 这种非常基本的算法，处理的数据形式主要局限于市场交易。因此，在提高计算效率、寻找更紧致表示与扩展处理数据的类型等方面，人们做了大量的研究工作，我们将在相关研究这一节中，选择性介绍部分有代表性的重要工作。

一、算法描述

（一）挖掘频繁模式和关联规则

当前最流行的算法之一，是从一个事务数据集中寻找频繁项集并推出关联规则。关联规则挖掘任务是产生所有不小于用户给定的最小支持度（minsup）与最小置信度（minconf）的关联规则。寻找频繁项集（支持度不小于 minsup 的项集）并不是一件轻松的事，因为计算过程涉及的组合爆炸会造成无法接受的计算复杂度。只要得到了频繁项集，就容易生成置信度不小于 minconf 的关联规则。由 R．Agrawal 和 R．Srikant 提出的 Apriori 和 AprioriTid 算法，特别适合大型交易数据集的挖掘算法。

（二）Apriori

APriori 算法作用是找出所有支持度不小于 minsup 的项集。项集的支持度指的是包括该项集的事务所占所有事务的比例。频繁项集指的是满足给定条件的最小支持度的项集。Apriori 的关键在于，它运用了一种分层的完备搜索算法（深度优先搜索），该搜索算法运用了项集的反向单调性，即如果一个项集是非频繁的，则它所有的项集也是非频繁的，我们也称这个性质为向下闭合性。该算法会对数据集进行多次遍历：首次遍历，对全部单项的支持度进行计数并确定频繁项；在之后的每次遍历中，利用上一次遍历所得频繁项集作为种子项集，生成新的潜在频繁项集——候选项集，并对候选项集的支持度进行计数，在此次遍历结束时统计出满足最小支持度的候选项集，此次遍历对应的频繁项集就基本确定了，这相频繁项集又被当做下一次遍历的种子；重复此遍历过程，直到无法发现新的频繁项集为止。

（三）AprioriTid

APrioriTid 为 APriori 的一个变体，它不会努力去将候选项集的数量减少。而是在第一次遍历后，计算支持度时不会使用数据集 D 而使用新的数据集 Ck

二、挖掘序列模式

Agrawal 和 Srikant 对 Apriori 算法进行了扩展，使其拥有了处理序列模式挖掘问题的能力，APriori 算法当中并没有序列的概念，目的为寻找哪些项出现在一起，实质为挖掘事务内部的模式。我们关注和寻找序列模式的时候，也就是在寻找事务之间的模式。

每个事务都是由序列标识、事务时间与项集构成，规定拥有同一标识的序列不能含有多个具有相同事务时间的事务。序列即为项集的有序列表，但仅仅是字符列表这么简单。序列长度指的是序列中项集的个数。所有拥有向一序列标识的事务按照事务时间排序成一个序列（事务序列），一个序列标识支持序列指的是 s 包含于该标识时应的事务序列中。我们定义一个序列的支持度为支持该序列的序列标识的数量与所有序列标识的数量之比。同样，我们定义一个项集 i 的支持度为，在任意事务中含有项集 i 的序列标识的数量与所有序列标识的数量之比，要注意，此定义与在 Apriori 给出的项集的定义不一样。

给定一个事务数据集 D，则序列模式挖掘任务就是：从全部满足用户指定的最小支持度的序列中找出那些最大序列，每个这样的最大序列代表一个序列模式。把满足最小支持度的序列变成频繁序列（不一定是最大），把满足最小支持度的项集变成频繁项集，简记为 fitmset。显然，所有频繁序列都是频繁项集的列表。

序列模式挖掘算法有五步：①排序；②频繁项集；③转换；④序列；⑤最大化。前三个阶段为顶处理，最后一个阶段为后处理。

预处理工作：第一步为排序，以序列标识为主键，以事务时间为次键，对数据集 D 中的事务进行排序。第二步为频繁项集，修改 Apriori 算法的支持度技术方法，再运行算法得到频繁项集，最后把频繁项集映射成连续整数集，这样做就能够在常数时间内，完成对两个频繁项集是否相等的运算的判断。注意到，这个阶段同时也将所有的频繁序列找出来了。第三步为转换，每个事务都被替换成该事务包含的全部频繁项集。若一个事务中任何频繁项集都没有，那么变换后的序列中也不再包含该事务，进而如果一个事务序列中任何的频繁项集都没有，那么就从整个数据集中把这个序列删除，不过该序列仍将用在计数运算（即数据集的序列总数不变）。完成转换过程后，用频繁项集的集合列表替换原来的事务序列。这个转换的目的为提高给定的频繁序列包含于某一个事务序列中的效率。用 D 表示转换后的数据集。

核心的工作：序列阶段，要将所有的频繁序列都枚举出。有两大类算法可以处理这个问题，全部计数（count-all）与部分计数（count-some），区别为计数频繁序列的方式不同。全部计数型的算法要将所有的频繁序列都统计出来，后来必须被抛弃的那些非最大序列也包括在内；而部分计数型算法考虑到最终目标是获得最大序列，因此对包含于更长序列中的序列不再进行计数。

后处理工作：最大化阶段，要把最大序列从所有频繁序列中提取出来。这里主要是利用哈希树（类似于 Apriori 算法中的 subset 函数），快速找到给定序列中的所有子序列。

AprioriAll：该算法每一轮都利用上一轮得到的频繁序列来生成候选序列，然后通过对数据集进行一轮遍历把这些序列的支持度计算出来。在最后一轮中，用候选序列的支持度来决定频繁序列。

Apriori 算法与 AprioriTid 算法预先都需要指定 minsup 和 minconf，一旦这些值发生改变，算法就必须重新运行，而前面运行得到的所有结果都要抛弃掉。如果我们确实无法事先确定适当的阈值，也想在不运行算法的情况下，知道结果是如何随阈值变化而变化的，那么最佳方法即为生成和计数那些至少在数据集中出现一次的项集，并用一个有效的方法将它们保存起来。需要注意，原始数据集里不存在的候选项集，Apriori 算法也会生成。

Apriori 算法与 AprioriTid 算法在存储候选项集的时候都用到了哈希树，还有另一种常用的数据结构 trie 结构。它的每个深度为 k 的节点与一个候选 k-项集对应，该节点储存了第 k 个项和项集的支持度。以 trie 中深度为 K-1 的节点为父节点的两个频繁 k-项集共享了前（k-1）一项集，只需将这两个兄弟节点链接起来就能生成候选项集，然后经过约减操作就能在频繁 k-项集下再加深一级。为找出事务 t 中的候选 k-项集，把事务中的每个项依次传递给树，从根开始经过若干分支直到第 k 项。很多 Apriori 算法的实现，不仅仅用 trie 结构存储候选项集，也利用它来存储事务。

更进一步，我们甚至能够做到，既不去生成候选项集，也无须枚举所有频繁项集。

Apriori 几乎与绝大多数其他关联规则挖掘算法一样，都使用两阶段策略：第一阶段挖掘频繁模式，第二阶段生成关联规则，但这并不是唯一的做法。

webb 的 MagnumOpus 采用另一种策略，能够在挖掘频繁模式的同时，立即生成所有关联规则的一个大子集。

还有一些对 APriori 算法族的直接扩展。例如，将概念体系和时间约束引入算法中。广义关联规则（Generalized association rules）生成算法将一个用户指定的概念体系引入了进来，这样即使是基本概念只能生成非频繁顶集，也可以用高层概念来得到频繁项集。基本思想为把每个事务项的所有祖先都加到事务中，然后运行 Apriori 算法。再有，采取多种优化措施来提高计算效率。广义序列模式（Generalized Sequential Patterns，GSP）挖掘算法不但运用了概念体系，还将时间约束引入进来。时间约束一方面对序列模式中相邻元素（即项集）间的最短和/或最长的时间段进行了限制，另一方面将"序列元素中所有项必须来自同一事务"的限制放宽了，允许同一序列标识下，多个事务中的项用于一个元素中，只要其事务时间在用户指定时间窗口内。该算法还可以发现所有的频繁序列模式（不限于最大序列模式）。与 AprioriAll 相比，GSP 算法运行速度要快 20 倍左右，其中一个原因是 GSP，比如 Apriori 计数的候选集更少。

三、软件实现

Apriori 算法已被许多软件实现。本节将对三个知名的实现作介绍，它们都可以在网上下载。

首先介绍 waikato 大学开发的著名开源机器学习与数据挖掘工具 Weka，这套工具中包含 Apriori 算法实现。通过 Weka 的通用图形用户界面，可将 Apriori 算法与 Weka 中许多其他算法结合在一起使用。该实现同样包括 Weka 自身的扩展。

接下来介绍 Christian Borglet 的实现，该实现依据 GNU Lesser（Library）General Public License 进行分发，以命令的形式交互，也有一些独立图形用户界面。它不仅严格遵循原始 Apriori 算法系列，还进行了一些拓展，使得该软件运行速度更快，也更省内存。该实现用前缀树（一种 Trie 树）存储事务和项集，来实现高效的支持度计数。前缀树和上节提到的 Trie 树没有太大差别，用户也可以简单地用列表代替前缀树来存储事务。此外，该实现不但寻找频繁项集和关联规则，还能够寻找闭合项集与最大项集。此外，除置信度外，该实现还可使用信息增益等指标来评估和选择关联规则。

最后要介绍的是 Frence Bodon 的实现，这是个用作研究的免费软件。该实现同样基于 Trie 小树的数据结构且更为简单，并且只处理频繁项集与关联规则。这是一种命令行程序，有四个输入参数。前三个参数分别是：包含事务的输入文件、输出文件和 miH'uP 值。第四个参数 minconf 是可选的，该参数若为空，程序只把频繁项集输出，若设定该参数，则需执行关联规则的挖掘。这个实现用面向对象语言 c++编写，对丁快速建立基于 APriori 算法的应用程序来说很方便。

四、相关研究

Agrawal 和 srikant 提出第一个频繁模式和关联规则挖掘算法之后，涌现出了很多种改进、扩展和应用，涵盖面向大规模数据集的高效挖掘方法、多样数据类型的处理、新型挖掘任务的扩展，乃至各式各样的新应用。

（一）改进 Apriori 类型的频繁模式挖掘

在 Apriori 算法的框架下，很多技术都可以被引来改进频繁项集挖掘算法的效率，主要包括哈希、分治、采样和垂直数据格式等技术。

哈希技术可用来缩减候选项集的数量。每个项集被一个合适的哈希函数散列到一个对应的桶中。由于一个桶可以包含不同的项集，假如一个项集的计数小于最小支持度，就从这个桶中把它移除掉。DHP 就是这个思想。

划分指的是把一个整体的挖掘问题转化成 n 个更小的问题。这里仅把数据集分成互不重叠的 n 部分，每个部分都能在内存中存放，这样就可以对每个部分数据分别进行挖掘。任何可能的频繁项集必定至少在一个部分上表现为频繁项集，根据这个思路找到的频繁项集部是候选项集，检验工作仅需把整个数据集遍历一次。

采样指的是从整个数据集里随机选出数据子集，在该子集上进行挖掘。

因为这种方法不能确保所有的频繁项集都被找到,所以实践中一般选取较低的支持度阈值。使用这种方法必须权衡精度和效率。

垂直数据格式指的是将 TID 与每个项集关联。Apriori 使用水平数据格式,即将频繁项集关联到每个事务上。若使用垂直数据格式,挖掘中就能对 TID 集合进行求文集的运算。项集的支持度计数即为 TID 集合的长度,采用垂直数据格式表示时,该长度能够直接得出而无须扫描整个数据集。这个技术要求,对于给定候选项集的集合,其 TID 必须能全部放入内存,但一般情况下,内存是放不下它们的。对此,可以利用深度优先搜索来把这一规模显著缩减,Eclat 既使用的就是这种策略。在深度优先方法中,内存中至多需要存储具有相同的前 k-1(k-1 前缀)的那些 k-项集的 TID 列表. 搜索深度是 d(k≤d)。

(二)无候选的频繁模式挖掘

对 Apriori 算法的改进最出色当属 FP—growth〔频繁模式增长〕算法。该算法压根无须生成候选项集,而采用的是"分而治之"的策略:压缩数据集并把频繁项放进 FP—tree(频繁模式树),所有必要的信息都被它保留;把压缩数据集分成多个条件数据集,每个条件数据集关联到一频繁项集上,分开来对其进行挖掘。该算法只需对数据库进行两次扫描:首次扫描,得到全部频繁项集的支持度计数(即频率),并在每个事务中按照支持计数将频繁项进行降序排列;第二次扫描,把每个事务的项都并入 FP-tree,对在不同事务中出现的公共项(即节点)进行计数。每个节点与一个项及其计数相关联. 称为 node-1ink 的指针把具有相同标签的节点链接在一起。由于项是以频率降序排列的,FP-tree 上接近根节点的那些节点可以被更多的事务共享,如此就把所有必要信息按照一种非常紧凑的方法表示了。模式增长算法在 FP-tree 上运行,按频率递增的顺序选定一个项并提出包含该项的频繁项集,具体说就是模式增长算法在条件 FP-tree(条件数据集)上递归调用自身,就是说 FP-tree 是项的条件。FP—growth 速度比如 Apriori 算法快一个数量级。模式增长这一思想也在闭合项集挖掘和顺序模式挖掘中有所体现。

第四章 面向对象编程技术

以前，用 Fortran，C 等语言进行编程时，实际上使用了一种叫做面向过程的程序设计方法，也就是所说的结构化方法。这种方法强调对系统功能进行抽象，系统功能的实现是通过对若干个模块的调用来完成的。历史已经证明这种方法在降低软件开发成本、提高软件生产率方面不是很成功。因为客观世界是一个对象的世界，人类对客观事物的认识是一个由特殊到一般、一般到特殊的过程。而面向过程所能提供给我们的解决问题的方法却是"后一步的设计要满足前一步的要求"。这种强调系统功能、一环套一环的设计方法使设计出来的软件模块仅仅是满足了特定的需求，并且在软件系统后期维护过程中它仅能给程序员提供很小的活动空间。这些主要是由于计算机求解的问题空间与解题的方法空间不一致造成的。产生上述问题的最根本的原因还是冯·偌伊曼的计算机体系结构。面向对象的方法正是在上述背景下产生的。

面向对象的方法认为：客观世界的问题都是由客观世界的实体及其相互之间的联系构成的。把客观世界的实体称为问题对象，那么对象都有自己的运动状态及运动规律，不同对象之间的相互作用和相互通信就构成了完整的客观世界。使用面向对象的方法，人们可以逐步去解决问题，而在问题逐步深入过程中不必去修改前面已完成的设计工作。由于采用了数据抽象和封装技术，面向对象的程序设计降低了各模块间的关联程度，这就相对减少了程序员之间的相互影响。这项技术是在设计初期只有很少的程序员介入的情况下，通过在对象系统中建立一个高层次的通信环境来实现的，它大大降低了今后更改的成本。使用面向对象的方法详细定义用户的数据类型，将它们封装在一起又可实现较高的代码利用率。

当今，计算机产业正朝着分布式处理、并行处理、网络化和软件生产工程化发展，而面向对象的方法是作为实施这些目标的关键技术之一。

第一节 面向对象基本概念

一、面向对象基本概念

面向对象的方法中有一些重要的概念，它们是对象、类、封装、继承和多态等。

在基于对象的系统中，计算由一系列的实体（即对象）来体现，这些实体相互作用以达到预期的目的。

在概念级上，对象是正开发的系统中任何被观察到的实体。在构造一个系统时，一般而言，程序员将分析问题域，对解决这个问题的组件有一个察觉。在一个基于对象的系统中，这些组件直接由对象来表示。对象的关键特性是它们匹配问题求解者的域。一个对象的抽象概念是支持应用程序的开发者所需的。

从物理实现形式上说，对象直接映射到封装的概念，一个对象是一个状态和一系列可被外部调用的操作或方法的一个封装体。对象具有状态、状态记忆方法的后果。方法定义了一系列的步骤，当请求一个对象执行一个方法时，称对这个对象施加了一个操作，所以操作是将一个方法作为整体对待，将其作为一个单独的方法请求过程。

方法只允许在对象的语境内执行，它们是一些访问过程。状态给出在任一特定的时刻对象的态势，它由对象的数据结构的内容和值定义。外部接口由对象上所需要进行的操作这样的信息组成。

与一个对象的操作接口被限制在用户需求上，方法的实现外部是不可见的，也就是说具有了信息隐藏，这是封装的主要目的，它阻止非法的访问。操作接口的另一个很重要的方面是，它提供了一个对象的行为视图，即所知道的是一个对象提供了某种功能，但除此之外，对其他细节一无所知。一旦实现了一个对象，了解这个对象的算法和数据结构的内部细节就不再重要，所需要的是知道这个对象提供的操作接口。

有了对象，就有必要提供一种机制来允许一个对象与另一个对象交互。

在面向对象的计算中，这种交互应该被严格控制，即交互应该被限制在严格定义的接口上。这样，对象交互等价于调用与其他对象相关联的方法，而这种调用在面向对象中经常被刻画为通过消息传递来完成。每当一个操作被调用，一条消息被发送到这个对象，消息带有将被执行的操作的详细内容。

二、类

类通过在系统中引入分类使系统更前进了一步。完成分类所必需的机制是类和对象的实例化。

支持类的目的是提供基本的分类形式。类允许建立对象的组从而支持分类，这组对象共享完全相同的行为。这是通过为系统中要建立的对象提供相应的样板（即类）来作到的。类是创建对象的样板，它包含所创建的对象的状态描述和方法的定义。

类样板以外部接口和内部算法以及数据结构的形式提供了一个类的完整描述。这种方法的主要优点是，实现一个类的努力只需进行一次。

一旦引入了类，就有必要提供一种机制来建立一个特定类的对象。对象的建立可以通过一个实例化机制动态地进行，实例化基于样板建立一个新的对象，这个对象在建立时被初始化，它存在系统中，并被其他对象访问。实例化过程使一个对象知道它所属的类。由一个特定的类建立的对象被称为这个类的实例，一个特定的类所有的实例都呈现共同的行为，但它们并不是完全同一的，它们只是在接口和实现上是同一的，然而，每个对象拥有它自己的状态，并且这个状态依赖于在这个对象所进行的操作调用而随时间变化着。

三、继承

类提供了声明一组对象结构的机制，但是，当借助于继承这一机制扩充类定义时，才真正地实现了面向对象计算的所有优势。

所有的新类必须从零建立起，即以数据结构、算法和接口定义的所有功能必须以系统中基本组件的形式进行描述。在许多情况下，这种方法包含不必要的劳动，因为在系统中存在其他相似的类。因此，在定义新类时能够使用已有的类就变得很有吸引力。继承提供了精确地完成这个工作的系统化方法。一个新类可以通过修改或扩充已存在的类以满足这个新类的要求。新类因而共享已有类的行为，但具有修改的或额外添加的行为。这种行为共享是继承的本质特征。

从一个类继承定义的新类将继承这个类的所有方法和属性，它也可以根据需要添加新的方法和属性。

四、多态性

多态性是行为在多个类中的解释，多态性可以以两种方式引入：
1.通过子类化
在一个特定类上定义的一个方法被自动地定义在它所有的子类上。
2.通过重载
也可能在一个类层次中互不相干的部分中对多个方法使用相同的名字，因此，重载了这个名字的含义。

多态性是面向对象系统最具特色的特征之一，它表明了程序设计如何实现一个行为向对象提供了什么抽象的行为这一观念的转变。从而实现了从一个方法名到多种实现方法的一个一对多映射。

第二节 PowerBuilder 编程语言

PowerBuilder 是美国著名的数据库应用开发厂商 PowerSoft 推出的成功产品。它是完全按照 Client/Server 体系结构研制设计，采用面向对象技术和图形化的开发环境，是数据库的前端开发工具。在 Client/Server 结构的应用中，PowerBuilder 具有描述多个数据库的连接和检索的能力。特别是 PowerBuilder 能从大多数流行的 RDBMS 中存取数据；另外，各种应用程序可以独立于 RDBMS，因为 PowerBuilder 可以使用数据库的标准操纵语言 SQL 进行通讯。

一、事件驱动的应用程序

PowerBuilder 的应用程序是事件驱动的,即用户通过各种动作控制应用程序的流程。例如单击某个按钮、从菜单中选取某个菜单项或在某个编辑框中输入数据,都会触发相应的事件。用户可以通过编写脚本来说明当事件被触发时所要完成的处理过程。

用户通过 PowerBuilder 创建的窗口、控件和其他的应用程序对象都是一个预定的事件集合。例如每个按钮都具有一个 CLICKED 事件,每个编辑框都有一个 MODIFIED 事件。

PowerBuilder 还给开发人员提供一个集成环境。应用的各种成分,包括窗口、菜单、事务逻辑、数据库存取、数据库生成、图形、报表等全都能在 PowerBuilder 内开发,而不必再到其他环境去做。这大大加快了开发过程。

二、**PowerSeript** 语言和函数

PowerScript 是 PowerBuilder 的功能很强的第四代编程语言,用 PowerScript 编写的程序通常称为脚本。脚本往往是由 PowerScript 命令、函数和相应某一事件所要完成的处理过程的语句组成。它能使开发人员很容易地将简单或复杂的事物逻辑与应用相配合。

PowerScript 还提供了丰富的内置函数,可以利用这些函数对应用程序的各种对象和控件进行处理。

此外,用户还可以定义自己的函数在应用程序中来执行某种特定的处理过程。外部函数可以在 PowerBuilder 内说明和访问,就如同内置的 PowerBuilder 函数一样,这使得 PowerBuilder 可以在客户或服务器端与外部 3GL 过程进行通讯。

三、面向对象编程

在 PowerBuilder 中创建的每一个菜单或窗口都是一个自含的模块,称为对象。PowerBuilder 应用程序基本的构件块是用户所创建的对象,每个对象都

具有一些特定的特性和行为。利用诸如封装性、继承性和多态性这样的面向对象的编程技术，开发人员可以最有效地利用所创建的每一个对象，使应用程序具有可重用性、可扩展性和强有力的功能。

PowerBuilder 使用了实际的面向对象方式，这能使信息系统开发人员在无需精通专用语言的情况下迅速转向面向对象的开发。PowerBuilder 应用由一系列对象组成，包括有窗口、菜单、函数和数据窗口、用户对象、用户事件，等等。对象中又包含若干控件，这些对象和控件都可在许多应用功能中重复使用。因此，提高了程序员的效率和软件质量，又极大地减少了开发时间。

四、跨平台开发

PowerBuilder 支持跨平台的开发和分布。例如，在 Windows 下利用 PowerBuilder 开发的应用程序，可以在 UNIX 平台上运行，反之亦然。

五、与数据库的连接

PowerBuilder 提供了与低层数据库系统紧密的连接。PowerBuilder 支持不同的关系数据库管理系统，并充分发挥每一数据库的特长。可以访问多个数据库的信息，然后显示在一个窗口内。PowerBuilder 存取数据库的方式有如下两种：

通过使用 PowerSoft 的 ODBC。

通过使用 PowerSoft 提供的专用的直接与数据库相连的接口。

PowerSoft ODBC 接口允许通过使用 ODBC 存取数据库，ODBC 是微软公司的数据库连接标准。当使用 ODBC 接口时，需要定义一个由将来存取的数据所构成的 ODBC 数据源，它可以与一个 DBMS 或文件管理器、操作系统以及存取该 DBMS 的网络软件相关。数据源存储和管理应用程序所需的数据。

PowerSoft 的专用数据库接口则是与某一数据库的一个自然的连接，每一个专用数据库接口都包括了与特定数据库通讯的动态连接库接口（DLL）。当使用该接口时，DLL 接口通过数据库厂商的应用编程接口（API）连接到相应的数据库上。

PowerBuilder 拥有数据窗口（Data Window）对象，它是一个智能对象，是 PowerSoft 公司的一项专利技术。它能操纵关系数据库的数据而无需编写 SQL 语句。利用该对象可以修改、更新、插入、删除、滚页、打印或以十一种文件格式的任一种方式保留数据。DataWindow 直接管理数据库的交互与控制。

数据窗口简化了报表的生成。在 PowerBuilder 中，商业报表可以快洁地完成复杂的条状表、自由格式、交叉表、标识和多列报表。

第三节　PowerBuilder 中的面向对象编程技术

在 PowerBuilder 的应用开发中，运用面向对象技术不是必需的，但是对于一个大型复杂应用系统的开发，如果采用了面向对象技术，则开发效率会大大提高。

一、PowerBuilder 的对象

PowerBuilder 对象有三个元素：属性、函数和事件。

（一）属性

包括系统属性和用户定义属性两类，描述该对象的各种特性，如在窗口对象中的系统属性包括标题、高度、宽度等，用户定义的属性可以是实例变量或共享变量，对这种属性的访问与系统属性相同，只是在封装性上有所不同。

（二）事件

PowerBuilder 中的事件与 Windows 的事件存在着映射关系。当用户的操作或系统本身产生了 Windows 的标准事件，就转化成 PowerBuilder 中的事件。

例如命令按钮有一个叫 Clicked 事件，当用户按按钮时触发，操作系统首先检测到鼠标被点击，并把 Clicked 这一消息转给该按钮，PowerBuilder 运行时的工作引擎翻译了这一事件，并执行适当的 PowerScript 语句。PowerBuilder 中大部分

的事件都可以映射成由用户激发的 Windows 事件。另一类事件是用户定义事件，这种事件是用户声明并可以在任何时刻由用户触发的，PowerBuilder 中保留了 75 个用户事件可由程序员使用。

（三）函数

用户通过函数来使对象完成某些操作。PowerSoft 公司建议用户通过调用对象事件和函数来修改对象而不要直接修改对象属性，以满足对象封装的要求，例如采用 Window.hide 而不要用 Window.visible=false 来使窗口不可见。

二、PowerBuiider 面向对象的特性

一门语言的面向对象特性，具有继承性、多态性和封装性，如缺少其中的一个则只能称其为基于对象的系统，而不是面向对象的系统，而 PowerBuilder 则很好地具备了全部三个特性。

（一）继承性

PowerBuilder 中，窗口、菜单和用户对象是可以继承的，而其他对象则不能。当继承了一个对象，得到的子类将具有父类的属性、实例变量、共享变量、控件、用户自定义事件、对象级函数、事件和代码（script）。也就是说当继承了一个类，几乎得到了这个类的全部特性，但是不能在子类中删除任何一个继承到的特性。

在继承了父类后，可以在子类中扩展或覆盖父类元素。例如代码，在 PowerBuilder 中缺省的是采用扩展方式，先执行继承到的父类代码，后执行子类的扩展代码。也可以选择菜单 Compiler|Override Ancestor Script 选项，只执行子类的代码,并可在代码中的任意位置调动父类代码如 CALL w 1：：open。

重载函数是面向对象程序设计的重要特性，即同一函数名却有着不同的参数和返回值。在运行时，系统自动寻找执行参数相匹配的那个函数，例如常用的 MessageBox（）这个函数就有 12 个不同参数的重载函数。但是 PowerBuilder 不能在同一个继承对象中定义 2 个不同参数的重载函数，只能在后继的类中定义重载函数，使对重载函数的定义带来了很大的不便，这是 PowerBuilder 的一个缺陷。对于对象的继承，PowerBuilder 中所有对象都有其共同的基类 Power Object，从这一个基类下面分成继承类 Graphic Object 和 Non Visual Object 等。

（二）多态性

在 PowerBuilder 中有大量的多态函数如 print（）， TriggerEvent（）等，在运行只需要指出对象和函数名即可。在有些函数中，即使不知道对象类，也可以用 Class Name 函数得到对象类，或得到实例名，将对象名作为函数参数调用该函数。

（三）封装性

封装的目的是为了实现数据隐藏和数据保护，封装的目标是为对象提供一个对外操作的接口，使其他对象通过函数来访问，而不允许直接操纵对象的属性。在 PowerBuilder 中有三种访问类型 Public、Protect、Private，这三种访问控制类型可以用在对象的变量和函数上，缺省的实例变量和对象函数都是 public 类型的。为了保护数据，应尽可能多地使用 private 和 protect 类型，前者只允许对象内部的元素来访问，后者可以接受对象内部和继承类的元素访问。

三、PowerBuilder 面向对象程序设计的过程

事实上用户在开始运用 PowerBuilder 进行程序设计时，就在进行对象类的设计：例如在建立窗口时可以用窗口画笔（painter）建立一个新窗口，命名为 wemp。建立的窗口就是从 PowerBuilder 的窗口对象继承下来的，所以窗口

会自动具备一些属性，例如 x 和 Y 的坐标、高度、宽度、窗口类型、标题等。当用窗口画笔建立窗口时，给这些属性赋了值，还可以增加窗口的函数和事件。当窗口被保存时，就建立了一个新的窗口继承类，称为 w emp。

在这里，系统首先定义了 w emp 窗口类是从 window 类继承而来，接着定义这一对象类的各属性值，在句法的最后一行声明了一个全局变量，变量的类型（对象类）是 w emp，变量名（对象实例）也是 w emp。也就是说在建立了 w emp 这一窗口对象后，系统就具有了 w emp 这一对象类和 w emp 这一全局变量。这个变量是引用变量，也就是有些语言称为指针的变量类型。引用变量并不真正含有窗口实例的属性，而是包含了一个位置或是内存中的一个地址，在那儿可以找到实例的实际属性和程序。但在应用的开始时这一指针为空，因为在内存中并没有一个这样的窗口实例。当系统执行了 Open(w emp)后，系统在内存中复制了一份 w emp 对象类的拷贝或实例，w emp 这一参照变量指向了这一地址。由于窗口对象的 visible 等属性都是 Public 类型，所以继承类也都具有了这些属性。

第五章　地理信息系统简述

地理信息系统（GIS，Geographic Information System）是采集、存储、管理、描述、分析地球表面及空间与地理分布有关的数据的信息系统。它以地理空间数据库为基础，在计算机的软、硬件环境的支持下，对空间相关数据进行采集、管理、操作、分析、模拟和显示，并采用地理模型分析方法，适时提供多种空间和动态的地理信息，为决策提供服务。

第一节　地理信息系统研究的内容

一、GIS 的输入

地理数据如何有效地输入 GIS 中是一项琐碎、费时、代价昂贵的任务，大多数的地理数据是从低质地图输入，GIS 常用的矢量化方法是数字化和扫描。数字化的主要问题是效率低、代价高；扫描输入需要将扫描得到的栅格数据变换成 GIS 数据库通常要求的点、线、面、拓扑关系属性等形式。就这一领域目前的研究进展而言，全自动的智能地图识别在短期内不太可能实现；因而，交互式的地图识别是矢量化方法的一种较为现实的途径。市场上已有多种交互式矢量化软件出售。

目前 GIS 的输入正越来越多地借助于非地图形式，遥感就是其中的一种形式。遥感数据已经成为 GIS 的重要数据来源。与地图数据不同的是，遥感数据输入 GIS 较为容易，但如果通过对遥感图像的解释来采集和编译地理信息则是一件较为困难的事情；因此，GIS 中开始大量融入图像处理技术，许多成熟的 GIS 产品，如 MAPGIS 中都具有功能齐全的图像处理子系统。

地理数据采集的另一项主要进展是 GPS 技术。GPS 可以准确、快速地定位地球表面的任何地点，因而，除了作为原始地理信息的来源外，GPS 在飞行器跟踪、紧急事件处理、环境和资源监测、管理等方面有着很大的潜力。

二、存储 GIS 中的数据

存储 GIS 中的数据分为栅格数据和矢量数据两大类，如何在计算机中有效存储和管理这两类数据是 GIS 的基本问题。尽管目前微机的硬盘容量已达到 GB 级，但计算机的存储器对于灵活、高效地处理地图这类对象仍是不够的。GIS 的数据存储却有其独特之处，大多数 GIS 系统中采用了分层技术，即根据地图的某些特征，把它分成若干层，整张地图是所有层叠加的结果。在与用户的交换过程中只处理涉及的层，而不是整幅地图，因而能够对用户的要求作出快速反应。

地理数据存储是 GIS 中最低层和最基本的技术，它直接影响到其他高层功能的实现效率，从而影响整个 GIS 的性能。基于微机平台的 MAPGIS 能够快速、高效地处理多达上万幅的地图库，这不仅在国产 GIS 软件中处于领先地位，即使与国外同类产品相比仍是其中佼佼者，这与 MAPGIS 较好地解决了地理数据的存储问题密切相关。

三、GIS 的空间分析

地理数据的操作和分析 GIS 中对数据的操作提供了对地理数据有效管理的手段。对图形数据（点、线、面）和属性数据的增加、删除、修改等基本操作大多可借鉴 CAD 和通用数据库中的成熟技术；不同的是 GIS 中图形数据与属性数据紧密结合在一起，形成对地物的描述，对其中一类数据的操作势必影响到与之相关的另一类数据，因而操作带来的数据一致性和操作效率问题是 GIS 数据操作的主要问题。

地理数据的分析功能，即空间分析，是 GIS 得以广泛应用的重要原因之一。通过 GIS 提供的空间分析功能，用户可以从已知的地理数据中得出隐含的重要结论，这对于许多应用领域是至关重要的。

GIS 的空间分析分为两大类：矢量数据空间分析和栅格数据空间分析。矢量数据空间分析通常包括：空间数据查询和属性分析，多边形的重新分类，边界消除与合并，点线、点与多边形、线与多边形、多边形与多边形的叠加，缓冲区分析，网络分析，面运算，目标集统计分析。栅格数据空间分析功能通常包括：记录分析、叠加分析、滤波分析、扩展领域操作、区域操作、统计分析。

四、GIS 的输出

将用户查询的结果或是数据分析的结果以合适的形式输出是 GIS 问题求解过程的最后一道工序。输出形式通常有两种：在计算机屏幕上显示或通过绘图仪输出。对于一些对输出精度要求较高的应用领域，高质量的输出功能对 GIS 是必不可少的。这方面的技术主要包括：数据校正、编辑、图形整饰、误差消除、坐标变换、出版印刷等。

第二节 地理信息系统的组件化发展

传统 GIS 大多是基于十多年前甚至更早的技术体系设计和开发的，在很大程度上限制了 GIS 软件的进一步发展和应用。计算机技术和全球信息技术的飞速发展，特别是面向对象（Object-Oriented）、可视化程序设计、组件式软件（Components Software）、分布式计算（Distributed Computing）、多媒体（Multimedia）和 Internet/Intranet 等技术的不断出现和广泛应用，对 GIS 提出了新的技术要求，传统的 GIS 技术体系面临着严峻的挑战。

一、传统 GIS 面临的困难

（一）开发负担重

基础软件开发负担过重是传统 GIS 所面临的重要问题之一。GIS 为各个应用领域提供了强大的开发工具。GIS 基础软件开发者要在 GIS 软件中实现各个领域的功能。

为了使 GIS 软件成为一个完整的系统，开发者还要做许多与 GIS 底层技术本身无关的工作。其中，用户界面（User Interfaces）就是较为突出的一例。菜单、工具条、对话框等图形界面的设计，都在 GIS 软件设计和物理实现过程中占有相当比例的工作量。另外有些功能，比如统计图表制作、数学统计分析、数据库管理等功能，在其他的专业软件中已经有相当完美的呈现。但目前的绝大部分商业 GIS 软件中还是要"自成体系地"提供这些功能，导致了 GIS 软件与其他软件之间的大量重复劳动，也给使用者增加了学习和掌握 GIS 软件的负担。

（二）集成困难

建设一个 GIS 应用系统，实际上是对空间数据、GIS 软件和各种应用模型进行集成。资源和设施管理的 GIS 应用更是要求 GIS 和管理信息系统（MIS）乃至办公自动化（OA）之间的有机结合，对 GIS 系统集成方案提出了很高的要求。但是传统 GIS 软件封闭的、自成体系的结构使得 GIS 很难与应用模型、NNS 或 OA 实现高效的、有机的集成。

（三）开发语言问题

开发语言也是传统 GIS 一直存在的问题。绝大多数 GIS 软件都提供了至少一套自成体系的二次开发语言，以便用户设计符合自己需要的 GIS 应用系统。程序开发者要花费精力学习不同 GIS 软件的开发语言。软件开发语言在不断发展，比如面向对象程序设计和可视化程序设计技术在软件界已经广为接受，应用开发者不可避免地要对 GIS 开发语言提出相应的要求。向用户提供一套完善的开发语言已经是 GIS 基础软件开发者额外的负担，要跟上程序设计语言发展的潮流更令其难以集中精力发展 GIS 技术本身。

（四）普及困难

当今的社会经济环境中，人们日常涉及的信息有很大一部分与地理信息相关，因此 GIS 应当是一个为大众服务的工具。GIS 发展至今，尽管已经有不少比较成熟的软件系统，但这些软件大都功能繁多且系统庞大，熟悉和掌握这些软件对一般的非专业技术人员而言不太容易。另外，对大多数用户而言，往往只需要 GIS 中的一部分功能，却不得不为那些并不需要的功能花费额外的资金和精力。

二、组件式地理信息系统的特点

组件式软件技术是新一代 ComGIS 的重要基础，ComGIS 是面向对象技术和组件式软件在 GIS 软件开发中的应用。ComGIS 控件与其他的软件或控件通过标准的接口通信，而且这种通信是可以跨程序、跨计算机进行的。它的特点如下：

（一）无缝集成

使用 ComGIS 构造应用系统的基本思路是：GIS 组件只做 GIS 的工作，而其他功能由其他的组件去完成，GIS 组件与其他组件之间的联系由可视化的通用开发语言（如：Visual Basic 或 PowerBuilder 等）来建立。这些开发语言建立应用系统的框架，ComGIS 组件和其他组件则提供实现具体功能的部件，这些部件在框架的组织下构成运行的应用系统。ComGIS 提供了实现 GIS 功能的组件，专业模型则可以使用这些通用开发环境来实现，也可以插入其他的专业性模型分析控件。因此，使用 ComGIS 可以实现高效、无缝的系统集成。

（二）跨语言使用

ComGIS 不需要专门的 GIS 二次开发语言，只需实现 GIS 的基本功能函数，按照 Microsoft 的 ActiveX 控件标准开发接口。有利于减轻 GIS 软件开发者的负担，而且增强了 GIS 软件的可扩展性。ComGIS 的用户则不必掌握专门的 GIS 开发语言，只需熟悉基于 Windows 平台的通用集成开发环境，以及 ComGIS 各个控件的属性、方法和事件，就可以完成应用系统的开发和集成。

（三）易于推广

GIS 发展有两个重要的趋势：GIS 的应用正在从数据库建立转向数据使用；同时，GIS 正在从难于使用的系统转变为易于使用的系统。ComGIS 正是导致这些转变的重要推动力。

组件式技术已经成为业界标准，用户可以像使用其他 ActiveX 控件一样使用 ComGIS 控件，使非专业的普通用户也能够开发和集成 GIS 应用系统，推动了 GIS 大众化进程。ComGIS 的出现使 GIS 不仅是专家们的专业分析工具，同时也成为普通用户对地理相关数据进行管理的可视化工具。

（四）成本低

由于传统 GIS 结构的封闭性，使得软件变得越来越庞大，不同系统之间交互性差，系统的开发难度大。ComGIS 提供空间数据的采集、存储、管理、分析和模拟等功能，至于其他非 GIS 功能（如关系数据库管理、统计图表制作等）则可以使用专业厂商提供的专门组件，有利于降低 GIS 软件开发成本。另一方面，ComGIS 本身又可以划分为多个控件，分别完成不同功能，用户可以根据实际需要选择所需控件，降低了用户的经济负担。

（五）无限扩展性

在组件式软件技术背后，有一个十分庞大的组件资源库，用户可以从不计其数的组件中挑选需要的组件与 ComGIS 一起集成应用系统，极大地扩展了 GIS 的功能。全球范围内有许多软件公司在编写各种各样的控件，这些第三方（Third Parties）控件差不多可以解决任何通用软件编程中可能遇到的问题，从简单的命令按钮到动态的三维统计图，从多媒体播放到超文本显示，几乎无所不有。这些控件中有商业软件，也有价格很低的共享软件甚至免费软件。

（六）可视化界面设计

可以使用 ActiveX 控件的开发语言几乎都支持可视化程序设计，因此，使用 ComGIS 控件集成应用系统，能可视化地设计系统界面，在窗口上布局按钮、列表框、图片框和 GIS 控件，可以立即反馈窗口界面的外观，实现所见即所得的界面设计。相反，使用传统 GIS 软件进行二次开发则需要反复的猜测和实验。

第三节　ComGIS 软件开发

与传统 GIS 开发相比较，开发 ComGIS 软件一个重要的差别在于用户接口。传统 GIS 软件与用户或者二次开发者之间的交互，一般通过菜单或工具条按钮、命令以及 GIS 二次开发语言进行。ComGIS 与用户和客户程序之间则主要通过属性、方法和事件进行交互。属性、方法和事件是控件的通用标准接口，适用于任何可以作为 OLE/ActiveX 包容器的开发语言，具有很强的通用性。

属性（Properties）指描述控件或对象性质（Attributes）的数据，如：BackColor（地图背景颜色），GPSIcon（用于 GPS 动态目标跟踪显示的图标）等。可以通过重新指定这些属性的值来改变控件和对象性质。在控件内部，属性通常对应于变量（Variables）。

方法（Methods）指对象的动作（Actions），如：Show（显示）、AddLayer（增加图层）、Open（打开）、Close（关闭）等。通过调用这些方法可以让控件执行诸如打开地图文件、显示地图之类的动作。在控件内部，方法通常对应于函数（Functions）。

事件（Events）指对象的响应（Responses）。当对象进行某些动作时（可以是执行动作之前、动作进行过程中或者动作完成后）激发一个事件，以便客户程序介入并响应这个事件。简单地说，ActiveX 控件使用事件来告诉程序在控件内发生了某种事情。ActiveX 控件有一些共有的事件，比如：鼠标在控件上点击（Click）、用键盘输入数据、控件状态改变等。在 GIS 控件中，一个典型的事件是用鼠标在地图窗口内单击并选择一个地理对象，控件产生选中事件（如 ItemPicked），通知客户程序有地理对象被选中，并传回选中对象个数、所属图层等等有关选择集信息的参数。

一、MapInfo 与 MapX

MapInfo 是由美国 MapInfo 公司推出的一个地理信息系统软件。作为一类特殊的地理信息系统平台软件，MapInfo 有着它自己的特色，例如，它内置关系型数据库，实现了电子地图与数据库的自动连接和双向查询。在 MapInfo 的电子地图中，没有拓扑关系的定义，而是通过提供新的地理运行符和面向对象的图形结构，从而使地图分析和图形处理功能得以实现。

二、MapInfo 的技术特点

（一）地图表达与处理功能

MapInfo 作为一种功能强大的图形软件，利用点、线、区域等多种图形元素，以及丰富的地图符号、文本类型、线型、填充模式和颜色等表现类型，可以详尽、直观、形象地完成电子地图数据的显示。同时，MapInfo 对于位图文件和航片、照片等栅格图像，也可进行屏幕显示，根据实际需要还可对其进行矢量化。

在图形处理方面，MapInfo 提供了功能强大的图形编辑工具箱，用户可以对各种图形元素任意进行增加、删除、修改等基本编辑操作。

MapInfo 采用层的概念来组织和管理数据，对地图进行分层处理，用户可以通过图形分层技术，根据自己的需求或一定的标准对各种图形元素进行分层组合，将一张地图分成不同的图层。

利用 MapInfo 提供的视图缩放工具，用户可以对矢量图形和光栅图像进行任意比例的无级缩放。MapInfo 还提供了多种地理投影模式可供选择。

（二）关系数据库管理功能

MapInfo 内置关系数据库管理系统，支持 SQL 查询。每个库可有 255 个字段，最多可存放 20 亿条记录。

MapInfo 具有动态链接关系数据库的功能。MapInfo 可以直接读取 dBase，FoxBase，Clipper，Microsoft Excel 以及 ASCII 文件。在客户服务器的网络环境中，通过 SQL DATALINK 数据库链接软件包提供的 QELIB ODBC 接口，可以同远程服务器链接，直接读取 Sybase、Oracle、DB/2 等十几种大型数据库中的数据信息。

MapInfo 可以运用地理编码的功能，根据各数据的地理坐标或空间地址，将数据库的数据与其在地图上相对应的图形元素一一对应，实现在图形的基础上对数据库进行操作。

（三）数据查询分析功能

MapInfo 的精华是其分析查询功能，即能够精确地在屏幕上查询、分析与其相应的地理数据库信息。MapInfo 提供了对象查询工具、区域查询工具、缓冲区查询工具，以及一些常用的逻辑与数据的分析查询函数。

三、MapX 组件

为了适应地理信息系统的组件化发展 MapInfo 公司推出了组件产品 MapX。MapX 具有前面讨论的 ComGis 的各种优点。MapX 不仅是地图查看器，它还可以分析、可视化商业数据，可以创建、编辑地图特性。下面介绍一下 MapX 的主要特点：

·专题地图。把数据和地图上的特征联系起来，用颜色编码的方式，可以形象地以 6 种方式表现数据。

·数据绑定。地图可以和 OCX 嵌入的容器，通过 ODBC 或 DAO 进行数据的绑定。

·分层。可以控制显示某一特定的图层，可以控制它只有当地图比例为某一规定的范围才显示出来。可以通过创建一组基表来实现无缝图层。特殊的图层可以支持特殊的应用，例如动画图层（用来实时跟踪）、用户图层（用来描画特殊的地图元素，如地图上面的标志）。

总之，MapX 继承了 MapInfo 的绝大多数功能，但在开发应用程序时，一般先把和 GIS 有关的内容在 MapInfo 或 Geoset Manager 中开发完成，然后再完成和应用程序的接口。

第六章 计算机数据库安全

第一节 数据库的安全问题

数据库安全是为了保证信息传输的保密性,以免被网络黑客入侵,导致信息泄露或者是遗失。计算机数据库安全保护技术非常多,各技术的运用大大增强了计算机网络安全保护能力,使计算机网系统运行更加安全。

一、计算机网络数据库安全技术现状及其面临的问题

(一)计算机网络数据库安全技术现状分析

计算机技术、网络技术在我国有着广阔的应用范围与良好的应用前景。为实现计算机技术、网络技术的有效应用,需要做好信息存储、信息管理等方面的工作,这就需要借助计算机网络数据库的帮助,以充分满足计算机网络技术的发展要求。计算机网络数据库的建立,主要以后台为基础,利用浏览器对数据或者信息进行查询、保存、使用。就现阶段来看,计算机网络数据库主要有如下特征:可对大量数据、信息进行有效存储;可确保数据、信息存储的完整性、一致性;此外,计算机网络数据库也有着简单、方便的优势。网络环境具有复杂性、开放性,这就给计算机网络数据库带来了诸多安全风险,极易遭受非法入侵等问题,无法有效确保计算机网络数据库的稳定性、安全性。计算机网络数据库中,保存着大量的信息数据,若是发生安全问题,便会导致数据信息的丢失,带来严重的后果。计算机网络数据库的实际运行过程中,会受到诸多因素的影响,如网络危险因素、人工操作错误或者是软件应用不当等,均会给计算机网络数

据库带来一定的安全隐患。因此，必须对计算机网络数据库安全技术进行改进与优化。

（二）计算机网络数据库安全技术面临的问题

计算机网络数据库在很大程度上受到计算机系统及网络系统运行状况的影响，而产生一些安全问题。计算机系统及网络系统给计算机网络数据库造成的威胁与影响，具体体现在以下几个方面。

首先，计算机系统的运行过程中，若是用户操作不当，便有可能使计算机网络数据库发生数据、信息错误的问题，从而给计算机网络数据库的稳定性、安全性产生一定的威胁。

其次，合理访问计算机网络数据库的时候受到了非法攻击，用户非法访问用户访问权限之外的数据或信息，非法篡改、非法窃取数据资源信息等，均会给计算机网络数据库带来安全问题。

最后，网络具有开放性，若是网络系统的安全性较低，一旦遭受网络手段的攻击，便会给计算机网络数据库运行的稳定性、安全性造成严重的影响，因此，必须要对计算机网络数据库安全技术进行优化。

一直以来，数据库安全都是人们关注的重点问题，一些小问题落实不到位都会给整个数据库带来威胁，从目前的情况看，数据库安全技术非常多，如加密技术、审计技术等等。数据库安全技术问题的出现主要包含如下方面，这些问题都是在数据库安全研究中需要重视的问题。

1.不安全的 Web 应用程序

随着网络技术的快速发展，各种安全的网络编程方式也得到了广泛运用和推广，其在数据库安全管理方面的作用逐渐显现出来，尽管如此，现如今互联网中的 Web 应用程序还有许多不足，不安全的 Web 应用程序的应用，影响了数据库安全。

随着计算机技术的快速发展，许多漏洞修复技术的作用也逐渐丧失，难以满足日益发展的网络需求，再加之很多计算机编程人员都是刚毕业的学生，技术经验不够，水平不高，尤其是在安全编程方面还有很大的问题。所以，安全技术人员还需要加大对漏洞修复技术的研究。

2.各类数据库系统特权账户的出现

基于互联网自身的特殊性，大多数企事业单位的身份认证都属于自动化过程，数据库系统并不需要全天 24 小时都有专人管理。每个企事业单位都有属于自身的数据库系统，各企业会依据身份认证来对系统进行周期管理，一般都是由共享账户或者是账户认证来管理数据库。

在各企事业单位数据库管理阶段，受到管理体制的限制，除了专门的程序管理人员才有进入账户的权限，内部其他人员也能进入系统，这样在系统访问、监管过程中就会出现漏洞，内部人员对自身权限的滥用也会引发安全管理问题，并给外部网络黑客等不法人员的入侵创造了机会，数据库安全难以保障。

3.网络分段的错误配置

从目前的情况看，实现网络分段后再控制风险能够获得非常好的效果，可以将风险控制在合理范围内。在数据库网络安全管理中，该种方式得到了广泛运用，但在具体使用过程中，这种方式也存在一定的不足之处，如在实现分段网络后，若配制不合理，会影响防火墙的安全性，从而给攻击方带来可乘之机，数据库的安全性难以保证。

二、数据库安全系统的构建

数据系统的安全和网络运行环境，及自身系统安全系数有直接的关系，所以，我们可以将数据库的安全防范分为网络系统、数据库系统等几个层次。各个层次相互影响，相互作用，构成了统一的整体。

（一）网络系统层次安全技术

数据库是网络运行系统的重要组成部分，是网络运行的基础，而网络又是数据库安全受到威胁的途径，所以，要想做好数据库系统安全管理工作，就必须要从网络安全入手，重视网络安全防护工作。

网络系统作为数据库重要的外部保护屏障，外界要想攻击数据库，首先就要突破网络系统屏障，目前，通过入侵网络系统来破坏数据库的现象已经非常普遍，该种网络攻击方式具有如下特点：①不受时间、地点、空间的限制；②网络攻击存在于一些不易被发现的网络环境中，对主体造成攻击；③基于条件下，呈现出多样化、复杂化特点。网络攻击种类非常多，如木马病毒、黑客入侵等，随着网络信息技术的快速发展，安全问题种类也越来越多，这些威胁一旦出现，就会造成非常严重的后果，所以，需要对这些网络威胁进行有效控制，下面对数据库安全技术进行分析。

1. 防火墙技术

防火墙技术将系统中的硬软件结合起来，完成对不良信息的过滤与筛选工作，一旦筛选出不良信息，防火墙便会及时进行拦截，从而保护计算机网络安全。防火墙是保护网络安全的有效手段，当然，它也有很多类型，既能够存在于硬件部分，也能在独立机器中运行，该机制就变成了防火墙所在网络的代理。为了有效实现安全防护的目标，就必须要让内外部网络中全部数据都经过防火墙进入，同时，只有和防火墙规则具有一致性的数据流才能经过防火墙，并且防火墙自身也必须要具备很强的抗攻击与免疫力。防火墙的基本功能：①动态包过滤技术。动态包过滤技术实际上也可以称作状态检测技术，可以快速截获经过防火墙的数据包，提取相关信息，并结合信息的安全程度看是否允许信息经过，能够达到动态网络监控的效果。②控制不安全服务。防火墙能够控制不完全服务，提前将信任域和不信任域间数据出入情况设置好，从而避免不安全服务的进入，确保内部网的运行安全。③加强网络系统访问控制。防火墙能够设置外部网对内部网访问服务，并加强访问控制，如涉及重大网络安全服务能够屏蔽外部网，使其无法访问；针对那些涉及较小的网络安全服务，可以对外部网进行访问。

2. 入侵检测技术

这一技术在近些年才发展起来，主要重视事后检测工作，最大的作用是对整个计算机系统的入侵情况进行检测，一旦检测出异常情况，就会立即分析和监控，为解决恶性攻击提供参考信息。可以将入侵技术分成签名分析、统计分析等几方面内容，在几方面的共同作用下，实时监控整个数据库，一旦发现问题就会立刻做出反应，以此保证整个网络系统的安全性、稳定性。

3.协作式入侵监测技术.

该种入侵技术能够实现对整个数据库入侵行为的监控管理,基于系统单一性特征,还必须要发挥协同作用,构建专门协作入侵系统,从而提高检测范围,能够更有效地打击一切入侵行为。随着网络信息技术的发展,该种检测技术使用的范围也更加广泛。

(二)宿主操作系统层次安全技术

为了确保数据库系统安全,网络管理这还应该结合系统的实际情况以及易出现的安全问题制定有效的安全管理策略。因为每个数据库运行环境不同,所以,所制定的安全措施要有针对性。

操作系统安全措施主要运用于本地电脑的安全设置,即密码、用户权利等等,具体可以重点做好如下方面内容。

1)用户账户:用户登录的凭证,只有合法用户才能注册账户。

2)系统访问权限:只有指定用户才拥有访问权限。

3)审计:及时跟踪和了解用户信息,为系统管理员有效分析系统访问状况及事后的跟踪调查创造条件。

(三)数据库管理系统层次安全技术

目前,大多数数据库管理都使用的是关系式管理形式,该种管理形式存在一定的风险,在协调处理关系的过程中会给外界入侵者带来可乘之机。一旦数据库受到威胁,入侵者就会利用相关的入侵工具违法盗取数据信息,甚至是非法篡改,威胁着数据库安全。这时,就必须要结合数据库的实际情况层层加密,使系统安全管理更加科学有效。要对数据库分层管理,可以从如下方面入手。

1.OS 层加密

在 OS 层无法完成数据的分析和辨别,所以无法依据数据信息生产有效的密钥,使数据安全管理受到影响。所以,必须要在 OS 层加密,但如今在该层加密还存在小型数据库上,而针对那些大型的数据库其加密技术还有很大的难度。

2.DBMS 内核层、外层加密

物理存储作为数据库存储的重要组成部分，在数据库物理存储之前必须要对 DBMS 内核层进行加密。在该层加密功能性非常强，其加密的过程中不会影响 DBMS 的功能，并且，该种加密方式还能实现与整体数据的有效融合，使数据库系统更加安全。但在该层加密使系统的运载负荷不断增大，还要开发专门的端口或者是服务器，资金与技术投入大。

在 DBMS 外层加密比内核加密要简单得多，仅仅只需要技术人员制作外层加密工作就能实现加密效果，成本投入小。

网络信息技术的普及与运用，给人们的生活带来了极大的便利，但也面临着许多安全问题，尤其是数据库安全问题受到人们的普遍关注。为了提高网络数据库的安全稳定性，就必须要使用各种数据库安全技术，挖掘网络资源优势，并充分利用网络资源优势，解决网络中遇到的问题，是广大从业者必须要思考和解决的问题，需要不断地去研究探索，满足新时代网络发展需求。

（四）访问控制技术

访问控制技术则是在利用用户标识与鉴别技术的基础上，对用户的个人信息进行相应的权限设置，从而控制用户所访问的数据内容。用户在进行计算机数据库信息访问过程时，那些具备访问权限的用户则可以进入计算机数据库系统内部来获取自己所需要的数据信息。而利用访问控制技术则能够实现对网络攻击者的防御，可以实现对网络黑客进行拦截，从而避免系统内部数据的泄露、丢失或更改。访问控制技术能够有效地保障数据库内部信息的安全，阻止网络攻击者对数据库信息的更改。

自主访问控制技术则是一种用户可以自主录入个人信息数据，并能够实现对自主创建的数据库进行相应的访问或更改，还能够将自己创建的数据库访问权限开放给他人。这种自主访问控制技术使用户能够具有自主创建的灵活性，还对自创数据库具有相应的控制权，可以自由地对数据信息进行更改或删除。

强制访问控制技术则是一种对用户权限与数据类型进行了严格规定，能够在系统的内部设立相应规则的控制技术。在强制访问控制技术中，创建者对自己所创建的数据信息自主权较低，用户在完成对数据的创建后，就无法再对数据信息进行访问或是更改。这种访问控制技术能够在一定程度上保障数据库系统的安全，限制了创建者的权利范围。

（五）安全审计技术

安全审计技术是一种通过对数据库的运行状况进行相应的检测，对其中违规的数据操作进行分析，从而帮助企业及时了解数据库内部数据信息状况。安全审计技术可以有效地识别违规数据，能够显示相应的问题信息，可以准确、有效的处理计算机数据库数据信息，具有较高的安全性。

（六）用户标识与鉴别技术

用户识别与鉴别技术能够利用密码、用户账号等方式，实现对用户身份的识别，从而判断用户是否具备相应的访问权限。用户标识与鉴别技术对于计算机数据库安全管理来说，是一种外层防护的技术。除了上述所说的密码、用户账号等方式能够对用户的身份进行识别外，随机试验所生成的算法也能判定用户的个人身份。采用用户识别与鉴别技术对于用户个人信息安全维护的成本较高，因此这种技术多数是在规模比较大型的企业进行使用。这种技术能够有效实现对用户访问权限进行控制。此外，用户标识与鉴别技术具有较大的灵活性，可以与其他安全防护手段相结合进行使用，以此来全面提升计算机数据库安全性能。

三、计算机网络数据库安全技术的优化思路

（一）严格进行身份认证

就目前情况来看，计算机网络数据库大多数是由多用户开发的。基于此，计算机网络数据库的实际运行过程中，多个用户同时访问的情况时有发生，这就在很大程度上降低了计算机网络数据库的安全性。为了有效处理多个用户同时访问数据的情况，应加强对用户身份的认证，通过准确认证用户身份，

对相关数据进行收集、处理，从而实现对系统登录、计算机网络数据库连接以及计算机网络数据库用户应用等环节的优化。严格进行用户身份认证，可以更好地满足不同用户同时登录系统的要求，也可以避免非法访问问题，从而有利于计算机网络数据库稳定性及安全性的提高。统一认证用户身份，需要进行登录网络系统、连接计算机网络数据库以及选择数据对象三个步骤。其中，登录网络系统的时候，需要验证用户名、密码的正确性；连接计算机网络数据库，主要目的在于通过管理系统，对用户身份进行验证；选择数据对象，针对不同用户，根据权限机制，设置不同的数据对象权限，确保数据的安全性。通过统一认证用户身份，可以对用户身份信息进行有效保护，从而可以实现计算机网络数据库安全性、可靠性的切实提高。

（二）做好数据备份及数据恢复

为确保计算机网络数据库的安全性，应当加强对数据备份及数据恢复等相关技术的应用，确保计算机网络数据库之中数据信息的安全性，使用户获取到准确、完整的数据信息，同时还要及时发现计算机网络数据库中的问题，并采取有效的措施予以解决，从而确保计算机网络数据库的安全性。在计算机网络数据库中有效应用数据备份及数据恢复相关技术，并对备份文件进行正确处理，争取在短时间内使计算机网络数据库中的数据资料得到恢复，便可以避免计算机网络数据库故障问题的出现，减少经济损失，确保计算机网络数据库的安全。应用数据备份及数据恢复技术之后，在计算机网络数据库出现故障问题的时候，可以利用备份数据，及时将计算机网络数据库中的数据信息恢复到原始状态。通常情况下，数据备份可采取动态、静态以及逻辑备份等不同的形式。较为常用的数据备份及数据恢复技术包括在线日志、文件备份以及磁盘镜像，根据计算机网络数据库的实际情况，可以个性化选择适合的数据备份及数据恢复技术。

（三）开展加密工作

对计算机网络数据库实施有效的加密，是确保计算机网络数据库安全、稳定的有效手段。计算机网络数据库加密指的是，强化加密程序，确保计算机网络数据库之中的所有数据切实安全、可靠，在模块加密过程中应用特定算法，实现数据信息的改变。为用户提供可以进行加密的信息数据。在计算机网络数据库加密过程中，必须要使用户掌握相应的解密方法，才能使用户获得原始信息与更全面、更准确的数据。为确保计算机网络数据库加密工作的顺利开展，应对计.算机网络数据库的加密系统进行优化，并应用科学手段，对加密环节、解密环节进行改进，实现不可辨数据、可辨数据之间的规范化转换，并准确解密、读取数据信息。与此同时，针对已经加密处理的数据信息，只能由授权用户获取，非授权用户无法获取，这便可以保障计算机网络数据库的安全性。

（四）加强审计追踪

计算机网络数据库运行过程中，审计追踪是一个关键的模块，可以对用户操作情况进行自动追踪，并对用户操作内容进行准确记录，建立审计追踪日志。网络安全控制工作中，遇到数据信息安全问题的时候，便可以根据审计追踪日志，对计算机网络数据库的安全状况进行分析、评估，以追溯非法数据的来源。除此之外，联合应用攻击检测技术以及审计追踪，还有利于及时发现计算机网络数据库中的漏洞。通过加强审计追踪，优化计算机网络数据库安全技术，对于促进计算机网络的良性发展，有着十分重要的意义。

第二节　推理泄露问题

近年来，随着 IT 技术的迅猛发展，网络已经迅速渗透到人们的日常生活中，人们的工作、居家生活、出游等，都越来越依赖网络所提供的服务。然而网络在提供便利服务的同时，也时刻威胁用户的隐私信息安全。因服务站点保管不善或服务站点为达到某种目的使得用户的隐私信息被泄露出去，给用户生活造成负面影响的情况在日常生活中比较常见。

学术界对 Web 服务的研究主要集中于基于功能性的 Web 服务发现和组合，以及 Web 服务的查全率与查准率，对用户隐私保护则研究较少。目前几种与用户隐私保护相关的技术，例如隐私偏好平、企业隐私授权语言以及访问控制模型等，无法给予用户隐私保护足够的技术支持。P3P 是 W3C（World Wide WebConsortium）的隐私偏好设定平台，为隐私策略提供了标准的、机器可读的语言。P3P 将隐私策略与用户定义的隐私偏好进行匹配，用户可以根据匹配结果选择满足其隐私需求的服务。EPAL 是一个基于 XML 的企业隐私授权语言，能使软件开发者把安全策略执行功能直接建在企业软件应用中。访问控制模型中比较具有代表性的是基于角色的访问控制（role based access control，RBAC），该模型以角色为中间桥梁，简化了用户到许可的分配关系。P3P 和 EPAL 一定程度上加强了对隐私信息的保护，但是在实际应用中仍存在一定的局限性。P3P 和 EPAL 只是提供了一种关于隐私策略的描述语言，并没有具体说明如何制定隐私策略或如何将隐私策略运用到访问控制模型中。而类似 RBAC 这样的访问控制模型，设计之初没有把隐私保护的相关需求考虑进去。近年来，有人将隐私保护融入访问控制模型，但是并不能完全满足隐私保护的需求。

、本体相关理论

（一）构建本体的方法

本体是近年来计算机及相关领域普遍关注的一个研究热点。Gruber 定义本体为"概念模型的明确的规范说明"，这一定义被广泛引用。也就是说本体是用来描述某个领域范围内的概念以及概念之间的关系，使得这些概念和关系在共享的范围内具有大家共同认可的、明确的唯一的定义。本体目前被广泛应用于智能信息检索、信息集成、语义 Web 等领域。构建某领域的本体，应确定本体涉及的范围，明确构建本体的目的、作用和应用对象，同时必须能够清晰分析领域所蕴含的概念。在本体创建的初始阶段，列举系统需要陈述的或者向用户解释的所有概念，并对每个概念在领域内的重要性进行分析，去除那些不必要.或者超出领域范围的概念，准确而精简地表达出领域的知识，形成领域的框架体系。然后按照一定的逻辑规则将这些概念进行分组，定义概念之间的关系以及层次结构（先建立那些显而易见的概念，再分别向上与向下进行泛化与细化）。接着定义用来描述概念内部结构的数据属性和对象属性。最后创建本体的实例，根据需要选择概念（类），并创建相应概念（类）的个体。

（二）本体推理

本体属于数据层，用来描述领域资源。推理可以扩充本体的隐含知识，使本体具有实际应用价值。描述逻辑被广泛运用于本体的推理，可以表达本体创建本体的步骤类之间的关系并进行推理，从而得到本体中的隐含知识，丰富了本体的知识。然而描述逻辑表述知识时存在一定局限性，譬如当表示语言包括一个相对丰富的类构造器集合时，描述逻辑对于表达属性就显得很弱，因为它无法捕获两种复合属性之间的关系。

"hasParent"和"hasBrother"属性的复合代表了"hasUncle"这个复合属性，但是描述逻辑本身表达复合属性"hasUncle"是比较困难的。同理描述逻辑也很难根据"hasMother"和"hasSister"属性得到"hasAunt"的复合属性。因此需要在本体数据的基础上加入规则，以支持更为广泛的推理。本节采用 SWRLpl 对本体数据进行规则扩展。SWRL 以 OWL 中的 OWLDL.OWLLite 和 RuleML 为基础，足够方便地将推理规则和本体知识库结合在一起。利用 SWRL 向本体加入规则，可以使本体表达的内容更为丰富，通过对本体中的个体实例进行推理，推断个体实例提供的新知识，因而使得本体具有更强的实用性。

二、隐私本体的创建

（一）隐私领域

隐私领域主要包含实体、隐私数据、操作、策略四个要素。结合隐私领域的特点与实际应用情况，四个要素解析如下。

1.实体

实体包含隐私数据的提供者（Web 服务的请求者）和隐私数据的使用者（Web 服务的提供者）。其中隐私信息的提供者可以是个人，或一些机构及组织；隐私信息的使用者一般是商业组织或非营利性机构。

2.隐私数据

隐私数据主要是指需要保护的隐私信息，这些隐私信息用数据元素来进行表示，因此必须创建基本的数据集。这里的数据集是包含多个数据元素的数据组。本文根据现行的P3P规范，并结合实际使用经验，将隐私数据分为如下几类：

（1）用来标识辨别身份的标识符，例如身份证号码、护照号等。

（2）个人基本身份信息，例如姓名、性别出生年月等。

（3）联系或定位方式，例如通讯地址、邮政编码、电子邮件地址、博客、QQ等。

（4）由商业交易所产生的信息，例如购买账单号、支付方式等。

（5）关于个人经济的金融信息，例如银行卡号、信用卡透支记录等。

（6）与个人健康状况相关的信息，包括身体健康和心理健康等。

（7）隐私信息提供者所从属的政治和宗教信仰。

（8）其他与隐私相关的信息。

3.操作

表示对隐私数据能够进行的操作集合。常见的隐私领域对隐私数据的操作有收集、访问、发布、修改等行为。

4.策略

策略是允许数据使用者对隐私数据进行操作前必须满足的一个需求集。结合下一代访问控制模型的使用控制（usagecontrol，UCON）模型和隐私领域特征，隐私领域的策略主要包含目的、条件、职责义务、保留期限、许可、裁决等因素。

（1）目的：即对数据进行操作的目的。合法、正当、被隐私数据所有者认可的目的是隐私数据使用者能够对隐私数据进行操作的首要条件。

（2）条件：即对隐私数据操作的前提条件。当且仅当在隐私数据提供者认可接受的场合下，隐私数据的使用者才能够对隐私数据进行操作。

（3）职责义务：隐私数据使用者履行的职责义务。为实现对隐私数据的操作，隐私数据的使用者应承担的义务。

（4）保留期限：指隐私数据的使用者保留隐私数据的时长。

（5）许可：隐私数据使用者只有获得隐私数据提供者的许可，才可以对隐私数据进行操作。许可分为明文许可、拒绝、默认许可、默认拒绝、无须许可即可对数据进行操作。

（6）裁决：综合多种因素，隐私数据使用者（Web 服务的提供者）裁决能否为数据提供者（Web 服务的请求者）提供服务。

（二）构建隐私本体

通常采用斯坦福大学的本体图形化编辑工具来构建本体。其提供了构建本体的基本功能，其扩展的 OWL 插件使其成为目前主流的 OWL 本体构建工具，是本体研究者构建本体的首选工具。

类属性构建完成后，根据实际需要创建实例及其属性值。创建该类的实例并填入属性值。通过上述步骤，Web 服务的隐私本体初步创建完成。本体构建完成后需要验证本体的一致性，检测该本体包含的知识是否存在矛盾，各个组成部分是否协调一致。采用 Pellet 推理机对隐私本体进行一致性检查。经检测，所建立的隐私本体满足一致性要求。经验表明，本体的创建不是一步到位的，在使用该本体的过程中，需要不断对本体进行提炼、优化，使本体逐渐贴近实际情形，更好地为研究工作服务。

三、隐私本体的推理

（一）基于用户隐私偏好的 SWRL 规则

1.用户隐私偏好

用户在多个 Web 服务中选择合适服务时，选择隐私策略与用户隐私偏好一致的 Web 服务至关重要，这可以避免用户隐私信息的泄露，保护用户的隐私。用户的隐私偏好是用户对自己的隐私需求的描述，即用户愿意暴露哪些隐私数据，暴露这些隐私数据的前提条件，这些隐私数据用于何种目的，以及这些数据的使用方需承担的义务等。用户通过定义隐私偏好选择或约束服务。例如，用户设置自己的隐私偏好为同意收集电话号码，拒绝收集家庭地址，并且要求收集数据只能用于服务目的，则根据用户隐私偏好定义。

2.建立 SWRL 规则

SWRL 框架中的 Atom 用于定义条件判断的限制式，而 SWRL 框架中的 Imp 是用于定义规则的，Imp 中的限制式由 Atom 提供。在隐私本体中 SWRL 规则主要使用两个限制式。

（二）基于规则的隐私本体推理

采用基于规则的隐私本体推理方法来选择隐私策略与用户隐私偏好一致的服务。该方法主要包括以下三个步骤：首先，合理地构建隐私领域本体，为进一步的推理操作提供事实基础。第二步，在构建好的隐私本体的基础上，基于用户隐私偏好建立相应的推理规则。最后，将隐私本体以及推理规则加载到推理机进行推理，得到隐私本体的隐含知识，进而选择隐私策略与用户隐私偏好一致的 Web 服务。

四、位置服务中基于二分图的身份推理攻击

基于位置的服务（Location. Based Services，LBS）是当前移动互联网中的典型应用，以其丰富性和多样性极大地提高了人们的生活质量。它将设备定位技术、无线通信技术以及地理信息管理等多种技术相互结合，为用户提供与空间位置相关的个性化服务。例如，汽车导航、手机定位和社交娱乐服务等。然而，人们在享受 LBS 带来便利的同时，个人隐私也面临被泄露的危险。隐私保护机制的提出在一定程度上保护了用户隐私，但仍有泄漏隐私的可能。针对位置服务中的不同隐私信息，各种攻击算法相继被提出。2011 年，ShokriR 等集中讨论了单点位置攻击的实现细节，借助前向。后向算法（Forward-BackwardAlgorithm）计算攻击成功的概率。2014 年，结合社交网络对隐私泄露的影响，OlteanuA.M.等讨论了朋友间位置的相关性，给出了最优位置攻击和近似位置攻击两种算法。针对轨迹攻击，2011 年，ShokriR 等给出了轨迹攻击的两种算法：最大似然轨迹攻击和分布式轨迹攻击。前者是通过观察轨迹，找出所有用户最可能的实际轨迹；后者采用 Metropolis.Hastings

算法，计算所有轨迹的概率分布，从而达到攻击目的。2012年王彩梅等提出了基于SilentCascade隐私保护算法轨迹攻击算法。针对查询隐私攻击，其目的是找到与位置查询相关的用户私密信息，已有查询隐私保护算法大都是基于k匿名算法。2009年，林欣等提出连续查询攻击算法，并给出基于理论的匿名度量方法。2012年，ChenX.H等在假定攻击者具有一定背景知识的前提下，提出单快照查询攻击算法。由于当前隐私保护技术主要采用假名技术隐藏用户身份信息，攻击者达到上述攻击目标的首要任务是确定用户身份。因此身份攻击算法是攻击成功的首要因素，有必要重点研究其对位置服务安全性的影响。

（一）基于二分图的身份推理攻击

1.身份推理攻击模型

在基于位置的服务中，用户请求位置服务，位置服务器应答用户请求提供服务。为了保护用户隐私信息，在用户和位置服务器通过隐私保护机制来保护用户隐私。这里不考虑隐私保护机制究竟是在用户端完成，还是在位置服务器端完成攻击者位于隐私保护机制和位置服务器之间，通过观察并获取通信双方的传输信息推理用户真实身份用户身份推理攻击过程为：用户首先选定LBS服务，运行相应的隐私保护机制LPPM；然后，攻击者通过观察经LPPM发送给LBS服务器的可观测信息，结合背景知识推理用户的身份信息。

2.基本概念

LBS作为一种信息系统，用户标志涉及三种形式，即永久性标志、临时性标志和匿名。

（1）永久性标志意味着用户标志在时间和空间上具有很强的一致性，可以直接与真实身份对应起来，如姓名、身份证号、电子邮箱、移动电话号码、固定IP地址等。一方面，永久性标志在不同信息系统之间关联了同一个用户，如用户在不同的信息系统中使用同一个邮件地址；另一方面，永久性标志在相当长的时间内保持稳定，如用户长期使用某个邮件地址。此外，某些位置信息（家庭住址或办公室地址）几乎能唯一地标志出用户。

（2）临时性标志意味着用户标志只在相对很有限的时间和空间上有效，

如会话 ID、临时分配的 IP 地址等。用户通过终端与 LBS 建立会话连接后，向 LBS 发起的多次请求可标记为同一会话 ID。临时性标志只能关联同一用户的多个位置信息，但是仍然无法确定用户的真实身份。

（3）匿名指无法确定用户身份信息的状态。通常真实世界中来自不同用户的访问请求在某个环节必然具有可识别的信息，尽管这些信息可能不容易为外界获取。绝对的匿名性是不存在的，但是可通过隐私保护技术来增大敌手获取个人可识别信息的困难程度，从而达到用户隐私保护的目的。事件是用户标志、位置信息和时间戳的对应关系。用户访问 LBS，是希望能实时地获取相关的兴趣点数据。实时性本身同步了用户提交和 LBS 收到的同一个访问请求的时间戳，使 LBS 能以很高的精度（取决于 LBS 的服务质量和时钟准确性）记录用户访问时间。因此，可假设用户和 LBS 具有足够精确的同步时钟，分别记录的同一个访问请求具有相同的时间戳。

第三节 数据库的多级安全问题

近几年科学技术突飞猛进，尤其是计算机数据库的管理技术较为强大。计算机数据库是计算机信息技术的重要组成部分，是计算机应用的一种重要的管理技术。一般意义上说，数据库是数据存储的重要基地，发挥着非常巨大的作用，并且能够进行复杂的数据管理和保护，在实际应用过程中有很大的灵活性，提供给人们更多的便利。计算机数据库技术在实践中已经在许多领域得到了广泛的应用，它给我们的生活、工作都带来了便捷的服务，但是如何维护其安全成为当下，人们关注的主要问题。计算机数据库的安全管理主要是保证计算机内部数据的安全和稳定，只有计算机数据库管理技术强大，才可以保证数据管理工作的顺利进行，提高计算机的运行效率和处理事物的能力。所以，科研人员需要在计算机数据库管理技术方面多下功夫，重点研究，并制定好方案来解决管理中的问题，提高管理效率。

一、计算机数据库存在的安全问题

计算机数据库存在安全问题主要涉及计算机操作系统方面的安全问题、用户对网络信息安全方面的意识薄弱问题、数据库系统自身存在的安全问题三个方面。

（一）计算机操作系统方面的安全问题

操作系统的问题主要在于病毒、后门、数据库系统和操作系统的相关性上。首先，病毒方面，木马程序在操作系统中是可能存在的，这就直接威胁数据库系统的安全。一个木马程序入侵程序给程序修改密码，当密码被更新后，程序中携带的个人资料信息被入侵者获得。其次，操作系统后门方面，许多数据库系统的特征参数给数据库管理员带来了方便，但也为数据库服务器主机操作系统留下了后门，入侵者可以通过进门后访问数据库。再次，数据库系统，操作系统与强的相关性。文件管理是操作系统有一个功能，它可以对所有类型的文件，包括数据库文件的授权，通过使用访问控制进行读写和执行,同时也为用户的登录名和密码的控制识别操作系统监控程序列可以进行，所以由操作系统提供的环境和硬件设备，以确保数据库系统的安全性。

（二）用户对网络信息安全方面的意识薄弱问题

数据库用户对网络信息安全方面的意识薄弱，其自身没有真正意识到数据库安全的重要性，没有开展安全管理措施，从而导致数据库安全事件频频发生，造成数据库资料被窃取、数据库数据丢失、数据库损坏等问题，这是由于管理疏忽诱发的安全问题。另外数据库的使用者通常计算机操作水平和应用能力较弱，在操作方面容易忽略数据安全问题，在数据库密码设置、软件登录密码设,置、数据加密设置等方面采用较为简单的密码，很容易被不法分子所窃取。

（三）数据库系统自身存在的安全问题

数据库系统自身存在的问题。目前很多软件的数据库系统采用的是关系数据库，关系数据库系统已使用多年，并具有强大的功能，产品已经非常成熟，深受广大用户的喜爱，由于其开发技术成熟，兼容性强，很多数据开发人员在数据的选用上都会优先考虑使用关系数据库。但是关系数据库在实际的应用中已经固有了一定的特性，其并未在其所兼容的操作系统中，完善数据库安全功能，数据升级改造在安全方面也较为薄弱，其系统漏洞已经被不法分子深入地掌握，关系数据库屡屡遭受到网络攻击。因此，大多数相关的关系数据库系统在安全性能上还不够成熟。

（四）计算机数据库的安全管理目标

计算机数据库主要负责保证计算机内部数据的安全和稳定，数据库管理系统的根本目标就是在数据安全的基础上，提供数据共享的服务等，其主要的工作内容为：①统一集中和管理数据，提供数据的共享；②当应用程序访问数据库的数据时，可从逻辑上进行访问，简化了访问的程序，提高了访问效率；③重点是保证数据的安全性，在数据共享的情况下，保证数据所有者的利益；④解决数据的有效性问题，并保证数据的逻辑统一；⑤减少数据和数据结构之间的相互依赖性，保证数据的独立性。

二、计算机数据库安全管理的特征

（一）保证数据的恢复功能

现在的数据库安全系统主要是针对数据库的完整性和安全性进行保护，并执行各项正确的工作程序。但在数据保护中，会因操作人员的失误或者硬件的故障导致出现很多问题，致使数据库的安全系统造成破坏。操作人员的失误和计算机的硬件问题都会导致数据库的数据受损、破坏，甚至数据出现丢失等现象。因此，需要保证数据的恢复功能对计算机数据库管理来说尤为重要。

（二）保证数据的完整性

数据的有效性、相容性、正确性对数据库系统管理来说贡献突出，也就是通常所说的数据的完整性。数据库安全系统在保证数据安全性的同时也要对数据的相容性、正确性和有效性进行保护，保证数据的完整性。相容性是不同用户对同一数据进行访问时是相同的，有效性是数据库中理论数据可以满足实际的需要，正确性是指数据的输入值跟数据表中对应的值是一致的。

（三）保证并发控制功能

数据库管理系统不但保证数据的安全和稳定，还会为客户提供多种数据共享的服务。在数据库中存在很多数据资源可以供客户在同一时间进行查询和使用。但这些客户也可能是不同的客户，在同一个时间对同一种资源进行索取，势必会造成数据查询混乱，不正当数据的存取。所以，对数据进行并发控制也是非常有必要的。

（四）保证数据的安全性

计算机用户通过自主存取、鉴别和标识、强制存取和视图机制等方式对数据库进行访问，但用户访问时必须要遵循授权规则。计算机数据库通过特点的处理方法将系统中的数据进行分类处理，将保密数据和一般数据分开，将保密数据和审计的数据存储在数据库中。因此，数据库以保护数据的安全性为宗旨，同时也是数据库的根本特征。

三、计算机数据库安全管理存在的不足

（一）数据库的系统

现在的关系数据库虽然应用广泛，作用也相对强大，但还是缺少了一些安全特性，数据库的系统也不够完善。

（二）操作系统

①数据库系统的特征参数主要操作是为管理人员的操作提供方便，但却使得数据库访问通过后门实现；②操作系统跟数据库系统关系紧密，在数据库文件的授权和利用存取控制对各类文件进行读写时，文件操作系统和数据

库系统都存在很大联系。所以数据库系统的安全性可以通过操作系统和硬件设备来共同控制和完成；③病毒的存在对计算机数据库存在很大威胁，影响数据库的安全。

（三）管理系统

由于用户没有真正意识到管理系统对计算机数据库安全的影响，导致在使用过程中忽略了管理系统的安全管理，安全管理的措施就没有很好的落实。比如测试环境的补丁修复和生产环境的补丁修复是有必要进行的。

四、计算机数据库安全管理的有效措施

（一）安全模型

在实际情况中建立安全模型的主要目的就是为了在数据库系统管理中提高数据的安全性和稳定性，保证系统的正常运行。目前常用的安全模型为：①多边安全模型，该安全模型可以最大限度地保护数据库的信息安全，能阻止数据库中数据的措施信息横向泄露，避免数据损失。②多级安全模型，该模型又分为秘密级、机密级和绝密级等三层，高于密级权限的用户可以使用密级信息，在数据库的安全保密系统主要采用的是多级安全模型进行管理。

（二）用户标识和鉴别

用户的鉴别和标识也是对数据进行的保护措施，现在常用的方式有很多，都可以在同一个系统中使用，可以保证和强化系统的安全。主要方式为：①输入用户回答的口令进行身份辨别；②回答随机数的运算结构来确定身份；③输入用户名直接确定用户身份。大企业一般会采用这种方式进行管理，因为管理中程序较多，成本较大。

（三）粒度细化

通常来说，访问控制的粒度级别和安全敏感标记有很大的关系，而且访问控制的粒度级别决定了安全敏感的标记。而计算机中强制访问的根据就是

敏感标识,访问控制的粒度就是访问的最小单位,是安全级别被标记的单位,反映了被访问的细化程度。因此,在访问控制中的粒度越小,表示访问控制的单位越小,访问程度越细化,安全敏感的标记级别也就越高,从而提高了计算机数据库系统安全管理的稳定性和安全性。

（四）访问控制

访问控制在计算机数据安全管理中作用巨大,因为该功能能够确保用户通过合法的使用权限对数据库进行访问和查询。访问控制可以防止合法用户在没有授权的情况下访问数据库,也防止非法的用户对受保护的资源进行访问,同时避免了网络资源被非法用户盗取。

（五）安全审计

安全审计提供审计管理人员管理数据的分析,安全审计还可以消除违反安全的事件,提高运行质量。合理、有效的审计可以避免出现过多的漏洞对系统造成巨大伤害,提高了数据服务器的管理性能。在数据库安全管理中,很容易出现漏洞,如果没有对数据库的活动进行有效的审计和监控,势必会加大对事故漏洞检查的难度。总而言之,有效的审计工作,可以调查非法存取数据和跟踪非法数据,并追查到非法获取数据的人、时间和具体的细节等,保证数据的完整和数据信息的安全。

（六）加密数据

数据加密是防止数据库中的数据存储和传输被拦截或被盗的有效方法。其基本思想是根据一定的算法将数据加密的原始数据还没有转换成格式,可以使得不知道解密算法的人无法直接识别并且获得数据的真实内容。密码作为保密的关键技术,在解决信息安全问题上发挥着不可替代的作用。随着计算机网络不断渗透到现实生活中的各个领域,加密技术得到了广泛的应用。数据加密是密码技术的应用。数据库系统,承担着存储和管理的关键业务数据和信息的任务,每个信息系统都必须保证其安全性和保密性。通常情况下,数据库系统提供的安全控制措施,能满足一般的数据库的应用,但对于一些重要的部门或敏感领域，只是应用数据库的控制功能是难为充分保证数据安全性的。因此，有必要对存储在数据库中的重要数据加密处理，从而加强存储的数据的安全性。

（七）隐道通道分析技术

虽然自主和强制访问控制限制了系统中的信息，只有通过安全级别低的主体的高级别安全性的主体流程，但低级别的安全性主体仍然可以通过其他的方式发送消息给高安全级别主体，隐通道便是其中一种。隐蔽通道是一个用户以违反系统安全策略的方式传送信息给另一个用户的机制。它往往是最初由系统用于数据传送访问控制系统资源来传输信息，而这样的沟通往往是不系统内置机制来检测和控制。隐通道包括了存储隐蔽通道和定时隐蔽通道。

综上所述，随着数据库越来越被广泛地应用，其涉及的领域越来越广，数据库的安全问题必然成为当前计算机应用中最为关注的重点。随着社会和时代的不断进步，社会对计算机数据库的安全管理技术水平的要求也会不断提高，这就需要科研人员对计算机数据库系统的安全管理需要认真研究和分析，制定出合理的应对措施来保证数据库的管理水平和管理质量，提高数据库安全管理的效率。在数据库给我们带来生活和工作的便利同时，其安全问题也成为我们所需要认真研究的对象。总的来说计算机数据库的安全管理措施主要体现在三个方面，即操作系统方面、用户管理方面以及数据库系统自身漏洞方面。在面对数据库的所带来的安全问题时，我们一方面需要提高数据库用户使用数据库的安全意识和重视程度，另一方面还需要通过建立数据库安全模型、数据加密等技术手段来强化数据库的安全性能，从系统性能和应用人员意识上双管齐下，从而提高数据库运行的稳定性和安全性。

五、多媒体数据库安全多级访问控制

在快速发展的网络技术的影响下，多媒体技术发展十分迅速，在越来越多的应用领域都要涉及数据库数据，包括电子政务、教育健康医疗、电子商务、数字图书馆、家庭娱乐等方面。在多媒体数据大幅度增长的同时，广大用户往往担心在使用安全方面的问题，比如在使用多媒体数据库时，存在个人健康数据、身份信息、公司秘密等泄露的风险，这样就会造成不可估量的损失。所以，多媒体数据涉及各种个人隐私、敏感数据等信息，应该进行重点考虑，应该研制相应的、配套的、新型的多媒体数据库安全多级访问控制模式。

近几年，许多学者对于大规模多媒体数据库系统的访问控制十分感兴趣，在原有模型基础上提出了多种改善方案，重点对多媒体数据中的敏感信息和个人隐私问题进行一定考虑，提出了相关的安全多级访问控制模型。

（一）关于多媒体数据库层次语义树模型分析

本文主要就学者提出的扩展层次数据库模型进行重点分析，在此基础上进行分析和完善，以便能够满足多级访问控制的有效实现。在描述多媒体数据内容时则是根据 MPEG-7 标准进行，对于多媒体的数据内容按照一定的语义特征进行有效分解，分别落实生成具有层次语义树模型。比如，对于视频数据内容来说，则可以进行相关分解，具体包括片段、场景、显帧；对于电子文档内容进行相关分析，具体包括字段、节、章、段落等。

（二）安全多级访问控制模型

应该弄清楚如何进行访问控制，通过访问控制主要是保护多媒体数据资源不能被非法用户系统所访问，把不同的权限（authorization）分配给相关的合法用户（subject），这其中也考虑到它的综合属性，这样就能够进行核实的访问，保证权限范围内，执行多媒体数据的有效性。这里主要分析如下 3 个模块，从而更好了解到安全多级访问控制模型：①在身份辨别模块中，其主要责任就是进行用户身份在网络环境下的有效辨别，这样的情况下，用户的身份强度值就可以通过用户的综合属性素质，经过相关的身份强度函数得到，能够进行合法用户和非法用户的有效区分；②对于用户的身份强度值来说，可以通过相关的授权引擎模块分析而完成相应的安全等级隶属函数的输入工作，这样用户的安全等级实际上就是通过函数计算出的安全等级隶属度可以得到，另外还能得到授权对象的安全等级、等级隶属度等参数。同时要想找到在动态授权规则中隶属度比较丽数相关输入,就应该选择授权用户的安全等级隶属度,然后是否授权以及相应的级别都是根据该函数的比较结果得到;③在授权规则要求下,则是由查询引擎模块进行多媒体数据的检索,并及时返回给用户,审计模块中则应该记录整个过程。

在进行身份辨别方面,主要包括如何辨别网络环境下的用户设分,判断的主要依据就是身份强度函数计算出身份强度值,参考综合属性因素,对于系统中给定的身份表进行比较,在身份强度值低于系统阈值情况下,就判断为非法用户,反之就为合法用户,这样就能进行有效区分,直接拒绝非法用户访问。

在查询引擎方面,主要功能就是能够对于用户的访问控制请求进行有效接收,然后在一定的引擎搜索的授权下,对于多媒体数据库进行检索,经过检索完毕以后,就可以把结果反馈给用户。同时,用户要想更好访问相关的被授权的多媒体,并且具有一定的效率,就应该采用多媒体数据库层次索引结构,使用相关的多媒体数据库映射方法,才能达到上述的目标。

第七章 计算机网络安全技术

第一节 计算机网络安全基础

一、网络安全初步分析

网络安全产品有以下几大特点：①网络安全来源于安全策略与技术的多样化，如果采用一种统一的技术和策略也就不安全了；②网络的安全机制与技术要不断地变化；③随着网络在社会各个方面的延伸，进入网络的手段也越来越多，因此，网络安全技术是一个十分复杂的系统工程。为此建立有中国特色的网络安全体系，需要国家政策和法规的支持及集团联合研究开发。

（一）网络安全的必要

随着计算机技术的不断发展，计算机网络已经成为信息时代的重要特征，人们称它为信息高速公路。网络是计算机技术和通信技术的产物，是应社会对信息共享和信息传递的要求发展起来的，正因为网络应用得如此广泛，又在生活中扮演很重要的角色，所以其安全性是不容忽视的。

（二）网络的安全管理

面对网络安全的脆弱性，除了在网络设计上增加安全服务功能，完善系统的安全保密设施外，还必须花大力气加强网络的安全管理，因为诸多的不安全因素恰恰反映在组织管理和人员录用等方面，而这又是计算机网络安全所必须考虑的基本问题。

1.安全管理原则

网络信息系统的安全管理主要基于三个原则：①多人负责原则。每一项与安全有关的活动，都必须有两人或多人在场。②任期有限原则。一般来讲，任何人最好不要长期担任与安全有关的职务，以免使他认为这个职务是专有的或永久性的。③职责分离原则。除非经系统主管领导批准，在信息处理系统工作的人员不要打听、了解或参与职责以外的任何与安全有关的事情。

2.安全管理的实现

信息系统的安全管理部门应根据管理原则和该系统处理数据的保密性，制订相应的管理制度或采用相应的规范。具体工作是：①根据工作的重要程度，确定该系统的安全等级。②根据确定的安全等级，确定安全管理范围。③制订相应的机房出入管理制度，对于安全等级要求较高的系统，要实行分区控制，限制工作人员出入与己无关的区域。计算机网络主要由网络设备，操作系统、应用程序等组成。它们之间的关系犹如金字塔，网络设备处于最底层操作系统处于中间层、应用程序处于最上层，它们中任何一层存在安全漏洞，都会导致黑客或病毒无情的入侵，甚至造成灾难性的损失。做好网络设备及操作系统的安全防护，才能为整个网络的安全奠定下坚实的基础。

二、加强网络设备的安全访问控制

网络设备包括交换机、路由器等硬件设备，由它们构成了网络的基本环境，下面以路由器为例作一介绍。

（一）实施强密码策略

路由器是黑客入侵的第一道防线，可通过强密码策略加强防护。命令：servicepassword-encryption、enablesecret 密码。

（二）远程访问与控制台访问的安全设置

①限制远程访问。命令：linevty04、login、password 密码、exec-timeout 时间。②控制台登录控制。命令：lineconsole0、transportinputnone、password

密码。③AUX 登录控制。命令：lineaux0、transportinputnone、noexec。

（三）关闭不必要的服务

根据需要输入命令：noipdomain-lookup、noipbootpserver、nosnmp-server、nosnmp-servercommunitypublicRO、nosnmp-servercommunityadminRW。

（四）关闭 finger 服务

finger 可用来检测谁登录到了路由器，并以 showusers 的输出作为响应。测试 finger 服务是否打开的命令：telnetip 地址 finger。关闭 finger 服务的命令：noipfinger 或 noservicefinger，老版本只支持后者。

（五）关闭 IdentD 服务

IdentD 允许远程设备查询 TCP 端口，当 TCP113 收到请求，就会用其身份信息作为响应，测试方法是 Telnet 到路由器的 113 端口。关闭 IdentD 服务的方法：noipidentd。

（六）关闭 TCP 和 UDP 低端口服务

包括 daytime、echo、chargen 等，这些服务都已过时。关闭命令：noservicetcp-small-servers、noserviceudpsmall-servers。

（七）关闭 IP 源路由

关闭 IP 源路由可禁止对带有源路由选项的 IP 数据包的转发，应在所有的路由器上关闭。命令：noipsource-route。

（八）关闭 CDP

CDP 是 Cisco 专用协议，用来获取相邻设备的协议地址、设备平台及相关接口信息。在边界路由器上、至少在连接到公共网络的接口，上应关闭 CDP。配置模式下的命令：nocdprun，接口模式下的命令：nocdpenable。

三、加强操作系统的安全性

（一）加强 Windows 的安全性

1.利用 MBSA 进行 Windows 漏洞检测

根据检测结果，修复漏洞。

2.开启密码复杂性策略

运行 gpedit.msc，选择"安全设置/账户策略/密码策略/密码必须符合复杂性要求/启用"，设置密码长度最小值为 8、密码最长存留期为 7 天。

3.开启账户策略

运行 gpedit.mse，选择"安全设置/账户策略/账户锁定策略"，设置账户锁定阈值为 3。

4.开启账户审核策略

运行 gpedit.mse，选择"安全设置/本地策略/审核策略"，设置审核登录事件为"成功和失败"、审核对象访问为"成功和失败"。

5.开启安全选项

运行 gpedit.mse，选择"安全设置/本地策略/安全选项"，将"交互式登录-不显示上次登录的用户名"设为启用、"网络访问-不允许 SAM 账户的匿名枚举"设为启用；选中"账户-重命名系统管理员账户"将超用重命名。

6.关闭潜在危险服务

运行 services.mse，关闭相关服务。

（二）加强 Linux 的安全性

1.启用 GRUB 口令

默认状态下，GRUB 无口令，用户可随意进入单用户模式修改 root 口令。因此需设置 GRUB 口令。方法:用 root 登录图形界面、输入 grub、输入 md5crypt.输入 GRUB 口令、获得加密后的口令，将其复制到剪贴板、输入 quit、输入 vi/boot/grub/grub.conf、在 title 行之前任意位置增加一行：password-md5<加密后的口令>、存盘退出。

2.删除所有的特殊账户

如 lp，shutdown，halt，news，uucp，operator，games，gopher 等。

以 lp 为例，删除方法：userdellp、groupdellp。

3.把默认 root 密码长度 5 改为 8

编辑/etc/login.defs，将 PASS_MIN_LEN5 改为 8。

4.密码 shadow 支持功能

用户和群组密码，分别存放在/etc/passwd 和 group 文件中，允许任何人读取。Shadow 密码存放在/etc 目录下的 shadow 和 gshadow 文件中，只允许系统管理员读取，原密码被置换为"x"字符，加强了系统的安全性。方法：用/usr/sbin/authconfig 打开 shadow 功能，用 pwconv、grpconv 将已有用户和群组密码转变为 shadow 格式。

5.设置口令文件和组文件为不可更改

设置"不可改变位"可保护文件不被删除、重写、创建符号连接。删除口令文件和组文件是黑客攻击的常用方法，需为它们设置不可改变位。方法：chattr+i/etc/passwd、 chattr+i/etc/shadow、 chattr+i/etc/group、 chattr+i/etc/gshadow。以后在这些文件中增删用户时，需先清除它们的不可改变位，否则有出错的提示。

6.屏蔽系统信息

黑客攻击前要收集系统信息，屏蔽的方法是删除登录信息文件：rm/ete/issue、rm/etc/issue.net。

7.用 SSH 代替 telnet 实现远程连接

telnet 采用明文而 SSH 采用密文传输数据。①关闭 telne 服务：编辑/etc/xinetd.d/telnet，将 disable=no 改为 yes；重新载入 xinetd 配置文件：servicexinetdreload，更改/etc/xinetd.conf 的权限为 600；只允许 root 读写该文件：chmod600/etc/xinetd.conf。②通过 SsH 客户端软件连接 Linux 。SSH 服务是默认安装、自动启动的，连接到其他 Linux：ssh 用户名@对方 IP 或 ssh-1 用户名对方 IP。

8.禁止用 su 命令将普通用户变为 root 用户

①wheel 是隐含的组，可以设置只有 wheel 组的成员才能用 su 命令成

为 root，方法：编辑 /etc/pam.d/su，加入以下内容 authsufficient/lib/security/pam_ootok.sodebug、authrequired/lib/security/pam_wheel.sogroup=wheel。②在/etc/pam.d/su 配置文件中定义了 wheel 组后，设置某些用户可以用 su 命令的方法是让其成为 wheel 组的成员，命令：usermod-G10 用户名。其中 10 是 wheel 组的 ID 值。

总之，计算机网络的安全防护是一项系统工程，任何一个环节出现漏洞，都会给黑客或病毒带来入侵的机会，以上列举的仅是安全防护的一小部分，还有很多方面需要注意，同时，计算机网络管理员应随时关注官方网站的内核更新、补丁更新，及时提升各环节的安全性。本文所涉及的案例都已通过虚拟机的实践验证，将在校园网络安全中应用与提升。

四、传统木桶理论

说到木桶理论。谓众所周知：一个由许多块长短不同的木板箍成的木桶，决定其容水量大小的并非是其中最长的那块木板或全部木板长度的平均值，而是取决于其中最短的那块木板。要想提高木桶整体效应，不是增加最长的那块木板的长度，而是要下功夫补齐最短的那块木板的长度。这个理论由谁提出，目前已经无从考究了，但是这个理论的应用范围却是十分广泛的，从经济学、企业管理到人力资源到个人发展。同样这个理论也被引进了安全领域，在信息安全中，认为信息安全的防护强度取决于"马其诺防线"中最为薄弱的一环，因此出现的一个状况是发现哪个安全问题严重就买什么样的产品。这个理论意义在于使我们认识到整个安全防护中，最短木块的巨大威胁，并针对最短木块进行改进。根据这个理论，我们会发现有些企业找出安全防护中的最短木块，并买了很多安全产品进行防护：发现病毒对企业影响很大，就买了最好的反病毒软件，发现边界不安全，就用了最强的防火墙，发现有黑客入侵，就部署了最先进的 IDS。这其实只是一种头痛医头，脚痛医脚的做法，是治标不治本的方法。所以实施后，安全问题还是很多，有人曾形象地说"洞照开，虫照跑，毒照染"。

五、现代木桶理论

传统的木桶理论存在一定的缺陷。实际上，我们可以看到一个木桶能不能容水，容多少水，除了看最短木板之外，还要看一些关键信息：①这个木桶是否有坚实的底板；②木板之间是否有缝隙。

（一）底板是木桶能否容水的基础

一个完整的木桶，除了木桶中长板、短板，木桶还有底板。正是这谁也不太重视的底板，决定这只木桶能不能容水，能容多大重量的水。这只底板正是信息安全的基础，即企业的信息安全架构（InformationSecurityArchi-tecture）、制度建设和流程管理。对于多数企业而言，目前还没有整体的信息安全规划和建设，也没有制度和流程。信息安全还没有从整体进行考虑，随意性相当强。这就需要对企业进行一次比较全面的安全评估，然后结合企业的业务需求和安全现状来做安全信息架构和安全建设框架，制订符合企业的安全制度和流程。而在另外一些企业里，信息安全制度不是没有，也不是不完备，最大的问题在于执行力不强。前段时间曾和国内运营商中负责信息安全的人聊到，目前在大型企业和运营商中，安全的最大问题是无法贯彻执行企业的安全政策和流程。所以一位在运营商负责安全的朋友说："安全是一把手工程，只有得到领导的强有力支持，才可能把安全策略进行推广；安全是全民工程，只有全民参与，才能有效地贯彻安全策略和制度。"同时需要注意的是，由于企业不断发展，安全是动态变化的，因此也就需要我们不定期地检查信息安全这个"木桶"的桶底是否坚实，一个迅速长大的企业，正如一只容纳了相当水量的木桶，越来越大的水容量将构成木桶底板的巨大挑战。特别是目前新技术，新产品发展迅速，WLAN、3G的出现和使用都可能会增加对安全这个木桶底板的压力，如果不时时关注底板，最后可能因为"不能承受之重"而导致所有的蓄水都丢失。据说华为公司目前开发了一套企业安全策略认证系统，在客户端联网之前进行安全策略检查，如果不符合企业的安全策略，则对该机器进行隔离；只有对符合企业策略的系统，才允许它联网使用。这样就能够强制用户执行企业安全策略。

（二）木桶是否有缝隙是木桶能否容水的关键

木桶能否有效地容水，除了需要坚实的底板外，还取决于木板之间的缝隙，这个却是大多数人不易看见的。对于一个安全防护体系而言，其不同产品之间的协作和联动有如木板之间的缝隙，通常为我们所忽视，但其危害却最深。安全产品之间的不协同工作有如木板之间的缝隙，将致使木桶不能容纳一滴水。如果此时，企业还把注意力放在最短的木板上，岂非缘木求鱼？而桶箍的妙处就在于它能把一堆独立的木条联合起来，紧紧地排成一圈，同时它消除了木条与木条之间的缝隙，使木条之间形成协作关系，形成一个共同的目标，成为一个封闭的容器。如果没有了箍，水桶就变成了一堆木条，成为不了容器；如果箍不紧，那木桶也就是千疮百孔，纵有千升好水，能得几天不停流？在信息安全中，目前攻击手法已经融合了多种技术，比如蠕虫就融合了缓冲区溢出技术、网络扫描技术和病毒感染技术，这时候，如果我们的产品却还是孤军作战，防病毒软件只能查杀病毒，却不能有效地阻止病毒的传播；IDS 可以检查出蠕虫在网络上的传播，却不能清除蠕虫；补丁管理可以防止蠕虫的感染，却不能查杀蠕虫。各个安全产品单独工作，无法有效地查杀病毒、无法阻止病毒的传播。而且更为严重的是，每个系统都会记录这些安全日志，这些日志之间没有合并，大量的日志将冲垮管理员，导致无法看到真正关心的日志。如果是更为精密的黑客攻击行为，可能出现的情况是每一个单独的安全产品可能没有识别出是一个攻击行为，但是如果把这些攻击日志结合在一起就发现是一次严重的攻击行为。而事实目前的产品日志是没有合并的，因此管理员很难发现这些攻击行为。目前出现的 SOC 产品可以说是木桶的桶箍，它能把各种安全技术，安全产品、安全策略、安全措施等各种目标等箍在一起，共同形成一个坚实的木桶，保护里面的水资源。SOC 包含安全事件收集、事件分析、状态监视、资产管理、配置管理、策略管理以及长期形成的知识中心，并通过流程优化、系统联动、事件管理等方式减少木板与木板之间的缝隙，协调各方面资源，最高效率地处理安全问题，保护整体安全。

第二节 防火墙技术

计算机网络技术的应用给用户带来诸多便利，但是由于网络处于开放状态中，因而用户在应用网络系统的过程中，也会面临诸多安全隐患和威胁，用户自身操作系统的不完善、网络协议存在漏洞、黑客的恶意攻击都会成为导致计算机网络安全问题的主要因素，发生计算机网络安全问题可能导致用户的数据信息丢失、系统瘫痪，严重影响计算机网络系统的正常应用。防火墙是计算机网络安全主动防御的有效途径，探究计算机网络安全及防火墙技术的相关问题进行探讨，对于促进计算机行业领域的持续发展具有现实意义。

一、计算机网络安全

计算机网络技术的应用主要以各种程序信息为平台和载体，而在程序和系统运行的过程中也会衍生诸多数据信息，从某种层面而言计算机网络技术的应用便是数据信息的应用，网络数据安全也成为保障计算机网络技术应用价值的关键，保证计算机网络技术的应用安全便需要保证网络数据信息的安全。用户在应用计算机的过程中会从不同途径遭受数据丢失、泄露或者破坏等风险，造成网络数据安全威胁的节点较多，病毒以及黑客攻击多以节点攻击为主要方式造成计算机操作系统的损坏，用户不良的计算机网络应用习惯，可能是造成病毒植入或者感染的重要原因。由于当前计算机网络领域应用范围的不断拓展，计算机网络应用行为所产生的网络信息也体现更高价值，不法分子对于网络数据信息的恶意侵犯行为也愈发频繁，用户需要实现常态化的网络安全防护，才能够保证自身应用网络系统的安全。

二、传统防火墙技术

防火墙技术创设原理来自古代的城墙保护，防火墙就好比一个过滤器对网络环境所需的信息进行检查和筛选,将带有病毒和木马的各种信息过滤和屏蔽掉,从而为网络提供安全的信息。防火墙在网络环境中起着重要的作用,它将网络环境分为健康网络环境和不健康网络环境,在从不健康的网络环境中进到健康的网络环境时需要经过防火墙的检测和审查,进而将木马和病毒隔离在健康的网络环境外。防火墙的主要工作就是保护相关网络环境的安全运行,防止外部不安全、不健康的垃圾信息对网络环境的影响和攻击。防火墙具有多种功能:①防火墙技术可以维护企业内部的网络环境,它通过自己的屏蔽系统和各种协议,将不符合网络安全的一些数据信息排除、屏蔽掉,防止不安全信息进入企业内部的网络环境中,进而影响公司企业计算机的正常运行。②防火墙可以控制企业内部网络与外部环境网络的交流和沟通,通过一些网络设置阻止不需要的数据信息,接受企业内部网络环境所需要的数据信息。防火墙是一道安全屏障,还可以限制相关的用户对企业会员的各项服务进行访问,会员外的其他用户要想对企业会员服务进行访问必须获得防火墙的授权才可以,防火墙这种限制相关用户随意访问的作用,极大地维护了企业会员的相关利益。③防火墙具有可用性协调和安全性的特点,防火墙在实际工作过程中为企业提供安全、健康的网络环境,在安全的前提下确保企业各项工作顺利开展。此外,防火墙还有警告的作用,当发现网络环境中存在不安全因素时,防火墙就会发出警告,将出现的木马和病毒进行统计,让相关的操作员及时处理不安全因素。用户进行计算机网络系统的应用,对于防火墙技术的应用程度也相对较高,防火墙是计算机系统安全保护的有效屏障,通过其技术形式进行划分可以分为软件型、硬件型和嵌入型三种类型,从其技术层面进行划分也可以分为状态检测型、包过滤型以及应用型等三种类型,不同类型的防火墙都有自身特点以及应用利弊,用户可以根据自身的应用需求以及网络系统配置进行合理的防火墙选择。

(一)状态检测型防火墙

状态包检测防火墙具有应用级防火墙和包过滤器防火墙两者的优点,它既可以快速、灵活地处理网络数据包中的各种信息,还可以识别、检测、筛选网络数据,将不安全的数据信息加以排除,选出符合安全要求的数据信息供应给内部网络环境。因此,状态包检测防火墙具有较高的安全性,是计算机网络应用的较好选择。状态包检测防火墙其作用机理主要是利用其状态检测机制来连接内外部网络,然后对流经的数据信息进行检测和筛选。通过这样精细的检测和筛选进而形成连接状态表,根据连接状态表的信息数据的相关情况,对连接表中的各种因素进行识别和分析。由于连接状态表的形式多样且包含着通信数据信息和各种应用程序信息,所以其相较于其他防火墙具有较多的优势。首先,该种防火墙能够快速地分析各种信息数据,其分析的数据信息量较大。其次,该种防火墙分析数据信息不是一成不变的,它可以根据具体情况灵活地分析各种信息数据。当然该种防火墙也存在着自己的弊端,主要表现为在对各种信息数据进行分析、检测以及识别的过程中会导致网络连接滞后,影响其工作的顺利开展。状态包检测防火墙既有自己的优势,也有自己的弊端,在实际网络应用中应当根据不同的情况及时地做出选择和调整,防止木马和病毒的入侵,确保内部网络环境的安全性。状态监测性防火墙主要是对网络系统的运行数据进行检测和分析,通过自身的数据检测功能对网络运行状态中存在的不安全因素进行辨别,进而为保证系统的运行安全,对不安全状态进行必要处理,应用防火墙实现对于网络系统的安全防护作用。相较于其他类型的防火墙而言,状态监测型防火墙的安全防护系数相对较高,能够根据应用需求进行拓展和伸缩,值得注意的是,进行拓展和伸缩需要一定的应急反应和处理时间,因而会出现防护保护延迟的情况发生,网络连接状态也会出现延缓或者滞留的情况。

(二)包过滤型防火墙

包过滤型防火墙的重点在于包过滤技术的应用,包过滤技术对于计算机网络协议具有严格要求,系统运行的各项操作都需要在保障协议安全的基础和范畴内进行。防火墙的工作机制相对透明,用户进行网络系统的应用过程中,防火墙会对存在安全威胁的网站访问行为和被访问行为进行过滤,运行和防护工作效率相对较快,但是对于携带新型病毒的恶意访问或者黑客攻击不具有防护功能,对于原有的数据信息具有较强的依赖性,不能够进行自动更新以及程序包的升级。包过滤器防火墙主要被应用在网络层中,即使不进行人为的相关操作,包过滤器防火墙也可以对相关的信息进行审核与识别,控制信息数据包的来源,分析数据信息来源的目的地址。另外它还可以精确地计算出协议类型、用户数据包协议的出入接口等。包过滤器防火墙通过对以上相关信息进行审核与识别,将计算机所需要的信息数据和实际的信息数据进行分析与比较,进而确定实际的信息数据是否符合相关的安全要求。假若数据包符合网络安全的要求,那么该防火墙就会将其放行;假若该数据包不符合网络安全的要求,该防火墙会将其屏蔽。实践证明,该种过滤器是一种较为快速且被广泛适用的防火墙类型。

(三)应用型防火墙

应用级防火墙具有多种功能:①应用级防火墙将外部网络环境和内部网络环境的直接通信通道切断,避免内外部网络环境直接进行信息交流,进而避免病毒和木马侵蚀内部网络环境。②内部网络在对外部网络进行访问后,应用级防火墙会对内部网络需要的各种网络信息进行审核与检验,当某种信息不携带任何病毒和木马时,应用级防火墙就会对这种信息放行,进而供应内部网络的需求。内外部网络进行信息传递的过程中,内部网络和外部网络不会发生直接的访问关系,需要应用级防火墙代理软件进行网络信息传达,当网络信息进入应用级防火墙时需要遵守一定的网络安全要求和有关的网络协议要求才能进入内部网络。应用级防火墙主要是对不符合安全要求的数据舍弃和屏蔽,放行安全信息,来提高网络系统的安全性。应用型防火墙主要通过IP转换的方式,对网络系统的入侵者进行防护,应用伪装新IP或者端口作为诱导,达到对真正网络系统的防护作用,以伪装方式迷惑不法入侵行为,实现网络系统通讯流的阻隔作用,同时也能够对网络运行状况进行实时监控,体现较高的安全性能。此种防火墙技术的应用会使网络系统的运行环境更加复杂,同时对于网络信息安全管理也提出更高要求。

三、新型防火墙技术

随着时代的进步,网络安全研究人员也不断进行防火墙技术的创新,尽量提升防火墙功能和性能，接下来，介绍几种新型的防火墙技术。

(一) 流量过滤防火墙

传统的流量过滤防火墙是直接进行数据包的过滤和检验，设计人员直接进行语法逻辑设计，防火墙就会依照设计好的逻辑进行通过网络流量的截获，当解读出流量的原地址以后进行其目的地址的找寻与分配，这种检测方法安全性不够高，新型的流量过滤防火墙技术则是在内部安全策略中添加协议，直接进行应用层数据的过滤，设计人员增添了信息识别功能，防火墙能够进行流量滞留充足，防火墙过滤了滞留下信息流以后，进入网络的信息流也得到了重装，大大提升防火墙的防护功能。

(二) 深层检测防火墙

深处检测防火墙目前还处于设计和研发阶段，随着社会对于网络空间安全投入前所未有的重视以后，相关防火墙研究人员也提出了深入检测防火墙的概念，该防火墙不仅能够进行信息流和数据包的识别，而且能够将内部的数据直接定向到 TCP 堆栈中，然后防火墙就可以依照基本检测程序进行信息检测，从而实现更好的防护作用。深处检测防火墙不仅仅能够保护其接触到的网络层安全，而且还能够实现对应用层信息的保护和方案。当然，深处检测防火墙技术目前还不够成熟，相关技术人员还需要进行深入的研究与探索。

(三) 分布式防火墙

分布式防火墙分为主机防火墙以及网络防火墙两种，顾名思义，主机防火墙主要是针对主机而进行安全监测工作设计的，由于大部分的恶意攻击都是针对主机进行的，主机出现安全问题的可能性要更大一些，因此，主机防火墙所能够进行网络防护的范围相对要更大，对于网络内部以及外部都进行防护。而分布式防火墙往往都是安装于公司或者企业内部，这种防火墙不仅仅能够完成信息筛选，而且还能够保护公司、企业的服务器、桌面，使用分布式防火墙能够减少主机位置对于防护效果的影响。因此，近些年来，分布式防火墙发展趋势迅猛，越来越多的公司以及企业开始选择使用分布式防火墙进行网络安全维护。

四、防火墙配置部署技术

为了使用户所安装的防火墙能发挥防护功能，首先在进行防火墙部署的时候，应当充分了解自己所安装系统的需求，并从以下几方面进行防火墙的配置。首先，应当在公共网络与内部网络之间布置防火墙，以此来确保内部网络环境安全。其次，如果所接入的网络规模比较大并且网络内部进行了 VLAN 划分，那么我们还需要在各个 VLAN 之间搭建网络防火墙。最后，要将防火墙布置在公共网络所联系的总部以及分部之间。如果要进行两个网络之间的通讯，在网络接口位置应当采用硬件防火墙进行网关设置，继而将网络保护起来。在进行防火墙配置时，应当首先对于防火墙的功能进行详细了解，在未接入网络之前就启动防火墙进行防火墙功能设置，针对计算机使用网络的具体情况来选择防护级别，一般来说，固定的 IP 地址用户将防火墙安全级别设置为中等即可满足防护需求。虽然网络防火墙预设了安全防护规则，但是由于电脑漏洞以及病毒发展速度很快，用户为了做到更高枕无忧的防护，就需要进行防护规则的重新设计，针对各种计算机漏洞和病毒威胁，寻求专业网络安全人员进行安全评测以及规则设置。另外，现如今网络安全问题受到极大的瞩目，研究防火墙技术的人员更应当随时注意网络上出现的病毒以及恶意攻击手段，及时进行防火墙技术的更新，尝试探究出性能更强、功能更丰富的防火墙，技术人员可以从编码技术入手，尝试进行集成式网络安全防护功能开发，打造具有高度集成性的防火墙，维护人们上网安全，打造更为安全可靠的网络环境。随着计算机网络技术的迅猛发展，我们在使用计算机进行网络通信的时候应当高度重视网络安全防护，对于防火墙技术进行基础的了解，从而能够根据自己的需求进行防火墙类型的选择，进行防火墙规则的设定，提升自身上网安全性。为了更好地发挥防火墙的防护功能，在进行防火墙功能设置时还应当及时寻求专业人员帮助，从而提升自身上网安全性。

五、防火墙技术的作用

（一）防火墙技术对网络安全可以起到强化作用

防火墙技术对网络安全可以起到强化作用，体现在防火墙的设计方案、口令等都是根据计算机网络的运行需要量身定做的。

安装防火墙后，计算机可以过滤不安全信息，使得网络环境更为安全。防火墙可以禁止网络数据信息系统（NetworkFileSystem；缩写：NFS），对网络起到一定的保护作用，有不良企图的分子就不会利用网络数据信息系统攻击内部网。防火墙还可以拒绝各种类型的数据块，即网络中交换与传输的数据单元，即为报文（message），可以进行一次性发送，由此提高了内网的安全性。如果发现不良信息，还可以及时通知管理员，由此可以降低自身的损失。

（二）防火墙技术可以避免内网信息出现泄露问题

防火墙技术可以对重点网段起保护作用，发挥隔离作用，使得内网之间的访问受到限制。内网的访问人员得到有效控制，对于经过审查后存在隐患的用户就可以通过防火墙技术进行隔离，使得内网的数据信息更为安全。

在内网中，即便是不被人注意的细节也会引起不良用户的兴趣而发起攻击，使得内网的数据信息泄露，这是内网产生漏洞所导致的。

比如，Finger 作为 UNIX 系统中的实用程序，是用于查询用户具体情况的。如果 Finger 显示了用户的真实姓名、访问的时间，不良用户一旦获得这些信息后，就会对 UNIX 系统的使用程度充分了解。在网络运行状态下，不良用户就会对 UNIX 系统进行在线攻击。

防火墙技术的应用，就可以避免这种网络攻击事件发生。域名系统（DomainNameSystem；缩写 DNS）会被隐藏起来，主机用户真实姓名以及 IP 地址都不是真实的，不良用户即便攻击，防火墙技术发挥作用，使得没有授权的信息不会进到网络环境中，保护了网络环境，网络安全性能有所提高。

(三)防火墙技术可以对网络访问的现象起到一定的监督控制作用

计算机安装防火墙后,所有对主机的访问都要接受防火墙的审查,在防火墙技术的使用中,完整的访问记录会被制作出来。

如果有可疑的现象存在,防火墙就会启动报警系统,不良用户的 IP 地址提供出来,包括各种记录的信息、网络活动状态都会接受审计,而且还可以做出安全分析,对于各种威胁也可以进行详细分析。通过使用防火墙技术,就可以使得不良用户被抵挡在"门"外,由此起到了预防隐患的作用。

六、防火墙技术在计算机网络安全领域的应用

(一)身份验证

身份验证是防火墙技术的主要应用方式,通过用户的身份验证授权其各应用平台和系统的使用行为,保证其计算机网络系统操作的合法性。防火墙在信息的发送和接收环节中都能够发挥身份验证作用,在数据传输的过程中形成天然屏障,形成对于不法访问和传输行为的阻碍作用,保证信息的传输安全。

(二)防病毒技术

防病毒是防火墙的主要功能,同时也是其技术应用的主要方式,防病毒的功能体现也是用户进行防火墙技术应用的主要目的。防火墙在网络系统中对外界第三方访问的数据信息进行检查,非法路径访问行为会被制止,防病毒技术的应用效果比身份验证更为明显,对于处理技术的应用要求也相对较高。

(三)日志监控

防火墙在对网络系统进行应用的过程中会自动生成日志,对各类访问信息息进行记载,便于在日后的应用过程中对数据信息进行分析和防护,日志监控在防火墙的应用中发挥至关重要的影响作用,用户在进行程序应用的过程中,不需要进行全面操控,仅需要针对关键信息进行操作。由于用户应用计算机网络系统会产生大量的数据信息,因而日志信息的生成量也非常大,如果用户进行全面操作需要耗费大量的时间和精力,对网络防护的即时性产生

影响，用户可以对网络数据信息进行分类，并针对不同类型进行重点操作，有助于系统防护工作效率的提高。

计算机网络安全是用户进行计算机程序和系统应用关注的重点问题，防火墙技术的应用有助于实现对于网络系统的安全防护，身份验证、防病毒技术、日志监控是防火墙技术应用的主要方式。用户进行计算机网络系统的应用，需要养成良好的网络访问习惯，积极应用防火墙技术保护系统的有序运行，以促进计算机技术应用价值的提升。

第三节 VPN 技术

一、什么是 VPN 技术

在计算机网络中，除了建设物理隔离的业务网络之外，还拥有更具性价比的解决方案，使用 VPN（Virtual Private Network 虚拟专用网）技术来构建安全的业务网络。它是英文"Virtual Private Network"的缩写，如果翻译成中文就是"虚拟专用网络"。

VPN 是用于计算机网络通讯的，但它不是现时存在的，是虚拟的。利用这个技术我们可以把网络上两个不同的计算机进行连接。当然，在连接时需要特殊的加密协议。在使用时，用户会感觉像有一条专用线存在。VPN 利用的是包括认证、加密、安全检测权限分配、访问记录等一系列手段来构建安全的业务网络。传统的解决方法，是采用 IPSec VPN 来解决，而 IPSec VPN 协议设计是为了解决安全问题而诞生的，但在实际应用中，在解决远程连接的方案中已经不能满足当前的网络安全需求。

二、VPN 技术分类

（一）链路层 VPN 技术

PPTP 协议：PPTP 协议又称为点到点协议，它是一种安全协议，最初是为了解决移动终端的网络安全要求，是 PPP 协议的扩展，为通过 IP 上网的用户提供基于 VPN 的安全解决方式，而其他用户可以通过支持 PPTP 协议的网络来连接和访问。

PPTP 协议是在客户端和服务器之间的安全协议，而客户端是基于该协议的一般计算机，而服务器是在支持 PPTP 协议的指定服务器。客户可以通过多种网络方式接入公网，首先他要通过拨号连上 ISP 服务器，建立数据连接；然后，再建立 PPTP 连接，连接到 PPTP 服务器；它支持多种数据的封装。

PPTP 协议保证了客户端与服务器之间的正常通信，减少网络拥塞和数据丢失现象。它获得了微软公司的支持，同时具有流量控制功能。而 VPN 的配置需要由客户端来进行配置，无形中就加大了客户端的工作，同时还具有一定的安全风险。PPTP 由于不具备验证功能，它仅工作于 IP，所以需要用户进行验证。

（二）网络层 VPN 技术

IPSec 协议是一种公开的标准协议，它和其他协议，如 PPTP 协议的最大区别是它是对 IP 层进行加密。它实际上并不是某种特殊的算法，在它的数据结构中也没有加入特定的算法和规则，它是完全开放的，它是对 IP 数据包进行定义，而其他的算法和规则也都可以通过 IPSec 进行传输和运行。

IPSec 协议主要运行方式分为隧道模式和传输模式。隧道模式是将数据在传输层进行封装，并以安全数据 IP 包形式保存和传输。而传输模式则仅仅是对数据的端到端传输，不会对数据进行隐藏和封装。从两者的运行方式来看，显然，隧道模式的安全性能更高，但是相应的也会带来系统的运行开销增大。由于 IPSec 是基于网络层的一种协议，因此，它不能穿越防火墙、NAT 等网络防护设备。

（三）会话层 VPN 技术

SOCKS 协议：SOCKS 处于 OSI 模型的会话层，在 SOCKS 协议中，客户程序通常是先连接到防火墙 1080 端口，然后由防火墙建立到目的主机的单独会话，这种情况下客户程序对目的主机是不可见的。SOCKS 的问题在于必须对客户端应用程序做修改，加入对 SOCKS 协议的支持。

三、VPN 应用及优势

（一）身份认证安全

系统的安全认证方式往往采用用户名和密码方式，而这种方式安全性不高，特别是对于一些相对较简单的密码，黑客可以通过破解方式轻松获取。而一旦系统密码被破解，系统将暴露在互联网上，数据和重要资料将被轻松盗取，尤其是享有较高级权限的账号若是遭到盗窃所造成的损失将更为严重。

（二）终端访问安全

虽然网络中设置了防火墙、IPS 等主动防御设备，但远程终端仍可通过 VPN 连接，而往往这些设备很难抵御通过 VPN 的连接。因此，这就给网络安全带来了隐患。为了保证整体安全防御水平，就需要对接入的终端主机的安全水平采取一定的控制措施。

例如金融系统以及电力系统等包含重要数据的业务系统，当用户通过远程接入的方式访问到这些系统时，由于系统交互、缓存等原因往往会在终端主机上保存部分应用数据，容易导致重要数据人为或是无意泄漏，存在重大的信息安全隐患。如何让用户在方便快捷地远程办公的同时，保障重要应用系统、核心数据的不外泄，是 IT 管理人员需要考虑的一个非常重要的方面。

（三）权限划分安全

由于网络和服务器中存在大量的数据和自建应用系统，密码的泄露和权限的滥用往往容易造成网络攻击和病毒的侵害，一旦数据被破坏或黑客入侵，其后果将不堪设想。因此，需要在访问时建立权限机制。避免将重要数据暴露在网络中，同时，要对数据进行加密和采取强制修改弱口令等措施。

（四）应用访问审计安全

为了能够追踪到用户的应用使用情况，减少因外来访问造成的系统安全问题，同时可以掌握用户数据和访问人等信息，需要对系统采取必要的审计措施。

（五）业务数据迁移智能终端访问安全性

随着将业务系统迁移到终端，业务数据呈现于移动智能终端设备上，如何避免重要的业务数据随着智能终端丢失而造成泄密的风险，如何保障业务数据访问安全性，需要对业务系统迁移至智能终端访问做必要的安全措施。

四、VPN 技术的功能特点

VPN 技术有许多的优点，利用此技术，信息通道可以建立在公用的网络上，虽然没有进行实际的连接，却可以实现远程访问。

1.通信成本可以降低。

由于 VPN 是建立在公用的网络中，节省了通信设备的入费用和维护费用，所以没有多少通信成本。

2.安全可靠的传输数据。

VPN 通过加密进行连接，并且在连接时要进行身份验证，数据通信的可靠性因此得到保证，连接具有安全稳定的效果。

3.连接方便。

一台计算机如果要和另一台计算机相连，必须通过专用的线路，利用 VPN 技术，两台计算机方便进行互通。

4.控制方便。

VPN 的用户只是利用了网络上的通道，但是对于网络的管理权和控制权还是由 ISP 决定。

五、VPN 采用的技术

VPN 主要由四项技术组成，隧道技术、加密技术、用户身份认证技术及访问控制技术。①隧道技术。在 VPN 所有的技术中，隧道技术是最为核心的技术。使用隧道技术解决了数据在互联网中的数据传输。这种技术的特点是在数据传输前会被封装，封装的形成是隧道协议，当数据传输到另一端时，被封装的数据会被解封。②加密技术。VPN 技术的加密方法有着自己的特点，加密方式是在数据发送前完成的，数据在到达用户后会进行解密。③身份认证技术。当用户需要进行远程访问时，用户身份的认证需要解决。用户在建立拨号前要进行身份的认证，当确认合法后，才可以实现远程访问。④访问控制技术。由于保密的要求，不同的用户具有不同的权限，访问过程中需要对特定的用户设定访问权限，通过控制技术可以确定用户的权限。使用此技术可以对网络上的资源进行有效的保护。

六、VPN 的用途

（一）通过 VPN 实现远程访问

使用 VPN 可以很方便地实现远程访问，比如用户在很远的地方可以使用 VPN 进行访问。由于现实中很多的用户是处于离散的状态下，当需要访问公共资源时，可以使用 VPN。应用此技术可以实现员工可以在移动时访问公司的办公系统，可以实现员工的移动办公，提高了办公的效率和公共资源的利用率。而且技术人员利用这一技术在远程对网络进行数据的维护。

（二）VPN 可以实现分支联网

考虑到用户的使用要求，需要将不同地方的局域网并入一个公用网络上，可使用 VPN 技术建立虚拟的通道，每一个用户都可以进到需要组建的网络内。

与传统的联网形式相比，使用 VPN 技术建立的虚拟通道可以在硬件省去许多，因而通信成本很低，满足了用户对低成本通讯的要求，且使用起来具有很强的灵活性。

（三）平台组建的便捷

VPN 技术可以将有相同需求的，但处于不同地方的计算机连接起来，通过组成网络，各个计算机可以快捷的交换数据。这个功能实用。比如在一个公司内部，利用 VPN 技术可以将不同的部门连接起来，可以进行信息共享。这样可以有效提高办公效率。出差的人员可以随时借助 VPN 接入公司网络。

（四）节省了专线

通过使用VPN，计算机的通讯可以虚拟的通道内进行，而不用另外进行网络上的连接，省去了硬件上的投入。这对用户来说，是合适的解决网络通信的方案。

（五）用户安全得到保证

利用VPN进行网络间的通信，由于需要进行用户的认证机制，从而保证了通信间的安全性。

（六）可以对用户进行网络访问控制

使用VPN技术的用户具有认证环节，管理者可以对网络实施有效的管理，通过设定网关，将用户与网络间的资源进行合理调度，按照预选设定好的权限进行网络访问，保证了网络的安全性与实施过程的便利性。

七、VPN的发展

VPN技术的发展经过了两个过程，分别是IPSee VPN和SSL VPN。IPSec VPN隧道的建立是在互联网的基础上。用户的防火墙以及不具有网关使用资格的使用者利用此技术在远程接入资源，但是这个资源仅限于企业内部的资源。由于虚拟两端的使用者必须使用同一类设备，所以限制了用户间的联系。对客户端的软件发放是一件很烦琐的事，需要根据用户的环境进行配置，这些不利条件限制了使用。

八、VPN的优点

①使用成本可以降低：相比使用传统的专用网络通信，VPN技术的一个最大优势为不是硬件上的投入，省去了购置或租用的成本，这对用户来说是一个最好的方案。硬件少带来了维护上的方便，可以节约人力。②方便扩展：使用VPN技术通过设置就可以实现网络间的通信，不用增加额外的设备，所以需要对网络扩展时，可以使用此技术。③可以实现主动控制：使用VPN技术时，

由于网络上的资源完全掌握在服务器中，用户可以根据自身的需要对网络进行控制，可以对用户的访问权限加上限制，所以使用 VPN 具有很强的主动权。④可以保障安全：VPN 技术是建立在国际互联网通过的技术标准下的，与现有技术完成兼容，可以形成安全的网络，可以保证通道的安全，不受外界的侵入。

第四节　网络入侵检测

随着科技越来越进步，我们能够越来越频繁地接触到计算机病毒、植入木马、转移链接、黑客入侵等这些网络信息安全事件。人们也逐渐地认识到网络安全是非常重要的。网络安全已经变成了现阶段的计算机网络领域所遇到的极为重要的问题。正因为如此，在目前的互联网领域内，入侵检测系统作为最新的热门技术进入我们的视野。它能够确保我们的网络信息安全，这在当下是非常难能可贵的。计算机和互联网在人们生活中占据越来越重要的地位，不仅让人们的日常生活得到了改善，而且更重要的是它改变了外界各种信息的传播途径，它能更容易把信息和数据传播给每个人。在人们享受计算机和互联网所带来的便捷和舒适的同时，其实也埋藏了巨大的危机。因为如果有一天我们的计算机网络有了安全问题，那么就一定会造成人们自身的信息泄露，会给人们带来巨大的安全隐患。更为重要的是如果企业的计算机网络有了安全问题，那么就会把企业内部的重要信息传播出去，那么在极端的情况下甚至有可能会使计算机系统和计算机网络整体崩溃。正因为如此，我们为了防止居心叵测的人设计的木马、病毒等危险因素在网络上传播，有机会侵入我们个人或者企业之中，就一定要有一个确保有效的检测入侵的方法，这就是我们所说的入侵监测系统。

一、什么是入侵检测

入侵是一种行为，它能够利用一切手段，企图对一些可用的资源，或者是一些完整的资源，甚至是一些机密的资源来达到它的不正当的目的。入侵的行为既包含了那些企图对各种资源进行危害的人，也包含了它利用的一切能够对计算机和互联网造成危害的手段。而入侵检测就是对一切的行为进行识别和判断。甄别有些行为是正常的使用行为，而有些行为则是危害计算机网络的有害行为。具体操作就是把计算机网络分成若干关键的点，然后收集和分析这些关键点的数据信息，然后分析这个行为是正常的使用行为，还是企图攻击对象或者有一些其他的危害网络的行为。入侵检测系统包含了它判别各种网络行为所使用的软件，还有支持它存储及工作所需要的硬件。入侵检测系统把计算机网络中的各个关键点收集到的信息都进行安全分析，然后就从里面得到我们所需要的可以利用的信息和结果；入侵检测系统还可以采取适当的对策来抵抗危害行为，具有很高的智能，相对要比别的网络安全工具好得多。

二、入侵检测技术发展历程

古代修建木屋时，会在木屋周围砌上一道坚固的石墙，防止火灾发生或蔓延，这种防护措施被称为"防火墙"。计算机网络的防火墙就来源于这个概念，它通过隔离外界网络未经授权的通信来抵御外界对网络的非法访问。防火墙是计算机网络的第一道防线，配合访问控制、身份认证、密码技术等传统技术，能够防止网络外部的非法入侵。但是，随着计算机网络的快速发展，这些传统安全技术已远远不能满足目前的需求；同时，网络内部和系统本身存在的缺陷或漏洞也成了要解决的重要难题之一。美国国土安全部一项研究显示，大部分黑客入侵事件都是由计算机使用者的人为因素造成的。据统计，有70%以上的攻击事件来自内部网络，系内部人员作案，而这恰恰是防火墙的盲区。为了弥补防火墙的不足，入侵检测系统应运而生，开创了计算机网络安全防护的第二道防线。入侵检测技术自20世纪80年代早期提出以来，经过30多年的不断发展，从最初的基本概念和抽象模型，迅速发展出各种应用系统，成为计算机安全防护领域不可缺少的一种重要的安全防护技术。入侵检测技术可以帮助计算机系统应对网络攻击，提高系统管理人员的网络安全管理能力，在一定程度上保证信息安全基础结构的完整性。在不影响网络性能的情况下，入侵检测系统作为网络的第二道安全防线能够检测网络非法行为（例如黑客攻击、内部人员作案或误操作、网络系统本身的缺陷或漏洞等因素所引起的非法行为）。入侵检测系统是通过收集计算机网络或系统中的信息并进行分析，从中判断网络或系统是否被攻击，进而做出及时响应，从而保护网络与系统。入侵检测技术的出现为网络安全防护做出了突出贡献，对其深入研究也成为网络安全领域的重要工作之一。

（一）侵检测发展初期

入侵检测最早由 J.P.Anderson 在技术报告中提出，将入侵定义为对信息非授权的访问、操作，以及导致系统不稳定、不可靠的行为。1987 年，D.E.Denning 提出了入侵检测的基本模型，首次将入侵检测引入计算机安全防御，推动了入侵检测的进一步研究。1988 年，S.E.Smaha 设计开发了 Haystack 入侵检测系统，帮助系统安全员检测和调查入侵。1989 年，T.F.Lunt 等进一步改进了入侵检测模型，并提出了一种入侵检测专家系统 IDES（intrusion detection expertsystem）模型，该模型采用两种不同的方法来检测异常，即统计和基于规则的异常检测，系统效率高于单一方法的使用。1990 年，LT. Heberlein 等提出了基于网络的入侵检测概念。1996 年，S.S.Chen 等提出基于图形的入侵检测系统，解决了绝大多数入侵检测系统可伸缩性不足的问题。

（二）智能入侵检测技术

由于入侵检测系统 IDS（intrusiondetectionsystem）的工作环境是动态的，所以面对不断更新的工作环境，国内外专家和学者开始研究智能入侵检测技术。C.Sinclair 等采用遗传算法和决策自动生成规则对网络连接进行分类，还将机器学习方法应用于网络入侵检测。凌军等实现了基于规则的、层次化的智能入侵检测原型系统，该系统不仅能快速检测网络入侵，而且具有一定的学习适应能力。Z.W.Yu 等提出了自动调优入侵检测系统，该系统在遇到虚报时，能够根据系统操作员提供的反馈及时地自动调整检测模型。实验结果表明：如果只有 10%的虚报调整了模型，系统性能提高约 30%；当调节延迟较短时，系统性能提高约 20%；但实际上只有 1.3%的虚报用于调整模型。因此，系统操作员可以专注于信度不高的验证预测，因为只有这些预测确定为虚假时才可用于调整检测模型。A.K.Chosh 等比较了 3 种不同的入侵检测方法，其中包括平等匹配、BPL 和 Elman 递归网络，发现 Elman 网络具有更好的检测率和低虚警率，取得了零虚警概率下 77% 的检测概率。蒋亚平等提出了基于疫苗算子的入侵检测模型，该模型解决了协同性差、检测率不高等问题。

D-S 融合算法可以弥补系统中基本检测器各自的不足，检测结果更稳定。然而，融合的结果仍取决于基本检测器的性能，如果存在太多的低性能检测器，也很难得到满意的结果。因此，基本检测器的性能至关重要，如何提升检测器的性能是进一步研究的重点。K.S.Desale 等提出了使用流数据挖掘技术来提高 IDS 效率的机制，并使用 4 种分类器来提高 IDS 性能。实验结果表明，NaiveBayes 分类器更精确，但是需要更多的时间；Hoeffdingtree 分类器精确度接近 NaiveBayes 分类器，所用时间也较少。所以，网络数据集应该选择最优分类器以提高 IDS 的性能，这就涉及自适应选择问题。

（三）诞生了入侵防御系统

侵防御传统的 IDS 虽然能够发现攻击并报警，起到预警的作用，但是由于不具备防御能力，因而不能有效地抵御黑客攻击，于是诞生了入侵防御系统 IPS（intrusionpreventionsystem）。近几年来，IPS 发展迅速，有了大量的研究成果。针对 SMTP 攻击和垃圾邮件，M.J.Chen 等提出一个基于硬件的带有病毒检测引擎的 SMTP 入侵防御系统，该系统可以阻止 SMTP 攻击和病毒入侵，但防御攻击种类单一，且不能处理病毒。A.H.Al-Hamami 等使用数据挖掘方法开发了一个基于网络的入侵预防系统（NIPS），该系改进了基于误用和异常检测方法的 NIPS。Y.P.Jiang 等结合计算机免疫学，提出了基于免疫的 IPS 框架，该框架包括免疫监测、免疫识别、免疫应答 3 部分，新的入侵由当前的网络监测封装，并作为疫苗通过移动代理发送给其他网络以防止相同的入侵，但无法防止变异的攻击。G.L.Chen 等提出了智能规划识别引擎的无线 IPS 框架，同时改进了计划识别模型。该引擎不仅可以检测和防御主要的无线攻击，而且可以减少误报，但不能检测未知的无线攻击。S.M.Alqahtani 等提出了一种在云计算中基于服务的入侵防御系统（SIPSCC），从漏洞检测、平均时间和误报 3 个方面进行研究和评估，SIPSCC 服务对于 Snort 和 OSSEC

对抗来自 CCW 的 SQL 注入攻击是一个有效的机制。S.Li 等提出和建立了一种基于混合交互蜜罐的主动防御入侵检测系统,该系统可以减少虚假信息,增强主动防御网络的稳定性和安全性,增加蜜罐诱骗能力,加强攻击预测能力。H.Li 等通过结合 Snort 入侵检测系统和防火墙实现了一个小型智能 IPS,降低了漏检率,所需要的规则少,操作方便,但串联连接的方式可能导致潜在问题。目前 IPS 的发展进度与智能 IDS 基本并驾齐驱,利用一些新的技术将其发展得更高效、更实用,是 IPS 未来发展的方向。

三、入侵检测系统框架模型

互联网工作小组的入侵检测小组,在 1996 年就已经开发了安全事件报警的标准格式,即入侵检测交换格式。入侵检测工作小组制定的这一格式对部分术语的使用进行了比较严格的规范,并且为了能够适应入侵检测系统所输出的安全事件信息的多样性,这一模型在客观上能够满足入侵检测系统各种功能要求和逻辑结构。这样可以确保入侵检测系统在形式上可以有不同的特点。在进行系统设计的过程当中根据系统所承担的具体任务以及其工作环境的不同,在进行搭建时可以选择独立的传感器、管理器等设备,其功能的实现也可以是一个设备当中所具有的不同的功能。入侵检测系统在工作中,具体可以划分为 3 步:信息收集、数据分析、事件响应。其中信息收集包括系统以及网络;数据分析的主要任务是将收集到的有关数据信息发送到检测引擎,检测引擎会通过模式匹配、统计分析、完整性分析 3 种手段对于收集的信息进行客观分析;在系统工作的过程中,检测到一个任务时会主动将报警发送到系统当中的管理器,管理器能够根据预先设计好的安全政策进行定义,对接收到的报警内容进行回应,并提出相关检疫。

四、入侵检测的都有哪些方法

(一)异常检测法

这个方法主要是在我们的日常使用之中,用来检测我们所执行的行为是否异常，或者是在我们日常的对计算机和网络资源的使用行为是否出现了异常。如果想要使用这个检测的方法，我们就需要对我们日常的使用计算机和网络的行为进行记录和对比，然后通过对我们日常的活动轨迹以及需要判断的行为进行对比，以此来判断这次行为是不是我们正常的使用计算机和网络的行为。如果对比结果不一致就说明了这已经对我们的计算机和网络系统进行了攻击。这种检测的方法能够广泛地适应于许多用户，并且没见过的攻击方式它也能够很好地判别出来。但是它也有不好的地方，比如说，它很可能由于我们做的偶尔举动造成误判，准确率相应地就比较低了，这也就限制了这种方法的实际应用。另外，这种检测的方法要求能够准确判断出哪个是真正使用者，目前还没有一个好的方法来判别。

（二）混合检测法

混合检测法实际上包括了上面所说的异常检测法，并且同时还包括滥用检测法。它把这两种方法的优点综合起来使用，这样这两种方法就能够互相弥补彼此的不足，但是各自的优点却又能够保留下来，达到提高效率和性能的目的。

五、入侵检测系统结构

（一）基于主机的入侵检测系统

这一入侵系统在具体工作的过程当中，需要以应用程序日志等相关的审计记录文件作为重要数据来源。通过对这些文件中的记录和共计签名进行比较，确定其是否可以进行匹配。如果比较得到结果是匹配的，这时检测系统就主动将管理人员发出警报并采取措施防止系统被入侵。从整体上看，以主机作为基础的 IDS 可以客观、准确地反应入侵行为，并可以针对入侵进行及时反应。此外，在具体工作当中这一系统还可以根据操作系统不同的特征来判断应用层入侵事件。在这一系统当中涉及数据是手机用户行为信息的主要方法，因此，这一系统在工作过程中为了确保判断工作的准确性，不能使系统当中审计数据被随意修改。但是，如果系统在工作的过程中受到外来的攻击，这些审计数据可能会被篡改，为此主机入侵检测需要具备一个实时性条件：入侵检测系统在具体工作过程中需要在系统完全被控制之前完成对相关数据的审计分析、报警，并主动采取相应的对策制止入侵。这一系统在具体应用的过程中主要的优势在于能够对潜在的共计行为进行分析，并可以知道系统入侵者具体做了哪些事情。当然这一系统也有不少缺点，其中之一是这一系统是安装在需要保护的设备上的，这样其在工作的过程中无疑就使应用使用效率极大地降低。此外，在设备上安装这一系统也容易带来其他安全问题，这主要是因为在安装了这一入侵系统之后，管理员本部允许的访问权限被扩大了。

（二）以网络为基础的入侵检测系统

该系统需要被安装在需要保护的网络上，并以网络中原始的数据作为分析工作的基础。在具体应用中一般会选择一个使用的网络适配器对网络传输的数据进行监视和分析。网络在工作中，如果收到了外来的攻击，这时的检测系统能够及时获取入侵信息并及时做出应对。以网络作为基础的入侵检测系统从整体上主要是由过滤器、网络接口引擎和探测器构成的。在具体工作当中根据制定的规则获取与安全事件有关的数据包，之后将其传送到分析模块进行分析；入侵分析模块可以根据采集到的数据包结合网络安全数据库进行分析，并最后将分析得到的结果传给管理和配置模块；系统中的管理和配置模块的主要工作是管理其他模块的配置工作，并且将系统经过分析得到的结果传递给管理工作人员这一入侵检测系统的主要优点集中在：能够分析哪些是来自于外界的入侵以及哪些行为是超过权限的访问。当前，HIDS 不会在业务系统当中的主机安装额外软件，这样不会影响机器的 CPU、I/O 设备、磁盘的使用，这样不会影响到系统性能。这一系统的主要缺点表现在：系统在入侵检查时只可以检查与其相连的网络通信，对不同的网络不能进行检测，在使用交换以太网 Ethernet，一种计算机局域网技术）的环境当中会出现检测范围的局限，如果多安装检测系统则会使预算大大提高。

（三）基于主机的分布检测系统

该入侵检测系统主要由探测器和管理控制器两个部分组成。其中 HDIDS 主要用来保护关键服务器，HDIDS 有敏感信息系统，通过利用主机的系统资源、审计日志等相关的信息，能够客观地判断出主机系统在运行的过程当中是否遵照了安全规则。在具体工作中，这一系统的探测器能够以安全代理的方法安装在主机系统上，可以通过网络便捷安全开孔方法和防火墙远程控制系统管理控制台。这是集中的控制方式，它可以对主机状态管理及监控，并且可以及时更新检测模块的软件，这就有效加强入侵检测系统安全，使其扩张的能力更强大。

六、基于计算机网络安全的入侵检测系统的具体应用

（一）网络入侵检测系统的应用

网络入侵检测系统就是把这个系统装在我们日常使用的计算机网络之中，然后对我们的计算机网络的原始网络报文当作对比素材，然后再对各种网络行为进行分析，以判别哪种行为构成了入侵，而哪种行为是我们对计算机网络的正常的使用。如果我们的计算机网络系统遭到入侵，那么我们的网络入侵系统检测系统就会立即施行相对应的反应，会向我们使用者发出提示的信息，同时也会有几种不同的应对措施，比如说中断物理连接把网线断开，或者发布系统广播甚至是报警等。

（二）主机入侵检测系统的应用

主机入侵检测系统就是把这个系统装在我们使用的计算机之中，而它会把我们计算机本身的应用程序日志和系统日志当作一个基本的对比素材。然后通过各种计算机的使用行为进行分析，以判别哪种行为是入侵，哪种行为是计算机的正常使用。如果我们的计算机系统受到了攻击，我们计算机本身的应用程序日志和系统日志就很可能被黑客修改或者被他们泄露出去。所以主机入侵检测系统可以在黑客完全控制计算机之前就对计算机施行防护手段，并且能够及时地对这种入侵行为发出警报。所以主机入侵检测系统非常的精准，能够根据各个操作系统的不同而判断出具体的入侵发生在哪个具体的应用层。综上所述，在我们的日常使用计算机和网络系统之中，想要保证计算机网络的安全，就必须要处理好入侵检测系统。如果我们使用的入侵检

测系统运行的性能良好，那么它就可以把防火墙都防范不了很多危害行为进行及时的判别和处置，从而有效地保障了我们计算机网络的安全运行。目前来说，入侵监测系统的防护技术是我们在日常使用网络的安全措施中是最为有效的。虽然入侵检测技术现在来说还并不完善，但是伴随着科技的不断发展和进步，伴随着我们通过使用后也必将会越来越依赖计算机网络的入侵检测系统，那么它的应用范围和检测性能也一定会越来越广泛并且越来越强大。

第五节 计算机病毒及其防治

一、计算机病毒的主要危害及传播途径和媒介

（一）计算机病毒的主要危害

1.降低计算机运行速度

病毒除了会占据大量内存以外，还将引发抢占中断，为系统运行带来阻碍，减缓系统运行速度。一些病毒可以控制系统启动程序，系统启动与载入应用程序时，能够执行其动作，程序载入速度会变慢。

2.占据过多内存和磁盘空间

若是未进行存取磁盘操作，而磁盘指示灯不断闪烁，表明计算机已被病毒侵入。大部分病毒均常驻内存，如果你发现你并未运行大多程序，而系统内存却被占用较多，也表明计算机被病毒感染。文件型病毒传播速度快，能够很快感染计算机中大部分文件，很多文件都得到一定程度的加长，导致浪费了大量的磁盘空间。

3.对硬盘和数据信息造成破坏

引导区内的硬盘和信息被破坏以后，将导致计算机不能正常启动，造成硬盘分区丢失。一般来说，系统文件和应用程序的大小是不变的，若是程序的大小发生变化，表明计算机感染了病毒。一些病毒把磁盘分区标注成坏规，自身隐藏在里面，在磁盘的正常使用过程中，通过扫描查找出存在坏道。

4.发送垃圾邮件和信息，引起网络堵塞与瘫痪

以蠕虫病毒为例，其能够将有毒邮件发送出去，且发送大量数据，引起网络堵塞、瘫痪等问题。最近几年，蠕虫病毒主要通过即时通信软件，向外发送大量的信息。

5.窃取用户隐私、机密文件、账号信息等

大部分木马病毒的目的以窃取用户信息为主，包括用户资料、银行账号密码等，从而实现非法获利。当用户信息被窃取以后，将带来严重经济损失。

（二）计算机病毒的传播途径和媒介

计算机病毒的传播方式包括复制文件、文件传送和运行程序等，常见传播媒介如下。①硬盘传播：在使用、维修携带病毒的硬盘时，会为病毒传染与扩散提供更多途径。②光盘传播：大多数应用软件都刻录在光盘上，由于盗版软件在复制的过程中将带病毒的文件刻录在其中，这样光盘就会携带一定数量的病毒。对只读式光盘而言，没有写操作，所以无法清除光盘内的病毒，难以避免病毒的传入、传染、流行和扩散。③U盘传播：U盘携带方便，为了方便计算机更好传递文件，常使用U盘，会让病毒在计算机之间进行传播。④在Internet上下载病毒文件：人们通过计算机网络相互传递文件、信件，经常网上下载免费共享软件，病毒文件难免会夹带在其中，因此，网络也是现代病毒主要传播方式。

二、计算机病毒的特征

计算机病毒是一段特殊的程序代码。除了与其他程序一样，可以存储和运行外，计算机病毒还有感染性、隐蔽性、潜伏性、衍生性等6大特征。下面简单就计算机病毒的特性加以介绍。

（一）感染性

计算机病毒的感染性也称为寄生性，是指计算机病毒程序嵌入宿主程序中，依赖于宿主程序的执行而生成的特性。计算机病毒的感染性是计算机病毒的根本属性，是判断一个程序是否为病毒程序的主要依据。

（二）隐蔽性

隐蔽性是计算机病毒的基本特征之一。从计算机病毒隐藏的位置来看，不同的病毒隐藏在不同的位置，有的隐藏在扇区中，有的则以隐藏文件的形式出现，让人防不胜防。

（三）潜伏性

计算机病毒的潜伏性是指其具有依附于其他媒体而寄生的能力，通过修改其他程序而把自身的复制体嵌入其他程序或者磁盘的引导区甚至硬盘的主引导区中寄生。

（四）衍生性

计算机病毒的衍生性是指计算机病毒的制造者依据个人的主观愿望，对某一个已知病毒程序进行修改而衍生出另外一种或多种来源于同一种病毒，而又不同于源病毒程序的病毒程序，即源病毒程序的变种。这也许就是病毒种类繁多、复杂的原因之一。

（五）破坏性

病毒的破坏性取决于计算机病毒制造者的目的和水平，它可以直接破坏计算机数据信息、抢占系统资源、影响计算机运行速度以及对计算机硬件构成破坏等。

（六）不可预见性

从对病毒的检测方面来看，病毒还有不可预见性，病毒的制作技术也在不断提高，病毒对反病毒软件永远是超前的。

三、计算机病毒的分类

计算机病毒主要按照以下属性来分类。

（一）以病毒存在媒体分类

主要包括网络病毒、文件病毒和引导型病毒几类。网络病毒主要利用网络进行传播，会对网络中可执行文件造成感染。计算机内的 COM、EXE、DOC 等文件也会被文件病毒感染。而引导型病毒算法非常复杂，主要通过非常规方式侵入系统，并应用了加密与变形算法。

（二）以病毒传染方式分类

常见的有驻留型病毒与非驻留型病毒。计算机在感染驻留型病毒以后，将自身内存驻留部分置于内存里面，这部分程序挂接系统调用同时合并至操作系统内，保持激活状态，直到关机和重新启动。而非驻留型病毒再被激活以后，不会对计算机内存造成感染，很多病毒占用内存很少，不过不经过这部分传染，这种病毒也可以视为非驻留型病毒。

（三）以病毒破坏能力分类

无危险型：只减少内存，并呈现图像和发出声响等。危险型：会对计算机系统操作造成影响，引起错误。非常危险型：将程序删除，并破坏系统内存区、操作系统内重要的信息与数据。从病毒为系统带来的危害看，并非是自身算法内有危险调用，在其传染过程中将造成巨大破坏，且不能提前预测。

（四）以病毒算法分类

其不会让文件发生改变，主要按照算法形成 EXE 文件伴随体，具备相同名字与不一样的拓展名（COM），如 XCOPY.EXE 的伴随体为 XC0PY-COM。病毒写进 COM 文件以后，不会让 EXE 文件发生变化，在 DOS 加载文件的过程中，将优先执行伴随体，之后通过伴随体加载至原来执行的 EXE 文件中。"蠕虫"型病毒：主要利用计算机网络传播，文件与资料信息不发生变化，以网络为载体，在不同机器的内存中进行转移。这种病毒一般存在于系统内，且只会占一定的内存，不会占用其他资源。寄生型病毒：除了伴随型病毒与"蠕虫"型病毒以外，剩下的都划分为寄生型病毒一类，它们依附在系统的引导扇区或文件中，利用系统的功能实现传播。由于算法不一样，因此可以分为练习型病毒、诡秘型病毒、变形病毒，病毒自身无错误，无法实现有效传播，如在调试阶段的病毒。诡秘型病毒，这种病毒通常不会对 DOS 中断与扇区数据进行修改，主要进行 DOS 内部修改，如设备技术、文件缓冲区等，很难发现资源，技术水平很高，基本在 DOS 空闲数据区工作。变形病毒，也叫幽灵病毒，这种病毒的算法非常复杂，在传播过程中，各份的内容与长度都不一样。变形病毒常见由一段混有无关指令的解码算法与被变化过的病毒体构成。

四、计算机病毒的逻辑结构

（一）感染标志

有的病毒有一个感染标志，又称病毒签名，不过并非每个病毒都存在感染标志。感染标志可能为数字，也可能是字符串接，主要通过 ASCII 码形式在宿主程序内存放。病毒在感染程序之前，一般要查看有无明显的感染标志，这除了被病毒决定是否进行感染以外，还经常用于进行欺骗；各种类型的病毒感染标志的位置、内容都不同；杀毒软件可以将感染标志作为病毒的特征码之一，也能够根据病毒按照感染标志是否做出感染这个特点，人为将感染标志添加到文件内，这样可以有效免疫病毒。

（二）引导模块感染病毒

程序在运行过程中，病毒的引导模块将开始运行，其基本动作包括以下内容：对运行环境进行检查，明确操作系统类型、内存容量、现行区段、硬盘设置、显示器类型等参数。在内存中引进病毒，让病毒保持动态，同时确保不会覆盖内存里面的病毒代码。将病毒激活与触发的条件设置好，让病毒保持可激活状态，这样能够在激活病毒以后，按照已有条件，对感染模块、破坏表现模块进行调用。

（三）感染模块病毒

主要通过感染模块进行感染动作，主要用于实现病毒的感染机制，其功能包括以下几点：将感染目标查找出来，检查目标有无感染标志，能不能满足设置的感染条件。若是无感染标志，或能够满足条件，则实施感染动作，宿主程序内将进入病毒代码。对文件型病毒和引导型病毒来说，感染过程大部分是一样的，一共有 3 个步骤，分别是进入内存、对感染条件进行判断、实施感染。病毒感染动作主要由感染条件控制，对病毒感染频率进行控制，经常出现感染，极易让用户察觉。因为感染条件比较苛刻，所以让病毒失去了快速传播的途径。

（四）破坏表现模块该模板

主要进行病毒的破坏动作，其内部是实现病毒编写者预定破坏动作的代码。病毒的破坏取决于破坏模块，破坏模块导致各种异常现象，因此，该模块又被称为病毒表现模块。由于病毒类型不一样，计算机病毒破坏现象与表现症状也不一样，其破坏行为与程度，主要由病毒编写者的目的及技术能力决定。触发条件控制病毒破坏的动作与频率，让病毒在隐蔽情况下被感染。触发病毒的条件多种多样，例如，特定日期触发，特定键盘的按键输入等，都可以作为触发条件。

五、计算机感染病毒的表现

计算机如具有以下现象可能感染病毒，要及时检查并清除。①经常死机：可能是病毒打开了许多文件或占用了大量内存。②系统不能启动：可能是硬盘引导信息被病毒修改，也可能是一些启动文件被删除。③文件无法打开：可能是文件格式被病毒修改，文件链接位置发生变化。④经常报告内存不足：可能是大量内存被病毒非法占用。⑤提示硬盘空间不足：可能是复制很多病毒文件，占据了大部分硬盘空间。⑥出现大量来历不明的文件：可能是病毒复制文件。⑦启动黑屏：可能是病毒感染。⑧数据丢失：可能是病毒删除了文件。⑨键盘或鼠标无端锁死：可能是病毒作怪，特别要留意"木马"。⑩系统运行较慢：可能是大量内存、CPU 资源被病毒占用，很多非法操作于后台运行。⑪系统自动执行操作：可能是病毒在后台执行非法操作。当产生异常以后，不应急着下结论，先进行杀毒，若是无法解决问题，则需要认真分析故障特征，一一排除软硬件因素、人为因素等。

六、计算机病毒的防治策略

计算机一旦遭到病毒的攻击，可能会给用户带来无法弥补的后果。病毒防治的根本就是保护用户的数据安全，要懂得计算机病毒及反病毒的原理，预防为主、杀毒为辅、防杀结合、尽快备份、定期升级、作好对策迅速恢复，不给病毒可乘之机，彻底查杀病毒并清除。

（一）树立良好的用"机"习惯

为计算机安装如金山毒霸、瑞星、卡巴斯基、360杀毒等正版杀毒软件并及时升级病毒库，同时开启防火墙和实时监控功能，定期扫描查杀计算机病毒；关注网站BBS发布的病毒最新动态以便有效的预防；选择使用难于猜测的复杂密码口令；不从任何不可靠的渠道下载软件或者程序；不随意打开来历不明的邮件附件及网站；通过QQ传递的文件或网址通过杀毒软件检测、查杀之后再打开；使用U盘等移动存储设备时，取消自动播放并进行病毒扫描和查杀，养成右键打开的习惯，这样才能减少病毒被激活的概率。

（二）定期备份数据

定期备份系统中重要的数据和文件，运用备份的系统或数据就能使计算机数据还原到出错前的状态，这样给计算机用户带来的损失也最小。备份时，最好通过网络将重要的数据备份到远程的客户机上，这样可以使备份数据和主机分开，确保数据的安全；或者可在电脑没有染毒时，做系统启动盘或利用ghost等软件把系统做成镜像文件，以便电脑染毒或系统瘫痪时，在短时间内将系统恢复正常。最常用的备份有：光盘备份、磁带备份、镜像备份等。

（三）设置用户访问权限、修改注册表

①为计算机的系统文件设置访问权限，关闭不必要的端口和服务，去掉不必要的网络共享，设置显示所有文件和已知文件类型的扩展名，定期检查

系统配置和关键文件是否正确，安装或使用一些程序得到允许后才能执行，这在一定程度上就减少了病毒的激活和传播。②计算机病毒攻击系统需要一定的触发条件，一旦阻止该条件，就可以避免病毒程序的启动。通过修改注册表来防范病毒的入侵，如"U 盘寄生虫"这类蠕虫病毒，就是利用 Windows 系统在发现 U 盘时自动寻找并运行该盘根目录下的 auto-run.inf 文件，执行文件中所要加载的病毒程序从而达到自启动的目的，对此可修改注册表来禁止磁盘的 autorun 功能。

（四）安装防火墙、升级病毒库以及修复漏洞

推荐使用具有电脑清理、优化加速、升级病毒库、查杀修复等强大的功能的软件，定期升级系统的安全补丁减少系统被攻击的风险。①安装防火墙或防病毒网关，在内网和外网之间、专用网与公共网之间的界面上构造保护屏障，对流经它们的网络通信进行扫描，关闭不使用的端口、过滤不安全的服务、禁止来自特殊站点的访问，能有效地阻止诸如蠕虫、木马等在网络之间的扩散。②病毒库是一个数据库，它里面记载了多种多样的病毒特征，方便用户及时发现，进行查杀。病毒库需定期进行升级更新，这样才能防范电脑不被最新病毒所侵害。③大多数的网络病毒是通过系统安全漏洞进行传播的，像"蠕虫王""震荡波"等，提示系统（软件）如迅雷、酷我、QQ、暴风影音等第三方常用软件存在漏洞时要及时修补和更新，不给病毒可乘之机。

（五）杀毒软件的兼容使用

针对某些无法清除或删除的病毒文件，可以考虑杀毒软件的交叉搭配使用，进行优势互补，使计算机中的病毒能被彻底查杀清除干净，保证系统运行环境的安全。推荐四种计算机病毒软件的搭配使用策略，用户可以根据个人喜好选择使用。①360 杀毒软件与卡巴斯基杀毒软件的搭配使用。360 杀毒软件是一款病毒防护性能很好的软件，360 病毒防火墙能及时地发现计算机病毒，并及时通知用户进行杀毒操作，操作之前要求用户的同意，以免误杀系统软件。但是它的杀毒彻底性不好，用卡巴斯基可以将其缺陷弥补，而且这两款软件可以单独使用，兼容性良好。②瑞星杀毒软件与欧美 McAfee 杀毒软

件的搭配。McAfee 杀毒软件杀毒效率高，综合能力强，但敏感性相对有些差，正好可与瑞星杀毒软件的敏感性相互补充，在现实中这两款搭配使用很成功。③McAfee 杀毒软件和 KILL 杀毒软件的搭配。KILL 杀毒软件的技术性强、病毒库种类齐全、检测随意，获得国内权威专家的好评和认可。McAfee 杀毒软件病毒检测相对完全，使用这两款杀毒软件互相搭配不冲突而且可以使得病毒被完全查杀和清除。④卡巴斯基杀毒软件和 QQ 四核木马杀毒软件的搭配。卡巴斯基是一项杀毒彻底但反应速度慢的杀毒软件，相反 QQ 四核杀毒软件是一款最新的对病毒反应非常灵敏的杀毒软件，尤其对木马病毒反应十分的灵敏，两种杀毒软件相互结合，可以让计算机病毒无处可逃。

第八章　计算机网络信息安全与防护策略研究

第一节　计算机网络信息安全中数据加密技术的研究

互联网是全球覆盖的，伴随着互联网的产生和传播，计算机网络应用范围获得了极大的推广，运用互联网平台让全球几十亿用户充分享受到其中的便利，也优化了人际沟通。但是，计算机网络安全问题却不容忽视，安全事故频发的问题为人们敲响了警钟，也让人们认真思考如何运用恰当的技术手段来保障计算机网络安全。数据加密技术就是计算机网络安全的一项重要措施，能够保护个人以及企业的文件信息安全，避免信息被盗取等问题的发生，也让人们的信息保密需求得到了充分满足。为了维护企业的安全发展，保障国家安全，就必须加强对数据加密技术的有效应用，使其更好地为计算机网络安全发展提供助力。

一、计算机网络安全中数据加密技术的重要性

现如今，随着科学技术的不断发展，计算机网络在我国的普及范围越来越广，它给人们的日常工作、学习和生活带来了诸多的便利。然而，计算机网络的安全性问题也随之出现，并引起了人们高度的关注和重视，据不完全统计，由于计算机网络的安全性不足，致使个人信息、企业数据泄漏的情况时有发生，并且在最近几年里这种情况呈现出增长的态势，如果不加以控制，则会对计算机网络的发展带来不利的影响。通过研究发现，造成计算机网络

信息泄露的主要因素有以下几种：①非法窃取信息。数据在计算机网络中进行传输时，网关或路由是较为薄弱的节点，黑客通过一些程序能够从该节点处截获传输的数据，若是未对数据进行加密，则会导致其中的信息泄露。②对信息进行恶意修改。对于在计算机网络上传输的数据信息而言，如果传输前没有采用相关的数据加密技术使数据从明文变成密文，那么一旦这些数据被截获，便可对数据内容进行修改，经过修改之后的数据再传给接收者之后，接收者无法从中读取出原有的信息，由此可能会造成无法预估的后果。③故意对信息进行破坏。当一些没有获得授权的用户以非法的途径进入用户的系统中后，可对未加密的信息进行破坏，由此会给用户造成严重的影响。为确保计算机网络数据传输的安全性，就必须对重要的数据信息进行加密处理，这样可以使信息安全获得有效保障。可见，在计算机网络普及的今天，应用数据加密技术对与确保计算机网络的安全显得尤为重要。

二、影响计算机网络安全的因素

（一）计算机网络操作系统的安全隐患

计算机操作系统是整个计算机系统运行的核心部分，每项程序开始运行前都需要通过操作系统的处理，而一旦操作系统出现故障将会影响到整个计算机中程序的正常运行，是影响计算机网络安全的重要因素之一。在现实生活中，许多黑客等不法分子常常会利用计算机网络操作系统的漏洞如CPU、硬盘等的漏洞侵入计算机系统中，在控制计算机运行的同时，窃取和篡改其中的数据信息，还会对操作系统实行一定的破坏手段，让用户的计算机无法继续正常工作。在此过程中，不法分子还会利用一些病毒软件等干扰和窥视数据信息的传输，造成信息内容的丢失并获取用户的重要信息，常给用户带来不同程度的损失。因此，为增强计算机网络的安全，就需要用户谨慎使用相关程序软件，优化操作系统的配置，避免给不法分子可乘之机。

（二）数据库系统管理的安全隐患

现今，许多用户十分重视自身计算机网络的安全，并常运用不同的数据加密技术来增强其安全性。但由于计算机数据库系统在数据的处理方面具有独特的方式，其本身又存在一定的安全隐患，进而加大了计算机网络运行的不安全性。同时，数据库系统是按照分级管理制度进行的，一旦数据库本身出现问题将会直接影响计算机的正常运行，用户将无法正常使用计算机。这是生活中导致出现计算机网络安全事故的重要因素之一，严重时会给用户带来较大的损失。

（三）计算机网络应用的安全隐患

如今，网络的便利性已渗透到各个领域中，用户可以利用手机、计算机等设备在网络上查询传播和下载所需的数据信息。但在使用过程中，由于网络平台具有开放性特征，而网络环境又缺乏规范有效的约束，导致计算机网络常常出现不同的安全隐患。生活中许多用户在利用网络开展计算机活动时，常常会受到一些不明的攻击，导致用户的活动难以顺利进行。同时，一些不法分子也会根据计算机协议中的漏洞破坏计算机网络的安全，例如在用户在注册 IP 时进行侵入，并打破用户权限，进而获取用户计算机中的相关数据信息。

三、数据加密技术的种类

（一）节点加密技术

为数据进行加密的目的实际上是确保网络当中信息传播不受损害，而在数据加密技术的不断发展过程中，此项技术的种类逐步增多，为计算机网络安全的维护工作带来了极大的便利。节点加密技术就是数据加密技术当中的一个常见类型，在目前的网络安全运行方面有着十分广泛的应用，使得信息数据的传播工作变得更加便利，同时数据传递的质量和成效也得到了安全保障。节点加密技术属于计算机网络安全当中的基础技术类型，让各项网络信息的传递打下了坚实的安全根基，最为突出的应用优势是成本低，能够让资金存在一定限制的使用者享受到资金方面的便利性。但是，节点加密技术在应用中也有缺点，那就是传输数据过程当中有数据丢失等问题的产生，所以在今后的技术发展当中还要对此项技术进行不断的优化和完善，消除技术漏洞，解决数据丢失类的问题。

（二）链路加密技术

链路加密技术发挥作用的方法是加密节点中的链路进而有效完成数据加密的操作。这项加密技术在计算机网络安全当中同样有着广泛的应用，该技术应用当中显现出的突出优势，主要表现在能够在加密节点的同时，还能够对网络信息数据展开二次加密处理。这样就建立起了双重保障，让网络信息数据在传播方面更具安全保障，也确保了数据的完整性。我们在看到链路加密技术的突出优势的同时，也要看到它的不足。处在不同加密阶段，运用的密钥也有所差异，因此在解密数据的过程当中必须要应用到差异化的密钥来完成解密，在解密完成之后才能够让人们阅读到完整准确的数据信息。而这样的一系列操作过程会让数据解密工作变得更加的复杂，加大了工作量，让数据传递的效率受到严重的影响。

（三）端到端加密技术

这项加密技术是数据加密技术当中极具代表性的一项技术类型，也是目前应用相当广泛的技术，其优势是较为明显的。端到端加密技术指的是从数据传输开始一直到结束都实现均匀加密，这样各项数据信息的安全度大大提升，也有效避免了病毒、黑客等的攻击。从对这一加密技术的概念确定上就可以看到，端到端的加密技术比链路加密技术要更加的完善，加密程度也有了较大提高。端到端加密技术的成本不高，但是发挥出的加密效果是相当突出的，可以说有着极大的性价比，因而在目前的计算机网络安全当中应用十分广泛，为人们维护数据信息安全创造了有利条件。

四、数据加密技术在计算机网络安全中的应用价值

（一）应用价值

在用户使用计算机前经过系统的身份认证才可以浏览各项数据信息的技

术被称为数据签名信息认证技术。数据信息认证技术的应用能够有效防止未经授权的用户浏览和传输系统中的重要信息，极大增强了计算机数据信息的保密性。数据签名信息认证技术主要分为口令认证和数字认证两种，口令认证的操作流程比较简单，投入的成本也比较少，因而得到的应用较为广泛；数字认证具有较高的复杂性，因其是对数据传输进行加密所以其安全性要更高一些。

（二）链路数据加密技术的应用价值

链路数据加密技术指的是详细划分数据信息传输路线进行针对性的加密处理，采用密文方式进行数据传输的技术。链路数据加密技术在现实中的应用也比较广泛，它能有效防止黑客入侵窃取信息，极大增强计算机系统的防护能力。而且，链路数据加密技术还能起到填充数据信息以及改造传输路径长度的重要作用。

（三）节点数据加密技术的应用价值

阶段数据加密技术强化计算机网络安全的功能需要利用加密数据传输线路，虽然可以为信息传输提供安全保障，但是其不足之处也是比较明显的，信息接收者只能通过节点加密方式来获取信息，这比较容易受到外部环境的影响，导致信息数据传输的安全风险依然存在。

（四）端端数据加密技术的应用价值

端端数据加密技术能极大增强数据信息的独立性，某一条传输线路出现了问题并不会影响到其他线路的正常运行，从而保持计算机网络系统数据传输的完整性，有效减少了系统的投入成本。

五、数据加密技术在计算机网络安全中的应用

（一）数据加密技术的运用

随着科技的发展，数据加密技术也在不断改进，其种类和功能也逐渐多

样化，如数据传输和存储加密技术、数据鉴别技术等。它主要是由明文、密文、算法和密钥构成的，在计算机网络安全中具有极高的应用价值，也是目前应用较为广泛的一种技术。该项技术主要利用密码算法对网络中传输的信息数据实行加密处理手段，同时还会利用密钥将同一种信息转变为不同的内容，进而保障了信息传输的安全。在实际的运用中，其加密方式主要有链路加密、网络节点加密以及不同服务器端口之间的加密等。在互联网金融迅速发展的当下，网络金融交易方式非常火爆，人们常通过网络进行网上交易、支付等。但由于计算机网络安全隐患的加剧以及一些网络诈骗事件的爆出，导致计算机网络中的互联网金融系统的安全问题引起社会热议，同时也使得人们不断提高了对其安全性的要求。在此形势下，数据加密技术在银行等金融机构的互联网金融系统中得到了广泛应用，并将该项技术与自身的计算机网络系统紧密结合起来，形成了具有强大防护功能的防火墙系统，进而在网络交易系统运行过程中，传输的相关数据信息会在防火墙系统中进行运作，随后再将其传输到计算机的网络加密安全设施中，该设施会对数字加密系统进行安全检查，并能够及时发现计算机网络中的安全隐患，再利用防火墙系统的拦截功能，有效保障交易的安全，从而顺利完成网上交易。

（二）密钥密码的运用

数据加密技术的首要功能便是保密，而密钥密码便是其中常用的一种数据信息保密方式。它主要包括私人密钥和公用密钥两种，前者是指运用同一种密钥密码对传输的文件信息进行加密和解密。这种方式看起来安全性较高，但由于在传输过程中，当传输者和接受者的目的不统一时，便会导致实际的信息传输存在一定的安全隐患，私人密钥将无法有效发挥保密功能。对此，就需要采用公用密钥的方式来保障信息传输的安全性。例如，在利用信用卡进行消费时，往往需要消费者通过解密密钥的方式来解开信用卡中的信息，随后其相关信息会传递到银行，以确保信息的准确性。但同时，这样也会使消费者的信用卡中的一些信息留在终端 POS 机中，进而给不法分子留下可乘之机，导致信用卡诈骗事件的产生，给许多信用卡持有者带来较大的损失。对此，在技术的不断革新中，如今的密钥密码技术将消费者信用卡中的密钥分别以不同密钥的形式设置在终端和银行中,消费者在进行刷卡时,终端POS机上只会留下银行的信息,进而保障了消费者信用卡信息的安全,让消费者可以放心刷卡购物。

(三)数字签名认证技术的运用

认证技术是提高计算机网络安全的一项重要技术,通过对用户信息的认证进而达到保障网络安全的目的,它也是数据加密技术中的重要组成部分。如今,最常用的认证技术便是数字签名认证技术,它主要是利用加密解密计算的方式对用户的相关信息进行认证。在实际的运用中最为广泛的便是认证私人和公用密钥。其中私人密钥认证的程序较为复杂,需要认证人和被认证人都掌握密钥才能进行正常应用,并且需要有第三方的进行监督,才能真正保障密钥的安全性。而公用密钥只需将公用的、不固定的密钥、密码传递给认证人,便可以进行解密,既优化了认证程序,又达到了数据加密、保护计算机网络信息安全的目的。

(四)数据加密技术在电子商务中的应用

在计算机网络的迅猛发展环境下,我国的商业贸易对计算机网络的应用不断地扩大,进而也促进了电子商务的产生和发展。而在发展电子商务的过程中,网络安全问题成为人们重点关注的一项内容。因为电子商务发展当中产生的数据信息需要进行高度保密,这些信息是企业和个人的关键数据有着极大的价值,如果被他人盗用或者是出现泄漏的话,会影响到个人以及企业的权益。数据加密技术为电子商务的安全健康发展提供了重要路径,同时也在数据保护方面增加了力度。具体而言,在电子商务的交易活动当中可以通过应用数据加密技术做好用户身份验证和个人数据保护,尤其是要保护个人的财产安全,构建多重检验屏障,让用户在安全的环境下购物。比方说,在网络中心安全保障方面,可以在数据加密技术的支持之下加强对网络协议的加密,在安全保密的环境之下完成网络交易,保障交易双方的切身利益。

（五）数据加密技术在计算机软件中的应用

计算机软件在运行当中，受到病毒、黑客等入侵的事件时有发生，严重威胁了计算机软件的使用安全，也让人们受到了极大的数据、信息安全威胁。在这样的情况下，必须要做好计算机软件的保护工作，选用恰当的数据加密技术维护软件应用的安全。在维护计算机软件的安全方面，数据加密技术的作用通常体现在以下几个方面：①非用户开始用计算机软件的过程中如果没有输入正确密码，就不能够对软件进行运行，这样非用户想要获得软件当中数据信息就不能够实现。②在病毒入侵之时，运用了加密技术的防御软件会及时发现病毒，并对其进行全面阻止，阻挡病毒发生作用。③用户在检查程序和加密软件的过程中如果能够及时发现病毒的话，就要对其进行立即处理，避免病毒长期隐藏，威胁个人数据信息安全。

（六）数据加密技术在局域网中的应用

就目前而言，企业在运行发展当中对于数据加密技术的应用十分广泛，主要目的是维护企业运行安全，避免重要信息泄露，维护企业的利益。有很多企业为了在管理方面更加的方便快捷，会在企业内部专门设立局域网，以便能够更加高效地进行资料的传播以及组织会议等。将数据加密技术应用到局域网当中是维护计算机网络安全的重要内容，也是企业健康发展不可或缺的条件。数据加密技术在局域网当中发挥作用通常会体现在发送者在发送数据信息的同时会把这些信息自动保存在企业路由器当中。其中企业路由器通常有着较为完善的加密功能，于是就能够对文件进行加密传递，而在到达之后又能够自动解密，消除信息泄露的风险。所以，企业要想推动自身的长远发展，保障自身利益不受侵害，提高企业的竞争力水平，就要加大对数据加密技术的使用力度，对此项技术进行大范围的推广应用，使其在局域网当中的效用得到进一步提升。

目前现代科技正在迅猛发展，科技创新力度逐步增强，而大量的科技成果也开始广泛应用到人们的生产生活当中，让人们的交流更加便利，也让生产生活活动的展开更加顺畅。我们在看到现代科技带来的喜人成果时，也要认识到对人类带来的威胁，特别是数据信息的安全威胁。在计算机网络的普及应用和发展进程中，数据信息数量增多，而安全性得到了极大的挑战。针对这一问题，我们要进一步加大数据加密技术的研究，对数据加密技术进行不断地完善和优化，并将其扩展应用到计算机网络安全的各个方面，净化网络系统，让计算机网络的作用得到最大化的体现。

第二节 大数据时代下计算机网络信息安全问题研究

一、大数据时代以及计算机网络信息安全相关概述

"大数据"是一种规模大到在获取、存储、管理、分析方面大大超出了传统数据库软件工具能力范围的数据集合，具有海量的数据规模、快速的数据流转、多样的数据类型和价值密度低四大特征。大数据技术的战略意义不在于掌握庞大的数据信息，而在于对这些含有意义的数据进行专业化处理。目前，我国计算机技术的迅速发展和应用已经成为当前我国社会繁荣发展和进步的重要力量。并且，当前我国的各个行业企业的运营和发展已经离不开计算机网络技术。而计算机网络技术作为当前综合性较强的一门学科，其在研发和发展的过程中涉及网络技术、密码技术、通信技术等多门学科。

计算机网络技术还具有开放性、自由性和虚拟性的特征。首先，计算机的开放性是指计算机网络中的一些相应的信息可以进行资源共享，进而最大限度地使用户的交流变得更加便捷。其次，计算机网络技术虚拟性的特点表现在，计算机网络本身就是一个规模极大的虚拟空间，数以万计的用户可以在这个庞大的虚拟空间内进行一定的学习和娱乐等活动。最后计算机网络技术的自由性的特征是指享用计算机网络技术的人员在进行一定的操作过程中，其能够不受任何地域、时间以及空间的限制，通过对计算机技术的应用，操作者可以轻而易举地得到其想要的信息。

但是尽管如此，计算机网络技术也给计算机网络信息的安全带来了严重的问题。一些不法分子正是通过对计算机技术特征的应用，将病毒或者是其

他程序植入电脑系统中，从而进行违法活动。

二、大数据时代下计算机网络安全现状

（一）网络病毒传播

随着计算机网络科技水平的飞速提升，网络已经深入千家万户，但与此同时网络病毒带来的危害也在不断提升，现网络上已传播着多种类型的网络病毒，并且其感染性超强，严重威胁计算机安全，致使用户网络使用造成困扰，更甚者会引起较大的社会问题。网络病毒具有超强的感染性和复制性，一旦计算机被网络病毒入侵并且未被及时检测杀除，计算机的每一步运算执行都带有危险，因为其所执行的行为或程序已被病毒入侵破坏，导致行为或程序被非法更改，进而应用程序崩溃，并且计算机内的某些机密信息很可能被破坏或者窃取，侵蚀破坏严重的情况下将导致计算机整体瘫痪，完全无法正常运转。

（二）网络黑客攻击、人为操作失误

大数据时代下，网络黑客通常通过攻击计算机安全系统，以非正常手段入侵他人计算机，窃取他人机密信息或执行其他非法操作，从而对被入侵者造成一系列的负面影响，更甚者会引起社会舆论或其他不安定因素。但是网络黑客的攻击往往具有隐秘性，在海量的数据下，很难准确判断网络黑客的攻击行为，也很难寻找到其攻击路径和方式，从而对网络漏洞进行修复，黑客行为严重影响计算机网络安全。日常个人的计算机操作失误行为，也会降低计算机的安全防护性能，导致网络黑客比较容易入侵进计算机，或个人将机密信息资料不小心泄露出去。在当下数据泛泛的环境里，无论是黑客攻击还是个人操作失误，都有可能导致机密信息泄露的情况发生，一些不法分子获取该类信息，将可能造成不可估量的严重后果。

（三）网络环境管理不到位、网络本身存在漏洞

网络环境管理是计算机网络安全维护的重要环节之一，但其未受到大部

分计算机网络使用者的关注,常见的有个人、政府部门、小微型企业,该类群体经常忽视网络环境管理的重要性,抱有侥幸心理,认为其本身不会出现问题,不对其做出相应的管理措施,导致该类群体所使用的计算机网络存在大量的安全隐患。一旦出现计算机网络安全问题时,往往使该类群体不知所措,引起一系列的计算机网络安全事件,更甚出现较大的经济和名誉损失。

网络漏洞存在往往给网络黑客留下了入侵的机会,漏洞的产生主要有两种,一种为网络系统本身存在,无论什么网络系统都一定会存在或大或小的漏洞,完美的网络系统是不存在的;另一种是人为造成的漏洞,用户通过某些操作行为使得计算机网络出现漏洞。该两种情况相较而言,人为造成的漏洞产生严重后果的可能性较大,因为人为因素表示为恶意行为,比如经常有不法分子执行非法手段,致使网络系统出现漏洞,进而通过漏洞进入被入侵者计算机,做出某些非法行为,导致被入侵者信息泄露,造成定的负面影响。

三、大数据时代背景下计算机网络安全防护措施

(一)大量应用加密技术

加密技术是当今社会防止电脑被入侵的重要手段之一。在计算机内设置防火墙从而将众多的文件加以加密处理以达到防止外界病毒的入侵。除此之外,计算机网络用户还可以设置一个只有自己知道的密码从而防止其他人乱用设备,降低电脑信息被盗窃的风险。不仅可以加强计算机安全性,同时,还可防止他人损坏设备。加密技术的广泛应用,是使计算机网络的稳定性与安全性得到保障的不二法门。与此同时,将加密技术与加固技术两者进行有机结合,进行有效的利用,可在保障计算机其他各种功能正常发挥的同时,显著的增强计算机网络的安全性。

(二)杜绝垃圾邮件

在众多网络病毒中,长期接受垃圾邮件是传染电脑病毒的一个重要的来源。垃圾邮件因其本身具有不稳定性和来源不明性而成为破坏计算机网络安全的一大重要因素,而杜绝垃圾邮件的主要方法在于熟练掌握保护自身的邮

件地址的方式，将自己的邮件地址隐蔽起来，切忌随随便便在网络上登记与应用自己的邮件地址，通过这样的方法可以有效地避免接收到垃圾邮件，从而降低电脑被入侵的概率。同时，值得注意的是，Outlook-Express 和 Faxmail 中都附有邮件管理的这一项重要的功能，一旦掌握了此种方法就可以为用户过滤大量的垃圾邮件，从而免于垃圾邮件的骚扰。很多邮箱都自己附带着自动回复的功能，而正是这个常人不会觉得有什么问题的不起眼的功能，却是方便于垃圾邮件进入用户电脑的罪魁祸首。为此，用户应小心使用这一功能。除此之外，用户应尽量不要打开来路不明的邮件，更不要做出回复，这样也可以减少风险。

（三）增强网络安全意识

完整科学的安全管理机制是实现计算机网络安全管理的基石，合理分配好各个网络技术人员的岗位职责，摒弃参差不齐的安全标准，确定统一的衡量标准从而提高网络安全管理的水平，对于重要的信息数据要采取加密处理和备份处理，以备不时之需。严格禁止网络人员泄露重要的信息数据，并且要定期维修计算机网络系统从而增强网络用户的文明上网意识。无论是使用网络的个人还是机构企业都必须高度关注网络安全问题，并且深刻意识到其的重要性。特别是拥有高度机密的网络数据信息的个人和机构，更是需要用专业技术保障，对使用的网络环境加强安全管理，制定一系列的防范措施，以保障数据信息的安全性。一方面，务必从大层面宏观角度关注网络安全管理，充分认识网络安全的重要性，搭建动态、科学、有效的网络系统管理制度，运用专业的计算机技术对网络进行安全管理，保障网络的安全性。另一方面在于主观防护意识的加强，务必自身认识到网络安全管理的重要性，培养自主防护意识，养成规范文明的网络操作行为习惯，能够主动意识到非法网站、病毒网站，拒绝使用或传播该类网站，减少网络安全隐患。总而言之，计算机网络安全问题关系到人们生活的方方面面。因此我们需要采用切实可行的解决方案，对于增强计算机使用安全功能是重中之重。只有从上到下都增强了网络的安全意识，才能够共同营造出安全的、和谐的网络环境，才能对人们的生活有益处。

（四）防范及治理网络病毒

在大数据时代下，网络病毒的种类繁多，大多数具有独特性，并且种类还在不断地增加，其治理难度也在不断提高。对于网络病毒的治理的核心是防患于未然，必须积极主动做好网络病毒的防护措施，对计算机软件安装计算机安全防护卫士，加强防火墙的建设，并且定期或不定期更新网络病毒库、执行病毒查杀程序，检测排除网络安全隐患，做好网络安全壁垒的搭建，提升网络安全性。并且需提高网络使用者的网络安全意识，培养良好的防毒防范的安全观念，保证减少在日常网络使用过程中做出失误操作，以及在出现网络安全问题时及时处理。

（五）防范网络黑客

在海量的数据背景下，网络黑客运用非法手段突破被入侵者的计算器网络安全系统，窃取数据信息，为大数据时代网络信息安全的重大安全隐患之一。所以应利用海量数据信息的整合优势，充分了解黑客的网络攻击模型，进而制定合理科学的反黑客系统。除了反黑客系统外，还能够通过加强计算机防火墙的配置、限制隔离开外部网络和内部网络等基础性防护措施来降低黑客攻击的可能性。并且也可能通过先进的数字认证技术，控制网络访问数据，运用合理科学的认证方式，这样能够有效地避免非法用户访问其计算机网络，从而进行网络安全的有效防护。

（六）及时有效修复网络漏洞

大数据时代背景下，数据信息更迭较快，各类网络系统不断更新，相对的网络漏洞也在逐渐增多，所以对于所使用的软件、程序等网络系统均需要定期或不定期更新，保证其属于最新版本，从而使计算机系统正常安全运转，尽可能减少网络漏洞。在计算机出现漏洞提醒时，务必及时更新修补漏洞，减少网络安全隐患。一般情况下，在计算机中安装常见的安全防护软件，软件时刻保护网络系统安全，并会定期或不定期地检测计算机网络漏洞情况，并提示修复，链接所需补丁程序，执行流程化的网络安全服务，能科学有效地保护网络安全。

（七）合理应用安全检测防护系统

当下，计算机网络科技水平不断提升，网络黑客水平愈加专业，网络病毒种类日新月异，当然网络科技专业人员水平也在不断提高，以应对各类网络安全问题。又因网络科技专业人员较少，大部分个人、机构均需要使用专业人员开发的网络安全软件，以保证所使用的网络环境安全。其中最常用的为安全检测系统，其主要任务包括网络病毒查杀、网络系统升级、网络漏洞补丁防护等。合理应用网络信息的安全防护技术对于安全检测至关重要，因为只有这样才能够搭建既稳定又合理的计算机信息安全管理系统。

（八）注重账号安全保护

在使用计算机网络系统时，不可避免会涉及各种各样的账号，比如说，人们可能会登录计算机系统账号、工作账号、网银账号、QQ 账号、邮箱账号等，这些账号几乎都会涉及用户的隐私和财产，账号密码一旦被泄露必然会对人们的正常生活造成影响。因此，在大数据时代做好计算机网络信息安全工作时，首先应当注重账号安全保护。在使用各种网络账号时，要注意设置高难度的密码，尽可能不要运用一些具有虚拟货币信息的账号登录不安全的第三方网站。同时，不可同一个密码多个账号一起使用，这样一旦出现突发性信息安全事件，可能会使用户的其他账号也受到侵袭，使得用户隐私泄露。最后，要勤换密码，维护账号安全，而且为了安全起见，用户还可以购买一些有助于维护账号安全的软件，提高账户安全性。

（九）网络防火墙技术

网络防火墙技术是针对网络访问进行控制的一种内部防护措施，它的主要作用就是为了防止外部用户使用非法手段进入网络内部系统，提示用户在使用计算机网络时，不要进入一些不安全的网站，该技术能够对计算机内部网络环境起到保护作用，对网络运行环境的稳定性提供了一定的保障。此外防火墙技术还能实现对网络传输中的数据检查，对于一些不正常的网络数据传输进行阻止。但是，需要注意的是网络防火墙技术只是电脑内部自带的一种防范系统，对于一些攻击性比较强的病毒和黑客防范能力有限，能够发挥的作用有限。

（十）杀毒软件的使用

在使用计算机网络系统时，大部分用户都会安装网络安全防范系统，保证电脑的安全。杀毒软件一般是配合防火墙技术使用的，它的主要作用就是定期地对一些存在危害的信息进行检测，具有广泛性和实用性的特点。当前使用比较广泛的有电脑管家、360管家和腾讯管家等几种杀毒软件。但是，在使用杀毒软件的时候，一台计算机往往只能安装一款杀毒软件，否则可能会使计算机的软件系统出现冲突，不利于计算机软件的正常运行。此外，杀毒软件只能针对一些已知的病毒进行有效查杀，防范性能有限，而且有些用户在使用计算机网络系统时，由于对计算机不太熟悉，不是很擅长使用计算机杀毒软件，进一步降低了安全性能。因此，为了更好地发挥杀毒软件的作用，需要做好电脑基础知识普及工作，使用户认识到杀毒软件的重要性，提升他们的计算机网络信息安全保护意识。而且，计算机网络技术在不断地发展变化，杀毒软件也会随之更新换代，为了更好地发挥杀毒软件的作用，需要及时地更新系统软件，提升其使用性能。

（十一）网络监测和监控

网络监测和监控相对于前面提到的几种技术来说更为优越，其对计算机网络信息安全的维护作用也更高，是近些年来比较热门的一项技术。入侵监测技术的主要作用就是检测监控网络在使用中是否存在被滥用或者是存在被入侵的风险。当前入侵检测采用的分析技术有统计分析法和签名分析法。统计分析主要是运用统计学知识对计算机运行过程中的动作模式进行判断，检测其运行过程中是否存在一些对计算机网络信息安全不利的因素。而签名分析法则是对已经掌握的系统弱点进行攻击行为上的检测。网络监测和监控，一般主要是应用于企业和政府部门，个人用户应用比较少。该技术的应用为计算机网络信息安全保护提供了一定的检测技术基础。

（十二）数据保存和流通加密

数据保存和流通是计算机网络信息交流的基础，是计算机所具有的普遍特性，在大数据时代做好数据保存和流通是计算机网络安全性保护策略的基本要求。一般在进行数据保存和流通时，人们都会对一些重要的文件进行加密，文件加密能够有效地提高信息系统安全性，防止数据被窃取、毁坏。当前的文件流通加密方式主要有两种，即线路加密和端对端加密，线路加密更为注重的是对线路传输的安全保护，在数据线路传输中通过不同加密匙对需要保密的文件进行保护。而端对端的加密则需要借助加密软件将发送的目标文件进行实时加密，通过将文件中的可见文件转换为密文的方式进行安全信息传递，进而达到加密目的。这两种加密方式虽然能够较好地保障计算机网络信息的安全，但是对工作人员的计算机水平要求比较高，也给相关工作的开展带来了较多的不便。

在大数据时代下，计算机网络科技广泛应用于社会的各方各面，网络信息安全问题备受社会关注，其对于社会经济的发展有着巨大的影响，所以对于网络信息安全的防范具有深远的意义。随着科技专业水平的不断提升，对于网络病毒、黑客的防护，网络安全管理，网络本身的完善，以及各种安全防护系统的技术水平也在不断提高，其不断优化完善计算机网络安全体系，健全安全管理系统，从而保障大数据时代下拥有安全纯净的计算机网络环境。

第三节　计算机网络信息安全分析与管理

一、当前我国计算机网络信息安全现状

（一）计算机网络信息安全防护技术落后

计算机网络是指多台计算机通过通信线路连接，在网络操作系统、网络管理软件以及网络通信管理的协调下，实现资源共享、数据传输和信息传递。在此共享、传输、传递的过程中，由于所传输的数据和信息量巨大，所以无论

是数据传输、信息运行、安全意识等任何一项计算机网络信息安全的决定因素产生问题，都会造成计算机网络信息安全漏洞，威胁我们的信息安全。

当前存在的主要信息安全问题有黑客威胁，黑客指精通计算机网络技术的人，擅长利用计算机病毒和系统漏洞侵入他人网站非法获得他人信息，更有严重者可以进行非法监听、线上追踪、侵入系统、破解机密文件造成商业泄密等对社会财产产生威胁的违法行为。相对而言病毒更为简单常见，病毒是破坏计算机功能或者毁坏数据影响计算机使用的程序代码，它具有传染速度快、破坏性强、可触发性高的特点，能通过特定指令侵入他人文件，直接造成文件丢失或泄露，或用于盗取用户重要个人信息，如身份证号码、银行账户及密码等。此外计算机本身的安全漏洞也是一大问题，操作系统自身并不安全、软件存在固有漏洞加之计算机管理人员操作不当在系统设计之初便留下破绽，为网络安全埋下隐患。从物理层面来讲，计算机所处环境条件对其硬件保护具有很大的影响，潮湿和尘土容易使计算机出现系统故障、设备故障、电源故障等，此类问题出现频率低，但不易解决。

相较于频繁出现的计算机网络信息安全问题，当前的计算机信息安全防护技术单一落后，仍然只靠防火墙等低端技术来解决问题，根本于事无补。新的病毒和木马程序不断更新换代，层出不穷，只有我们的计算机信息安全防护技术提高水准才能规避信息安全隐患。

（二）计算机网络信息安全管理制度缺失

制定计算机网络安全管理制度的目的是加强日常计算机网络和软件管理，保障网络系统安全，保证软件设计和计算机的安全，保障系统数据库安全运营。常见计算机网络信息安全管理制度包括日常网络维修，系统管理员定时检查维修漏洞，及时发现问题提出解决方案并记录在《网络安全运行日志》中。然而当前使用计算机的个人企业和事业单位众多，却鲜有企业用户制定相应的计算机网络安全管理制度，公司也没有相应部门专门负责计算机系统网络打的定时检查，做数据备份和服务器防毒措施和加密技术，更加没有聘用专业技术人员解决修复计算机本身的系统漏洞，加之平时不注意对计算机的物理保护，软硬件设施都有巨大的安全泄密隐患。

长期以来，由于相关机构没有完整、完善的管理制度和措施，造成了管理人员的懈怠，滋生了计算机工作者的懒惰心理和部分内部人员从内部泄密的违法行为。参照国外成熟的计算机网络信息安全管理模式，我们不难发现一个良好的计算机网络信息安全管理机制所起到的作用不仅仅是保障了我们的信息安全，并且提高了日常办公效率，对更好地发展计算机技术有促进作用。解决计算机网络信息安全迫在眉睫，从管理制度缺失上面入手，实质上是从源头避免计算机网络信息安全问题的产生，具有很深刻的实践意义。

（三）缺乏计算机网络信息安全意识

对计算机网络信息安全来说，技术保障是基础，管理保障是关键环节，尽管前两者在对计算机网络信息安全保护的过程中起到了巨大的作用。但是仅仅依赖于计算机网络信息技术保障，我们会发现计算机病毒不断更新换代，应用的侵入程序技术越来越高级，专业技术人员提高遏制病毒的技术，新型病毒再次产生，如此一来陷入"道高一尺，魔高一丈"的恶性循环。仅仅依赖计算机网络信息管理制度，取得成效所需时间长，浪费人力物力多，程序繁杂与提高计算机网络管理效率的初衷相悖。为制止计算机网络信息安全威胁的社会危害性，我国已经制定相关法律通过加强计算机使用者的安全意识和法律强制手段打击计算机网络犯罪。网络信息安全意识的培养和法律法规的强制规定，提高计算机使用者的网络安全防范意识，主动使用加密设置和杀毒程序，法律法规能够打击网络违法犯罪，弥补法律漏洞，使其无法逃脱。

我们还必须意识到，法律保障计算机网络信息安全的措施才刚刚起步，大部分计算机安全防范意识并不成熟。在我国大中小城市中，区域发展不平衡，计算机网络安全防范意识对比明显，信息安全防护技术不成熟，计算机网络信息安全问题依然严峻。

二、当前计算机网络系统安全管理和维护中存在的主要问题

（一）缺乏有效监管，网络环境鱼龙混杂

计算机网络系统的应用普及度非常高、受众范围较广，因此更需要一个

安全有效的网络系统环境。国家相关部门对于计算机网络系统安全管理和维护是确保广大网民安全有序上网的保证。但是，目前国家相关地区的网安大队对于网络安全的管理和维护并没有达到理想的目标。主要表现在他们对于网络系统安全环境的监管不到位，对于网络环境和相关的网络软件开发商、运营商等，网安部门没有制定有效的监管措施和规范，导致网络环境鱼龙混杂，很多地方都可能存在潜在风险，构成对网络安全的威胁。这些威胁导致网络系统安全环境可能随时遭到破坏，需要引起重视。

（二）缺乏完善的管理制度，管理界限模糊

对于网络系统的安全管理，目前很多地区尚未建立起有效的管理制度，没有制度的管理无从谈起。正因为缺乏相应的网络安全管理和维护制度，导致对于地区网络应用环境的安全管理责任不清楚，存在很多模糊的边界，这些都导致网络安全管理和维护陷入困境。一旦网络系统出现安全问题，相关部门可能相互推卸责任，不利于网络安全的有效管理和维护。

（三）安全意识淡薄，宣传工作不足

针对计算机网络安全管理和维护，需要全民共同参与。实际情况却是，对于网络系统的安全管理，仅仅由一些网安部门进行，群众对于网络安全的管理意识比较淡薄，缺乏基本的安全管理理念。这从另一方面反映出相关部门对于网络安全管理的宣传工作没有落实到位，对于一些基本的网络安全知识没有做到普及，提升了网络安全威胁系数。

（四）安全管理措施不全面，风险排查不及时

很多网络系统的安全风险只要经过有效的风险管理和定期的排查，是完全可以避免的。但是，目前很多企业和机构对于网络安全的管理意识并不强，他们缺乏有效的安全管理措施，对于相关的安全风险不能做到定期排查，这也导致在网络应用过程中风险系数的增加，不利于企业安全用网，易造成信息泄露、数据被盗窃、篡改等安全事故发生。

（五）缺乏专业网管，专业管理能力有限

目前，具有良好的计算机网络安全管理和维护技术、能够对于网络环境进行有效管理的专业网管人员比较稀缺，大多数的网络安全管理人员的网管水平相对较低，无法应对随时出现的新的网络安全攻击技术威胁，导致网络安全突发事件难以杜绝，破坏性较大。随着计算机和信息技术的进一步发展，网管人员只有进一步强化学习，掌握最新的网络安全管理科技，能够不断强化技术应用水平，通过有效的加密技术、外网固化技术、防侵入技术等的学习和应用，提升网络系统安全系数，做到这些，还需要对相关人员进行进一步的教育培训，这是目前很多企业和机构没有做到的。

三、保证计算机网络信息安全的重要意义和内涵

（一）保证计算机网络信息安全的重要意义

我国的科技水平日益提高，计算机网络技术也随之发展，网络存储已经成为生活和工作中主要存储信息的方式之一，所以，网络信息的保密和不泄漏，和国家企业个人群众的利益息息相关，对于公司企业的运作有着重要的意义。所以，网络信息安全管理技术的完善，是保障国家企业利益良性发展的前提，网络信息安全问题，是我国目前计算机领域首要关注的问题。所以，计算机信息的安全保障，与国家和个人的利益紧密相连，对于公司企业的安全运营也起着很关键的作用。

（二）保证计算机网络信息安全的内涵

保证网络信息技术安全的主要目的，就是要保证所存储的信息不得丢失，这些信息大到国家机密，小到个人私密信息，还包括了各个网站运营商对于用户所提供的各类服务，要建立一个完善的计算机管理系统，要对计算机网络信息做一个全面的了解，并按照信息所带有的特点制定与之对应的安全措施。计算机网络安全指的是通过一定的网络监管技术和相应的措施方式，把某个网络环境中的数据信息安全严密地保护起来。计算机网络安全由两个方

面构成，一个是物理安全方面，另一个是逻辑安全方面。物理安全就是指具体的设备和相关的硬件设施不受物理的破坏，避免人工或机械的损坏或者丢失等等。逻辑安全指的是信息的严密性、可用性、完整性。

四、计算机网络信息安全分析

（一）遭受网络病毒攻击

病毒攻击一般是经网络渠道来传播，比如在浏览网页时就容易被病毒入侵，也可能以邮件的方式来传播。对于用户本身来说，被感染病毒时都可能不会察觉，久而久之，整个计算机的系统就会受到破坏。所以，在使用被病毒感染的计算机时，如果文件没有加密，那么其信息很可能遭受泄漏，导致一系列连锁反应，还有用户在远程控制需求状态时，计算机内的信息资料有被篡改的风险。

（二）计算机硬件和软件较为落后

现在，很多用户的计算机使用的是盗版或非正规渠道的软件，盗版的使用肯定对网络信息的安全有一定的负面影响，所以，计算机用户的配置正常，软件正规，网络安全风险就会降低很多。在发现计算机的硬件比较老旧时，应及时替换，避免安全隐患，有数据表明，有90%的攻击案例是利用了自2002年以来就存在的漏洞。这说明，老旧计算机漏洞正在继续威胁着用户的上网安全。相比于修复旧的漏洞，企业更喜欢开发新的工具。去年，有5/6的大型企业遭到攻击，其中采矿业是受到攻击最严重的行业，这个数字较2013年提高了40%。在当前环境下，黑客的攻击手段越来越多样化，其在社交网站上的表现也越来越活跃，越来越多的受害者表示成遭遇数字勒索，所以，计算机硬件的落后，也会造成一定的信息风险。在软件上，要选择正版软件，并及时更新杀毒，在使用时尽量打开防火墙，做到全方位的保护，才能确保网络信息的安全。

（三）管理水平较为落后

计算机的安全管理，涉及的方面非常多，比如风险预测、制度协议的构建、风险系数的评估等。我国有很多网络都是专网专用，这是一种比较独立的资源，使网络的管理受到很大限制，总体来说，网络安全管理缺乏有效的工程规划，使各部门之间的信息传递出现障碍，为了解决这些问题，既要重视建立健全计算机安全管理制度、加强信息安全管理人员的专业性培养、提高用户的安全意识，从多个方面建设安全的网络信息技术，只有不断发展，才会使我国安全管理技术不与国际脱轨，真切地提高我国计算管理水平。

五、计算机网络信息安全的管理

（一）加强对计算机专业人才的培养

要加强计算机网络信息安全的管理，除了对计算机本身各个方面的安全规范要求以外，还需加强计算机专业人才培养力度，专业化程度的人才是我国计算机发展的基础要点，这种人才才能使我国整体的计算机水平不断提升。随着我国国力的增强，计算机用户越来越多，蕴含的风险因素就越多，所以，加强我国计算机专业化人才的培养显得格外重要。只有加强对计算机信息技术的高级人才的培养，才能使我国的各个领域共同发展，避免与国际脱轨。

（二）使计算机用户的网络意识得到提高

计算机在应用领域越来越广，用户也越来越多，但对于某些人来说，有一些初学者的存在，这些人在计算机安全使用上，不具备相关的知识，对于病毒和漏洞等网络危险因素，缺少一定的防范意识，导致了计算机出现风险事故。所以，对于计算机用户来说，可以适当进行网络安全方面的教育，让其拥有一定的安全意识，做到自己可以安全使用计算机，及时更新补丁和查杀病毒，这样才能减少计算机出现的风险。

（三）要有相关的网络安全协议的制定

据相关人士的分析得出结论，只有在硬件和软件的使用得到规范，网络安全才能得到保障。所以，要解决网络安全问题，出台相关的制度条令和协议就变得重要起来。这个协议在计算机数据传输工程中，受到危险攻击，这时候要做出什么样的应对策略，才能把这些问题解决，避免用户受到更多的损失。所以，对于和网络有关的设备，制定有效的制度，在网络资源访问时需要密码的用户相关信息时要有专门人员来解决。对于传输中的数据，也要进行加密处理，在这样多重防护下，才能确保计算机的安全使用，这样的做法就预防信息就算被攻击获取，攻击者也没办法明白其表达的意思，所有这些都是用专业的防火墙技术做到对病毒有效的阻挡，这样才能达到增加网络信息安全管理的目的。

（四）计算机信息加密技术应用

随着近年来网上购物的火速发展，第三方支付系统出现，支付宝、微信、网上银行等货款交易都是线上进行，对计算机防护系统提出了更高的标准，计算机加密技术成为最常用的安全技术，即所谓的密码技术，现在已经演变为二维码技术，验证码技术，对账户进行加密，保证账户资金安全。在该技术的应用中，如果出现信息窃取，窃取者只能窃取乱码无法窃取实际信息。

从1988年首例计算机病毒——小球病毒开始，计算机病毒呈现出了传染性强、破坏性强、触发性高的特点，迅速成为计算机网络信息安全中最为棘手的问题之一。针对病毒威胁，最有效的方法是对机关单位计算机网络应用系统设防，将病毒拦住在计算机应用程序之外。通过扫描技术对计算机进行漏洞扫描，如若出现病毒，即刻杀毒并修复计算机运行中所产生的漏洞和危险。对计算机，病毒采取三步消除政策：第一步，病毒预防，预防低级病毒侵入；第二步，病毒检验，包括病毒产生的原因，如数据段异常，针对具体的病毒程序做分析研究登记方便日后杀毒；第三步，病毒清理，利用杀毒软件杀毒，现有的病毒清理技术需要计算机病毒检验后进行研究分析，具体情况具体分析，利用不同杀毒软件杀毒，这也正是当前计算机病毒的落后性和局限性所在。我们应当开发新型杀毒软件，研究如何清除不断变化着的计算机病毒，该研究对技术人员的专业性要求高，对程序数据精确性要求高，同时对计算机网络信息安全具有重要意义。

（五）完善改进计算机网络信息安全管理制度

从近些年计算机网络安全事件来看，许多网络安全问题的产生都是由于计算机管理者内部疏于管理，未能及时更新防护技术，检查计算机管理系统，使得病毒、木马程序有了可乘之机，为计算机网络信息安全运行留下了巨大安全隐患。

企业事业单位应该高度重视计算机网络信息安全管理制度的建立，有条件的企业事业单位应当成立专门的信息保障中心，具体负责日常计算机系统的维护，漏洞的检查，病毒的清理，保护相关文件不受损害。

建议组织开展信息系统等级测评，同时坚持管理与技术并重的原则，邀请专业技术人员开展关于"计算机网络信心安全防护"的主题讲座，增加员工对计算机网络安全防护技术的了解，对信息安全工作的有效开展起到了很好的指导和规范作用。

（六）提高信息安全防护意识，制定相关法律

在网络信息时代，信息具有无可比拟的重要性，关系着国家的利益，影响着国家发展的繁荣和稳定，目前我国计算机网络信息安全的防护技术和能力从整体上看还不尽如人意，但在出台《国家信息安全报告》探讨在互联网信息时代应如何建设我国计算机网络信息安全的问题后，我国计算机网络安全现状已经有所改观。根据国家计算机病毒应急处理中心发布的最新统计数据，2016年的计算机信息网络安全事故较上一年有所下降。事实说明计算机信息安全防护意识在法律规定作用下还是有所进步的。

（七）加强网络环境监管，肃清网络环境

对于网络系统的安全管理，第一层管理者应该从网络系统的源头进行管理和维护，必须加大对于网络环境的监管和监测，及时发现安全风险因子，及时应对风险，采取风险解决方案。相关部门必须加大对于网络环境的监管力度，全面加强互联网安全管理，推进"净网"行动顺利开展，有效治理净化网络环境，为人民群众营造一个安全、清朗的网络空间，地区公安局网安大队要督促各网站运营负责人学习《网络安全法》和《互联网新闻信息管理规定》等相关法规，签订净化网络环境承诺书。网安大队可以与网站运营负责人组建网络安全专班并建立微信联络群，确定安全管理责任人，确保安全管理责任落到实处。同时，要求各网站、微信公众号运营负责人必须严格遵守《网络安全法》《互联网新闻信息服务管理规定》，强化内部审核管理，积极传播正能量，切实承担起网站和网络自媒体的社会责任，共同维护健康有序的互联网环境。

（八）健全制度体系，确保管理到位

要确保计算机网络系统安全管理和维护工作的有效开展，必须构建完善的管理和维护制度体系，明确企业和机构网络安全管理和维护的第一责任人，将相关的管理和维护责任落实到个人，让相关管理和维护人员明确自身的职责，更好地开展网络安全管理和维护工作。

（九）强化安全意识，做好宣传工作

相关企业和机构要高度重视网络与信息安全管理工作，为普及网络安全知识，增强企业和先关机构的网络安全意识，可以积极组织开展网络系统安全教育活动，联合相关的网络信息化服务和安全管理部门，面向广大员工和高校学生开展信息网络安全宣传教育活动。宣传教育中，民警可以通过摆放展板、播放 LED 视频、发放宣传册、解答咨询、与相关人员进行互动等形式，传播预防网络电信诈骗、辨别网络虚假信息、抵制网络谣言等常识，提醒广大员工和学生群体增强网络安全意识和自我保护意识，正确安全使用网络，并呼吁大家把网络安全知识带回家，告诉自己的亲朋好友，发动全民共同参与，做到安全用网，文明上网，共同营造和谐安全稳定的网络环境。在宣传中，还可以结合身边真实案例，就个人隐私泄露、数据丢失、被安装木马软件、被盗取个人资料信息等案例进行讲解，并就防范各类网络诈骗知识进行宣传。

（十）细化防范措施，进行风险排查

针对网络与信息安全管理的各环节，制定有效的方法措施，加强网络接入管理，全局网络接入口统一设在县局机关机房。规范计算机设备命名和 IP 地址使用管理，建立"科室+使用人名称"的命名规则，确保计算机命名和 IP 地址一一对应，加强终端设备安全管理。定期对机房各类设备全面检修维护，及时排除不安全因素和故障，完善计算机安全使用保密管理措施，明确规定办公电脑不得使用来历不明，未经杀毒的软件、光盘、U 盘等载体，尤其是做到内网和外网计算机不能互插 U 盘。针对计算机网络安全的主要风险源，组织相关人员对计算机是否有内网及终端设备违规外联情况进行彻底检查，确保检查面全覆盖，网管员要负责对范围内的计算机进行全面的安全检查，其中包括 360 杀毒软件、安全卫士的安装 100%覆盖，桌面安全审计系统安装情况。在区域内所有内网电脑启用 360 杀毒，每周定时全盘扫描，节省人工排查时间。同时利用 360 安全卫士再次对每一台电脑体检，及时安装补丁。针对每台电脑，要确保完善基础资料，对于大型企业和事业单位来说，对于所在范围内的所有内网计算机进行风险排查，工作量大。借此机会，网管员可以对每台计算机相关信息做好登记，建立电子台账，为以后的设备维护及网络故障修复提供基础资料。

通过采取这些网络安全管理措施，可有效防止网络系统风险的发生，降低风险发生概率，实现网络安全管理效率的不断提升。

（十一）加强专业培训，提升风险防范能力

为了提升全员网络安全防控和应对水平，促进网络安全管理取得实效，必须要针对网络信息安全的主要威胁、常用的防护技术，跨平台的网络安全防护技术及网络安全防范体系建设等内容对于相关人员进行培训。让相关网络管理人员在网络的构建和软件的编写上都需要注意一些细节，让"黑客"无从下手，保证用户使用网络的安全性。培训应该针对企业或机构中主要的网络安全管理人员进行，通过培训，对近年以来省、市网络系统中出现的网络与信息安全事故为例，对单位网站和信息系统存在的安全问题进行剖析，对如何做好信息与网络安全工作提出意见，帮助广大网络安全管理工作者能够切实深化思想认识，高度重视网络与信息安全工作，解决网络信息安全工作存在的重点难点问题。加快建立健全网络与信息安全、医疗健康数据管理以及数据安全和隐私保护等规章制度。强化网络与信息安全技术监测、预警通报、风险评估和应急处置，重大活动期间实行网络与信息安全零报告制度。通过开展类似的网络安全管理培训活动，促进企业和机构的网络系统安全使用。

第四节 计算机网络信息安全及防护策略研究

进入21世纪以来，计算机以及互联网技术都得到十分迅猛的发展，这对于人们日常生活质量以及工作效率的提高都起了积极的促进作用。如今计算机网络几乎在各行各业都有所使用，再加上智能手机市场的不断发展，人们对于计算机网络信息的依赖性也在不断增强。但是需要注重指出的一点就是计算机网络在给人们生活和工作带来便利的同时，也使得人们在日常工作的过程中不得不面临着比较大的威胁，而最近几年相继发生的很多被曝光的案例就是十分好的证明。因此在这样的时代大背景之下，有效地强化人们的计算机网络安全意识，不断加强计算机网络信息安全管理以及防护，对于有效防止计算机网络信息安全将会起到十分关键的帮助作用，对于我国计算机网络今后的健康发展也将会起到十分积极的作用。

一、我国计算机网络信息安全发展状况

虽然与发达国家相比，计算机网络在我国应用的时间比较短，但是发展速度确实很快。根据eMarketer最新的统计资料显示，在2017年，我国平板电脑用户的数量已经超过了3.5亿人，占到了全世界总人数的30%以上。因此从统计数据当中就能够清楚地看到，伴随着计算机的不断普及以及互联网的不断发展，我国计算机网络在自身发展的过程中将会面临着越来越大的压力和挑战。另外，在计算机自身不断发展的过程中，其所涉及的领域以及技术相对来说还是比价广泛的，例如计算机硬件技术、计算机软件技术、密码设置技术等等，这种情况也导致在对计算机网络进行管理和防护的过程中难度也比较大。

为了能够保证我国计算机网络在今后能够得以健康发展，由政府部门牵

头开展了计算机网络信息安全机制建立以及技术研究的相关工作，力求能够通过不断加强计算机硬件以及软件的完善工作将更多的安全处理技术融入计算机网络管理的过程当中。这种做法已经取得十分显著的效果，不但对人们计算机网络信息安全的防范意识进行了强化，同时也在很大程度上提高了民众防范计算机网络威胁的能力。在面对如此良好的大环境下也不能放松，要清楚地看到当前威胁和影响我国计算机网络信息安全的因素仍然还是存在的，相对应的我国计算机网络信息安全防护体系还不是十分健全和稳固。因此通过以上的相关论述就能够清楚地看到，有效地加强计算机网络信息安全管理和防护的工作在今后还有着很长的一段路。

二、可能影响计算机网络信息安全的主要因素研究

在对计算机网络进行保护的过程中，首先需要做到的一点就是要对可能影响计算机网络信息安全的主要因素进行研究，在研究的过程中通过查阅相关资料并结合实际情况提出了以下六个方面因素。

（一）网络系统自身的脆弱性

对于计算机网络来说，其与其他技术最为显著的一个差别就是自身拥有较为良好的开发性，也正是因此，极大降低了人们融入计算机网络中的门槛，虽然这种情况为更多的人提供了便利，但是也导致自身在运行的过程中难免会遇到来自不同方面的影响以及破坏，而这种现象也导致计算机网络从安全性方面的角度上来说面对着比较大的脆弱性。另外在进行计算机操作系统编程的过程中，往往容易受到相关操作人员误操作的影响，导致设计出来的计算机系统本身就存在一定的系统漏洞。另外，因特网在日常工作的过程中主要还是采用的是 TCP/IP 协议模式，而这种模式自身的安全性相对来说还是比较低的，当自身进行网络链接和运行的过程中比较容易遇到不同类型的威胁或者攻击，而一旦这种情况发生却不能及时地进行拒绝服务或者对欺骗行为进行攻击，最终导致不安全行为的产生。

(二) 自然灾害影响

自然灾害对于计算机网络也将会产生一定的威胁,虽然随着计算机的不断发展,目前绝大多数情况下都采用的是光纤信号传输,但是在一些极端天气例如暴雨、闪电或者地震发生的时候,会给光纤传输网络造成十分大的影响。尤其是在一些较为偏远的地区更是如此,严重情况下甚至会对计算机网络造成毁灭性的打击。另外当传输设备所处的环境不是十分理想的时候,也会导致一些问题的产生,例如外部温度过高、湿度过大等,都难以保证计算机网络在今后能够得以稳定的正常运行和使用。

(三) 恶意的网络攻击

从最近几年的实际情况来看,我国网络遭受了几次境外反对势力和不法分子有计划、有预谋的以黑客入侵为主要方式的恶意计算机网络攻击,而这种情况也是目前对计算机网络安全影响最大的一种网络攻击形式。从其攻击方式,上来看主要可以分为主动性攻击以及被动性攻击两种,前者主要指的就是通过各种不正当的手段有选择性地对目标信息自身的有效性以及完整性进行破坏,试图造成目标的信息网络无法得以顺利开展。而后者主要指的就是在不影响目标网络正常使用的大前提下,对其内部运行的数据以及信息进行破译、截取,希望通过这种方式能够盗取到该网络用户的一些比较重要或者机密的信息等等。很多研究学者都明确指出,人为、有针对性地进行网络攻击行为在最近几年已经逐渐成为影响计算机网络头号杀手,其不但可能造成用户使用信息出现泄露,更为严重的是可能会导致整个目标网络出现瘫痪,造成的损失是不可估计的。

(四) 使用者自身失误

在日常使用计算机网络过程中,由于使用者自身能力以及水平的限制导致在实际使用的过程中容易出现一些误操作,而这也是导致安全问题产生的一个十分重要的因素。虽然计算机技术在我国已经普及,但是由于一些使用者自身的文化水平不是十分高,在使用的过程中也没有提高安全防范的意识,存在一定的侥幸心理以及疏忽大意,比较常见的一种现象就是在设置密码的时候设置的过于简单,或者在使用的过程中将用户名和密码泄露给了别人等等,而这些行为最终都将会导致计算机网络信息安全在一定程度上面临较大的威胁。

(五) 电脑病毒

最近几年，电脑病毒横行，从之前的 CIH 病毒、熊猫烧香病毒，再到近期发生的网络勒索病毒，无论哪种病毒造成的危害都是十分明显的，一旦计算机中病毒，将会导致计算机在使用的过程中面临十分大的威胁。计算机病毒在传播的过程中自身具有一定的隐蔽性和潜伏性，不容易被人们所察觉，目前比较常见的集中传播途径主要有硬盘传播、软件传播、网络传播等等。在具体的计算机程序执行的过程中，一旦感染了病毒，那么就会在短时间内触及和渗透到数据文件当中去，甚至还会造成计算机系统紊乱。另外计算机病毒还能够通过复制或者传送文件的方式进行传播，而这些病毒轻则可导致计算机工作效率出现降低，重则可导致整个文件的使用受到影响，导致使用者的重要数据出现丢失，造成十分严重的危害和后果。

(六) 垃圾邮件成为病毒传播载体

如今越来越多的人在工作的过程中喜欢通过邮件的方式进行交流，而这种沟通方式也具有较好的系统性、公开性以及可广播性的特点，也为人们传输信息和文件提供了良好的渠道和平台。但是从实际情况来看，在人们接收到的邮件当中，垃圾邮件的数量不断增多，这无论是对于人们的日常生活还是对于人们的工作都造成了不必要的麻烦。这些邮件的发送者一般都是通过事先窃取用户邮箱的相关信息，之后再将这些垃圾信息发送到用户的邮箱当中去，强迫用户进行接收操作。而在这些邮件当中可能就被植入了病毒文件，如果接收者在收到邮件之后就轻易打开的话，就可能会导致计算机感染了病毒。另外一些具有高端技术手段的"黑客"，使用各种非法软件进入用户的计算机系统当中，不断地窃取邮件内容以及用户的信息，发布有害信息，甚至进行盗窃等行为，而这些行为将会在很大程度上影响社会活动的正常进行。

三、加强计算机网络信息安全防护的策略思考

（一）采用加密技术

加密技术的产生已经有很长一段时间，其主要指对计算机内部一些比较敏感的数据信息进行有效的加密处理，而随着技术的不断完善，在进行数据处理的过程中比较常用的手段也是进行加密创术。从这种技术的本质上来看是一种相对来说较为开放的，对网络信息进行主动加固的技术和方法，目前在日常使用的过程中比较常见的加密技术主要包括：对称密钥加密的算法和基于非对称密钥的加密法，前者的加密原理就是按照一定的算法对文件以及数据进行合理的处理，最终生产一串不可读的代码，之后再利用相关技术将带改段代码转换成为之前的原始数据。

（二）访问控制技术

从目前实际情况来看，访问控制技术已经逐渐成为保障网络信息安全过程中的一个十分核心的技术，其核心的功能就是保证系统访问控制和网络访问控制。在进行系统访问的过程中主要还是为了给不同用户赋予完全不同的身份，而不同身份则具有了相应的访问权限，当用户进入系统当中的话，系统首先对其身份进行验证，之后操作系统在提供相应的服务。系统访问控制主要指的就是通过安全操作系统以及安全服务器来最终实现网络安全控制工作其中，选择安全操作系统则可以针对计算机系统提供安全操作系统，并且还能够对所有网站进行实时的监控，当监控到的网站信息存在非法情况的话，之后就可以提醒用户修改网站内容可能存在威胁，从而保证用户计算机能够得以安全运行。而服务器主要是针对性局域网当中的所有信息传输进行有效的审核和跟踪，网络访问控制主要是对外部用户进行合理的控制，保证外部用户在对内部用户计算机信息进行使用的过程中能够安全可靠。

（三）身份认证技术

身份认证技术主要是通过主体身份与证据相互之间进行绑定而最终实现的，其中实体部分可以是主机，可以是用户，甚至可以是进程。而证据与实体身份之间呈现出的是一一对应的关系。在进行通信的过程中，实体一方能够向另外一方提供证据，用

以证明自身的身份，而另外一方则可以通过身份验证机制对其所提供出来的证据进行有效的验证，最终保证实体与证据之间能够达到良好的一致性质。这种方式能够对用户的合法身份、不合法身份进行有效的识别与验证，最大限度上地防止非法用户对系统进行的访问，从而最大限度上地降低用户进行非法潜入的机会。

（四）入侵检测技术

入侵主要指的是在非授权的情况下对系统资源进行使用，在这种情况可能会对系统数据安全性产生一定的影响，例如造成数据丢失、破坏等情况的出现。从目前的实际情况来看，如果对入侵者进行划分的话，主要可以分为外部入侵以及允许访问但是进行有限制的入侵两种主要方式。而如果能够合理利用入侵检测技术的话，就能及时发现入侵行为，之后再采取一系列有针对性的防护手段。例如对整个入侵行为进行有效的记录，之后再进行后续的跟踪和恢复，或者直接断开网络连接等等。通过这种手段能够对入侵行为进行较为良好的诊断，真正地实现对计算机网络的全范围监控与保护。

（五）安装网络防火墙

安装网络防火墙可以有效地防止外部网络用户非法进入内部网络，加强网络访问控制，从而进行保护内部网络的运行环境。防火墙的技术有很多种，根据技术的不同，网络防火墙可分为：代理类型、监视类型、地址转换类型和数据包过滤类型这几种。其中，代理防火墙位于服务器和客户端之间，可以完全阻断二者之间的数据交换。监控防火墙可以实时监控每一层数据，并积极防止外部网络用户未经授权的访问。同时，它的分布式探测器还可以防止内部恶意破坏。地址转换防火墙通过将内部 IP 地址转换为临时外部 IP 地址来隐藏真正的 IP 地址。数据包过滤防火墙采用数据包传输技术，可以判断数据包中的地址信息有效保障计算机网络信息的安全。

（六）安装杀毒软件

杀毒软件是用户最常使用的安全防护措施，同时也是可靠的安全防护手段，比较常用的有 360 杀毒软件、金山毒霸杀毒软件等。这些软件不仅能杀灭电脑病毒，还能防范特洛伊人和一些黑客。此外，为了有效预防病毒，用户需要及时升级自己的杀毒软件，从而确保所使用的杀毒软件是最新版本，来防护最新的安全威胁。

（七）加强用户账号安全

用户账户包括网上银行账户、电子邮件账户和系统登录账户等。加强用户账户的安全是防止黑客的最基本和最简单的方法。例如，用户可以设置复杂的账户密码，避免设置相同或类似的账户，定期更改账户密码。

（八）数字签名技术

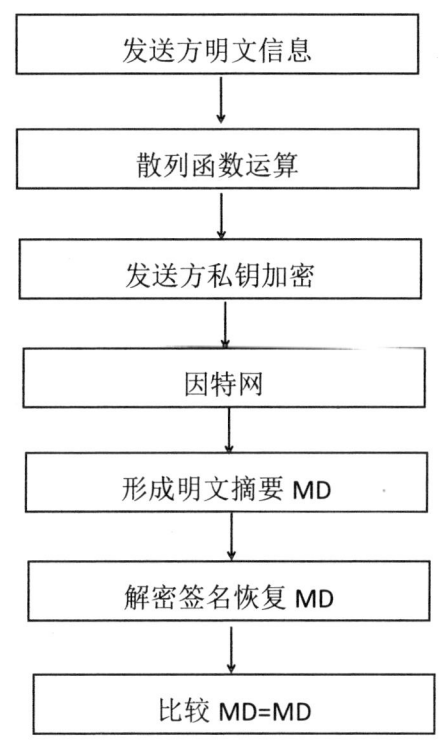

图 8-1　一般数字签名流程

数字签名技术是解决网络通信安全问题的有效手段。它可以实现电子文件的验证和识别。它在确保数据隐私和完整性方面发挥着极其重要的作用。其算法主要包括：DSS 签名、RSA 签名和散列签名。数字签名的实现形式包括：通用数字签名、对称加密算法的数字签名、基于时间戳的数字签名等。它的一般的数字签名形式如图 8-1 所示：发送方 A 向接收方 B 发送消息 M，首先使用单个散列函数来形成消息摘要 MD，然后进行签名。这样就可以确认信息的来源，有效地保证信息的完整性。通常，使用对称加密算法在数字签名中使用的加密密钥与解密密钥相同。即使它不相同，也可以根据它们中的任何一个导出另一个，并且计算方法相对简单。基于时间戳的数字签名引入了时间戳的概念，减少了对确认信息进行加密和解密的时间，减少了数据加密和解密的次数。这种技术适用于高数据传输要求的场合。

（九）入侵检测技术和文件加密技术

入侵检测技术是一种综合技术，它主要采用了统计技术、人工智能、密码学、网络通信技术和规则方法的防范技术。它能有效地监控计算机网络系统，防止外部用户的非法入侵。该技术主要可以分为统计分析方法和签名分析方法。文件加密技术可以提高计算机网络信息数据和系统的安全性和保密性，防止秘密数据被破坏和窃取。根据文件加密技术的特点，可分为数据传输、数据完整性识别和数据存储 3 种。

第九章 计算机信息化技术运用的重要性

计算机信息化技术作为科学发展的重要产物，其发展与应用，对社会经济发展起到不可忽视的作用，因此，需要进一步了解计算机信息化技术运用的重要性。

第一节 计算机信息化技术对提高经济效益上的运用

计算机信息化技术运用能够帮助不同行业合理运用资源，从而降低能源和资源的消耗，保障生产建设的效率，在提高产品质量的基础上，合理控制生产成本，有助于促进各行各业的经济发展，提高经济效益水平。着重底线在生产信息化和市场信息化两个部分。

一、生产信息化

生产信息化首先表现在先进的生产技术，它从设计、加工到装配都日益建立在知识密集的基础上。电子计算机辅助设计（CAD）平均可以提高工效三倍以上，而设计质量提高，又可使新产品一次成功率由过去的30%~40%提高到90%。电子计算机辅助制造（CAM）促使机电一体化全面实现。机电一体化首先是数控机床（NC），即用数字指令来控制机床动作的自动化机床，使机械加工实现单件自动化。在数控机床的基础上又发展了装有自动换刀装置的加工中心（MC），并进一步与机器人和成组技术结合起来，发展柔性制造系统（FMS）。FMS是以计算机为核心进行系统管理，用无人台车进行工件输送，用数据技术实现自动化加工的生产系统。1981年全世界已有203条

FMS 投入了使用。把 CAD 与 CAM 结合起来就形成了 CAD/CAM 系统，它把计算机辅助设计的结果，通过磁带输入数控装置直接进行加工，从而省去了加工图，使机械设计和制造的自动化水平达到了新的阶段。1981 年美国只安装了四千套 CAD/CAM 系统，到 1985 年就达到 15000 套以上了。近年来，许多国家还把多个 FMS 用高位计算机通过光导纤维联结起来进行生产管理，使用机器人进行检验和装配，加上自动化立体仓库和 CAD 等就组成了所谓计算机管理综合生产系统（CIMS）或者称为自动化工厂（FA）。这种自动化工厂在日本已经实现了。

如果说上述自动化工厂还是微观生产信息化，那么宏观生产信息化也已日益显现出它的突出地位了。宏观生产信息化主要表现在信息产业的蓬勃发展。信息产业包括计算机工业、通讯工业、信息处理业、咨询产业以及教育培训等等。它们不仅改造着传统产业，使大信息化，而且正是由于它们形成了横向网络，把各个纵向的经济系统联系起来，形成了大经济社会。信息处理业包括信息的收集、储存、加工和选择等。美国现在拥有各类信息数据库 15000 个，包括可以在线联机运行为社会服务的就有 1450 个。其中数据资源公司（CRI）是世界上最大的经济信息数据库，共拥有世界各国的经济信息 1000 万件时间系列数据，供各国用户查询使用。现在全美共有 4350 个信息处理企业，从业人员 32 万人，年销售额 149 亿美元。这类信息处理业正以年增长率 25%～33%的高速前进着。

信息太多还需要系统分析，化成可供选择的决策方案，这就是咨询业。早在 1975 年美国民间咨询机构就超过 5300 家，咨询人员 10 多万人，成为年收入达 10 亿美元的大产业。随着大经济的发展，咨询的含义也在不断演进着。现在更进一步发展到工程咨询，即从可行性研究到工程承包为止。工程承包并不是自己直接进行工程建设，而是一种横向的工程组织活动。它最佳地分解工程，选择最合适的企业承担各个工程，然后又有机地把它们综合起来，以求得最佳的经济效益。所以，它是以掌握信息、运用信息为专长，也是一种信息产业，它在社会化大经济中的作用越来越显得重要了。信息产业的内容还在不断增加，各类信息产业正以惊人的速度发展，这是大经济社会的一个十分重要的特点。

二、市场信息化

如前所述，原始的市场交换是以物易物，信息是个体方式进行的，其作用也有限。随着从小生产到大生产的发展，市场越来越扩大，市场的作用越来越突出，因此对于市场信息的要求也就越来越高。可以说，在这个市场发展过程中也正伴随着信息的个体信息阶段→社会信息阶段→大规模社会信息流阶段的发展。当今大规模社会信息流已成为大经济的重要象征。现代市场交易谈判，已不是现场看货交钱，而主要是信息的交换。双方都根据信息来权衡自己的利益而进行决策。货物的质与量是靠商品和企业的信誉（也是一种信息）来保证的。为了在谈判中准确地决策，信息的准确和充分具有决定性的意义，因此必须事先或者"适时"地收集信息、掌握信息。这就是说，先买信息而后才能买到获取经济效益的货物。这样，市场的最基本的功能就成为收集和传播信息，市场功能信息化了。

商品在市场上的价格是重要的信息。对待价格的不同观念、不同处理可以带来完全不同的经济效果。1973年石油输出国组织大幅度提高石油价格后，美国采用政治控制价格（信息），所以到1979年再次爆发石油危机时，大多数美国人仍然以为不存在多大的能源问题。以致象克莱斯勒这样名牌汽车公司，仍一直用设备过时、生产效率不高的工厂来生产耗油高的大型汽车，结果在1978到1981年间，它的市场份额由12.2%降至7.1%，濒于破产境地。而日本也同样遭受能源价格的打击。日本没有一点石油资源，因此它最痛切地感受了这个"石油危机"。危机信息传播到朝野上下，深入人心，人们不得不接受新的石油价格，全国立即按新价格采用各种适应性措施。日本汽车工业无法照旧活下去，但又不能退却，反而投资几百亿进行技术改造，从发展低油耗的新产品（小型汽车）使商品具有更高的信息程度，到提高制造工艺的效率使生产达到更高的信息化水平。结果，1976年日本又重新回到最强有力的竞争地位。由这里也可以悟出一个道理：凝固的低廉的价格并不注定是经济发展的目标。由于价格低廉，生产者就不愿意下苦功注入更多的信息（知识、技术和市场情报等），来改进商品的品质与流通，消费者也不愿意用心节约，必然造成社会性浪费。这就是大经济的价值观。

货币也是市场的重要信息。从易物到使用货币是一场革命，货币从远古的贝壳、金银到近代的纸币、支票又是一场革命，现在正在发生着新的质的变化。早在 1965 年，世界最大的电子计算机生产者——美国国际商业机器公司董事长小汤姆森·沃特逊就预言这场金融革命："在我们这一生中将可以看到，电子交易事实上将消除对现金的需要。银行里具有巨大存储能力的巨型计算机，可以容纳所有存户的账号。顾客在商店、办公室或汽车加油站要存款或取款时，只要做两件事情：将证件插入安装在那些地方的终端装置，并在终端装置的键盘上打出转账金额，这笔金额立即就从其账户转入有关的账户上。这样的转账手续每天可重复办理几千次、几十万次、几百万次，无需用一支笔、一张纸、一张支票或一张钞票，就将几十亿、几十亿美元转手，请想一想这是什么样的景象！"这种电子资金转账方式表明，货币已经完全失去它的物质的外壳，仅仅成为一种储存在计算机中的信息形式了。人们不再占有货币金钱，而只有信息化的"支付能力"，它可以通过电子机器以光速向任何一个具有终端和数据储存网络的地方流通。目前国外一些大银行已经或正在建立拥有几万个终端的经营网络，最后联网，实现流通信息化的这一天终于到来了。流通信息化带来了巨大的经济效益。过去流动资金周转要一、二年，由于信息不通，清一次账就要半年，从而使"在途资金"数以亿计，积压在流通的中途而无法使用。过去工资的发放是手工计算和领取，耗费大量人力、物力和时间。现在这一切都电子信息化，无形中增加的可利用的资金数以千亿计。我国现在年工资总额近一千亿，如改用电子银行办法发放，据专家估计银行存款平均每年可增加数百亿之多。

第二节　有助于促进教育发展

现阶段，科学技术愈发先进，计算机信息化技术也被运用到教育领域之中，实现计算机信息化技术和教育教学的相互融合，有助于促进教育改革发展。远程教育、电化教学的形成与运用，打破了传统教学模式壁垒，使教育教学突破时间、空间的限制，满足不同学生的学习需求。同时，计算机信息化技术的应用能够让教师获得更多的网络资源，实现教育资源的共享，对于调动学生的学习热情、提高教育教学质量、促进教育创新发展等。

一、计算机信息化的表层特征

计算机信息化教育的最大特点就是使计算机信息技术得到大规模的广泛应用。社会经济和科学技术的发展过程促进了计算机信息技术教育领域的不断改革和创新，最终衍生出计算机信息化教育，在教学过程中必定会依托于计算机信息技术。计算机信息技术是促进社会发展的主要驱动力，是拉动经济发展的先驱力量，谁先掌握计算机信息技术，谁就先掌握了经济发展的先驱力量，因此，我们要充分地认识到计算机信息化教育的重要性，并促进它在当今社会的发展，使之成为当今教育的常态化。

二、计算机信息化的深层特征

计算机技术作为新生技术将多个学科融合到一起，形成了一门交叉的学科。计算机信息化教育作为一门新兴的技术涵盖了众多方面的教育内容，例如：教育观、学习观、生活观、技术应用观等，计算机信息化教育已经成为一种时代的选择和标志。它的现代性和未来性在所有的学科中没有一个学科可以与之相比，具有不可超越性。人们必须重视计算机信息化教育，并促使其不断得到发展和壮大，使其在教学课堂中充分发挥自身的优势。

三、计算机信息化教育模式

创建以技术为支持的学习共同体。创建以技术为支持的学习共同体技术是一种主要依托信息网络通信技术为基础的计算机信息化教育模式。在这个模式下更加强调的是技术的重要性，将技术作为教育的主体，所有人都为技术服务，技术是此模式的核心。主要的活动方式有：协同实验室、CSILES、学习圈、MUDS/MOOS 等。

用技术支持反思性学习。信息技术作为一种学习工具，特别是认知工具，用以促进学习者批判性思维发展。主要的活动方式有构建数据库、创建语义网络、使用视觉化工具、建构专家系统、运用动态建模工具表征心理模型、探索微世界等。

用技术支持"做中学"的建构主义学习环境。用技术支持"做中学"的建构主义学习环境要求我们设计技术丰富的建构主义学习环境，该环境包括问题情境、信息资源、相关案例、认知（知识建构）工具、交流（知识协商）工具和社会情境支持等 6 个构成部分，创建有意义的学习环境，主要活动方式有各种技术支持的科学思维、视觉化思维等。

第三节　有助于管理模式的改变

在管理期间，合理运用计算机信息化技术手段，能够改变固有的管理结构、管理方式、管理手段，实现虚拟化办公与电子商务，减轻管理工作者的工作压力，提高管理效果。例如，新加坡在"智能岛"工程修建期间，运用计算机信息化技术手段，优化内外网建设效果，促进电子商务发展，把市场信息与政府资源相互融合，能够帮助企业实现虚拟化管理，促进管理效果与质量的提升，为企业长足稳定发展提供技术支持。

计算机信息化管理的发展过程中，只有加强对信息的快速准确处理，才能够更好地促进企业的发展，而且计算机信息化管理的过程中随着科学技术的不断进步和管理理念的不断创新，智能化的发展理念已经在计算机信息化管理中有效渗透,并且在管理发展的过程中已经逐渐向人本化的趋势发展,更好地促进了计算机信息化管理的科学性和有效性。

一、趋向智能化与集成化

计算机信息化管理的过程中,智能化的发展趋势一直是相关工作人员所追求的目标,因为在传统的计算机信息化管理过程中,计算机信息处理方面虽然有着人类无法比拟的速度和准确性。但是在实际的计算机信息化管理过程中,传统的计算机只能对已经存在的信息模式和数据信息进行相应的处理,无法对没有接触过的信息模式和数据信息进行充分准确的处理,以至于计算机信息化管理无法有效适应社会的发展。所以,在计算机信息化管理发展的过程中随着科学技术的不断进步和管理理念的不断创新,计算机信息化管理已经逐渐向智能化的方向发展,而且智能化的发展理念已经在计算机信息化管理中有效渗透,从而更好在使计算机信息化管理的过程中,将信息处理、信息整合与信息管理等等进行有效的储存,并形成主动处理的智能性管理。其次,由于传统的计算机信息化管理只是将各个层面的信息进行简单的集成,不过随着科学技术的不断进步和管理理念的不断创新,目前的计算机信息化管理已经集成化的发展趋势。集成化的发展趋势主要是将计算机信息中存在的子集联系进行充分的分析和研究,并将各个子集进行科学的整合从而形成一个全新的体系。除此之外,计算机信息化管理发展的过程中,将每一个子集整合一起建立完善的信息系统网络,使其有着紧密的联系,从而更好地促进计算机信息化管理的集成化发展趋势。

二、趋向价值化

计算机信息化管理发展的过程中已经形成对物品的流动方面、数据信息的处理方面以及价值的衡量方面进行充分的联系和科学的整合,并且随着计算机信息管理技术的不断进步和管理理念的创新,计算机信息化管理已经逐渐向价值化的方向发展。其次,计算机信息化管理在发展的过程中已经具备了完善的价值化体系,而且在发展的过程中有效地促进了各个行业价值观的变化,逐渐形成了以寻求物料的最大化利用和经济的最大化增长,以及效益的最大化综合性价值理念。除此之外,计算机信息化管理发展的过程中不管是在微观信息处理方面还是在宏观信息处理方面都有着很大的发展空间,能够更好地促进企业的可持续化发展,并为企业在发展的过程中提供充分的技术支持。

三、趋向人文化

虽然计算机信息管理技术和管理理念越来越成熟,并逐渐将信息技术和计算机信息管理进行紧密的联系,但在实际的计算机信息管理发展的过程中两者并不能混为一谈,而且在计算机信息管理发展的过程中应该充分认识到两者的区别。所以,计算机信息化管理发展的过程中已经向人本化的方向发展,也就是将对人的管理放在第一位,并用鼓励的方式对工作人员进行充分的管理,从而更好地约束工作人员的工作行为,并使工作人员能够充分感受到企业对自身的关心和期望,进一步提高工作人员的工作积极性,以及提高工作人员的工作效率和工作质量。除此之外,随着社会经济的飞速发展和科学技术的不断进步,计算机信息化管理向人本化的趋向发展已经成为必然的趋势,而且加强计算机信息化管理向人本化趋向发展能够更好地为企业提供积极向上的工作氛围,并且能够提高企业各个部门之间的交流与联系,以及促进管理工作人员与基层工作人员之间的交流,从而更好地促进企业的发展。

第十章　计算机信息化在办公自动化中的应用

随着计算机信息化技术的迅速发展，人们日常生活和工作方式都发生了巨大的变化，计算机信息处理技术成为了社会生活当中不可缺少的重要工具。同时，面对当前全球经济化的发展浪潮，各个行业领域的企业客户都遍布在海内外，摆脱了空间的束缚。在这样的发展背景下，要想解决企业运行模式和工作方式分散问题，就必须要以计算机信息处理技术为基础，构建科学高效的自动化办公系统，从而满足企业经营发展的实际需求，提高竞争实力和工作效率。

第一节　办公自动化中所应用的计算机信息处理技术

一、B/S 型结构

在当前信息技术快速发展的时代背景下，办公自动化系统也应用了新型的 B/S 型结构。常见的 B/S 型结构应用起来都十分方便，对计算机设备并没有十分严格的要求，只需要安装相应的数据库和服务器即可完成办公操作，并且 B/S 型结构十分适合企业办公人员进行自主操作。但此应用模式对互联网环境要求较为严格，一旦网络出现中断事故，那么就会对计算机系统的正常运行造成严重影响。除此之外，由于该技术属于一种新型的计算机信息处理技术，所以 B/S 型结构相关体系具体包括三种：接口、WED 服务器以及数据服务器。其中，用户和系统之间可以利用接口建立起相应的联系，在使用与 B/S 型结构相关程序的基础上，用户能够在浏览器上进行自主办公。而在第一层服务发出之后，WED 服务器就可以接收到相应的信息，并在最短的时间将使用过的 HTML 代码反馈给用户。在使用 B/S 型结构第三层体系之后，用户可以将所获取的数据存储到相应的服务器当中，整个体系可以看作是一个数据库，能够和 WED 服务器相配合完成工作，主要工作内容就是协调并处理服务器所接收到的相关指令。

二、WED2.0 技术

在办公自动化系统当中，计算机信息处理技术是其核心内容，它可以有效提高办公效率和办公质量。现如今，办公自动化系统中的计算机信息处理技术中，WED2.0 技术应用十分普遍，它属于一种先进的新型计算机信息处理技术，能够为办公系统带来一个全新的服务平台。常见的 WED2.0 技术都是通过 APP 形式呈现给用户的，在办公自动化系统交流平台当中，可以完成便捷化与高效化的沟通，每个行业的工作人员都可以采取 WED2.0 技术进行交流和沟通。并且，利用 WED2.0 技术所构建的平台，还能够为客户提供一个互相关联的沟通交流平台，从而能够提供更高质量的服务。在此技术应用前提下，可以减少距离因素带来的不利影响，为整体办公效率提供保障。企业各个部门和员工都能够与客户之间展开高效沟通。

三、视频技术

在科学技术快速发展的背景下，网络视频技术也成为办公自动化系统中的重要组成部分，尤其是在办公自动化过程中的视频会议应用，在未来办公模式中必将成为主流发展方向。在视频会议出现之后，可以让办公职员与客户之间随时随地进行商讨，满足员工和企业领导之间的互动交流。此外，无线视频技术的推广和应用，也可以帮助道路交通管理部门对道路交通进行实时监管，从而全面了解路面上车辆的行驶情况，减少交通事故的发生。也就是说，将视频技术应用在办公自动化系统当中，可以有效避免企业办公资源的浪费，提高办公人员的整体工作效率。

第二节　计算机信息处理技术在办公自动化中的应用功能

一、优化办公自动化管理机制

从当前企业与事业单位实际发展情况来看,在办公自动化计算机信息处理技术方面投入的资金支持较少,这主要是因为办公自动化计算机信息处理技术无法带来直接的经济效益。同时,部分单位在计算机硬件和软件方面技术应用并不成熟,只能完成一些简单的信息处理工作,无法对其中的重难点问题进行有效解决,进而大大降低了实际工作效率。而计算机操作人员技术应用能力也侧面反映出了对计算机信息处理技术的重视程度不够。此外,在计算机应用软件选择方面,由于对实际需求了解不充分并且国内所研发的软件价格偏贵,所以大部分企业与事业单位管理人员都将重点放在了价格上,忽略了软件应用的实际功能。对此,相关企业与部门一定要重视计算机技术的隐性作用,在计算机软件应用选择方面从实际角度出发,挑选出合适的软件,从而更好地推动办公自动化的发展进程。

二、为办公自动化提供更加专业的服务

现如今,从各单位专业技术人才的职业素养来看,由于单位类型不同,所以从业人员在技术应用方面存在很大差异,这种差异并不可调和,只能依靠后天的努力去进行调整。而企业或事业单位中的部分计算机专业人才,都存在应用理论和方法掌握不充分的问题,这也阻碍着办公自动化的顺利发展。因此,通过科学合理的计算机信息处理技术,能够有效提高计算机系统运行的安全性。

例如:通过安装各种杀毒软件、设置防火墙以及漏洞修补等等,都可以保证计算机维持在一个良好的运行状态。从专业角度分析来看,各单位计算机专业技术人员还要不断更新知识储备,有效维护办公自动化成果,并利用原有的条件来创设一个对企业或事业单位发展更加有利的办公自动化环境。

三、自动化文件档案管理

在办公自动化系统应用过程中，最重要的一项内容就是对各项信息进行整理和收发。而在计算机信息处理技术的帮助下，这一项办公活动就会变得更加便捷。从单位办公管理角度分析来看，利用计算机信息处理技术可以实现网络文件便捷浏览。管理人员结合自身的需求来设计工作流程，针对使用过程中所出现的情况以及后期出现的任何变动及时保存，从而能够提供更加便捷的服务。并且管理人员在收到信息之后要做好保存归档。归档之后的文件也可以根据保密等级，由管理工作人员来设置访问权限，查询文档工作可以不定期进行，以此来保证文件档案信息不会被盗取利用。

除此之外，文档的收发与整理工作也会在计算机技术的参与下实现自动化，这也代表着计算机技术会从以往的纸质文档转变为电子文档，后期的档案管理也可以实现自动化。

四、自动化工作流程

目前，很多企业或单位对计算机构建网络系统并不陌生，在实际工作中也进行了大力推广和应用，这也满足了现代化企业发展的实际需求，同时也为企业与事业单位带来了一定的挑战。在单位内部建立良好的信息交流平台成为内部信息交流沟通的重要途径。通过单位内部的信息化平台，能够让员工及时了解企业单位的发展动态，从而有利于后期的培训工作，实现企业内部资源优化，在市场环境中树立起良好形象。此外，计算机信息处理技术在办公自动化中的应用，不仅可以对整个工作流程进行自动化监督，同时还可以协调各个部门当中的资源，从而使其整体维持在一个稳定且健康的运行环境。

第三节　计算机信息处理技术在办公自动化中的具体应用

一、文字软件处理

在企业日常办公内容中，文字是最为基础的载体，职工通过文字可以进行信息传递，确保企业可以正常运行。所以，在办公期间，工作人员必须要对文字处理工作给予高度重视。而文字处理软件也是计算机信息处理技术应用期间最为关键的组成部分，当前我国文字处理软件有很多种类，具体包括：Xournal++、Speaker、RJTextEd 以及 Inspire 等等。在企业办公室办公环境中，工作人员一般会面对数量较多的合同、档案以及文件，对这些文字资料需要进行一一审批，不仅花费了工作人员大量的时间和精力，同时也降低了员工的整体办公效率。所以，必须要选择科学合理的文字处理软件来进行信息处理，使审批工作可以在最短的时间内完成。比如：Sigil 就是一款十分优秀的文字编辑器，它可以支持多个层级的分级目录编辑器，自动结合标题生成相应的目录，而且还包含着类似于 Office word 的用户操作界面，使用起来十分方便。另外，它还可以实现跨平台操作，WIndows 以及 Mac 都可以将其应用在制作当中。此外，其中还具体包含着元数据编辑器，支持 TXT 和 EPUB 等多种格式文本的导入，非常适合企业日常办公。

二、图文制作技术

图文制作技术指的就是对文字、图片以及视频等相关信息进行加工处理的一种计算机技术。在传统办公室管理过程中，员工通常都要在图文制作方面浪费大量的精力，特别是在信息获取和处理环节中，

人力操作效率非常低，而且也间接提高了企业单位的成本支出。所以，企业工作人员可以合理使用 PS、CoreIDRAW 等图文制作软件。例如：在企业具体项目中，可以先明确会议主题，随后利用 Xmind 思维导图软件完成配图

工作，结合会议当中的重点，将会议主题分成不同的步骤，之后再利用 HyperSnap 等相关软件完成配图，配图要与会议重点内容相匹配。这样一来，不仅保证了文字与图片搭配的合理性，同时也可以针对不合理的地方进行局部修改，从而保证档案可以精准无误，为企业后续开展相关工作提供有价值的参考依据。

三、数据表格处理技术

该技术在办公室日常办公中十分常见，其技术本身具有简便且快捷的特点，工作人员可以利用数据表格处理技术，大幅度提高工作效率。比如行政事业单位每天都会生成大量的数据，不管是经济收入、财政支出还是工资发放，都需要针对这些数据作出相应的表格。在以往的行政单位部门管理过程中，数据管理工作通常都会由人为操作来完成制作和处理，这样的方式不仅处理速度较慢，同时也很容易出现计算错误等问题，很难保证工作质量。而如果利用数据表格处理技术，就可以使这些数据在计算机后台完成分析和处理，并最终整理到位，工作人员在需要的时候可以一键导出表格，这样的方法真正实现了办公自动化，数据的使用效率也得到了明显提升。另外，经过此技术处理之后的表格，也有效降低了表格处理工作的难度，十分便于工作人员掌握，提高了行政单位的整体运行效率。

四、5G 网络办公技术

在当前 5G 网络技术全面推广的发展背景下，无线网络技术的先进水平也在不断提高。无线网络技术已经融入日常生活中的方方面面，无线网络能够允许用户建立起远距离无线连接的数据网络传输渠道，其中具体包含无线连接改进红外技术与射频技术，与有线网络相关应用。这两者最大的区别就是网络传播媒介有所不同，5G 技术可以利用无线电技术取代传统的网线，可以和网络之间相互备份。另外，办公自动化系统对网络也提出了十分严格的要求，5G 技术的诞生也充分满足了日常工作需求。随着我国 5G 基建建设的深入发展，通过无线网络技术能够明显提高办公通信效率，形成万物互联的发展局势。例如：当旅游局的工作人员需要进行外地出差时，可以利用行政单位微信来进行 OA 流程审批，再通过微盘、移动办公专家以及手机 WPS 等办公软件完成办公，从而打破了时间和地点的限制，让整体办公过程变得更加高效，为行政单位的良好发展奠定了基础，办公人员也不再局限在狭小的空间当中，可以随时随地展开工作。

五、文件保管与档案存储

通常情况下，企业重要文件和员工资料都需要进行严密保管。很多小型企业和事业单位由于人员较少，所以档案存储与管理都十分方便。然而，一些大型行政代为的文件与档案资料非常多，每天都会出现大量需要保存的文件，如果工作人员无法科学利用计算机技术来落实文件管理，那么就会影响企业单位的整体工作效率。传统档案与文件保存方法几乎都是实体保存，一同堆放到档案室当中，等到需要查阅的时候十分麻烦，甚至还会出现文件丢失和查找困难等问题。所以，通过制作电子档案目录，可以让工作人员在查找文件资料时能够快速找出相应的文件。例如：可以选择云服务技术，将海量的档案信息保存在云端，从而在需要调用的时候直接从云端提取相应的文件。此外，企业与事业单位还可以找专业人员制作档案管理系统，如九州档案管理软件、紫光管理系统等等，都可以实现办公自动化。

第十一章　计算机信息化在教学管理中的应用

教学管理不应只局限于线下，应追求多平台的发展。当前我国对教学管理还是比较关注的，许多方面的工作已经开始进行。特别是受到新型冠状病毒感染的影响，我国对教学管理信息化的需求也更加巨大。计算机信息化平台，能更好地响应线上教育的要求，并取得良好的教学管理效果。

计算机信息化在教学管理中的应用优势体现在以下几个方面：

1.有助于提高整体教学管理水平

现阶段，教学管理的领域采用的技术过于单一，教学管理路径方案已不能满足教学管理路径的需要。当前，高校采用的教学管理模式，存在一些不符合时代要求的方式方法，将使整个教学管理工作失去活力，教学管理路径的有效性也会受到影响。随着计算机信息技术的不断进步，信息化的手段成为可能。以前只听说过这样的计算机信息化平台搭建的方法，但是从来没有实际应用过。如今，通过这种方式的实际应用，可以明显地分辨日常教学所需的内容，可以针对学校计算机信息化水平，提供一些适合其教学管理创新的方法。这样，教学管理创新探索的技术水平就会大大提高，教学管理也会更加有效。

2.有助于补充现行教学管理模式

现行教学管理存在一些不足之处，导致教学管理总体上低效。当前在教学管理创新探索过程中，一般都采用静态技术进行教学管理。过去这是一种有效的教学管理方法。但随着人们认识的不断提高和技术的变化，当代教学管理需要动态的技术才可以完成后续任务。要尽快发掘和运用全新的教学管理方法，进行有效的创新探索。所以，对计算机信息化这一技术的引进，其实也是今天教学管理系统的一个有效补充。从而真正唤醒了教学管理路径的效果，建立了行之有效的教学管理模式。

3.有助于减小教学管理的成本

在当今时代，信息化教学管理的专业水平，是推动教育机构的工作持续发展的重要动力。信息化教学管理本身就是为了使教育机构的工作方式实现专业化转型而建立一套独特的技术应用体系。假如信息化教学管理本身不够专业，不能准确地解决各类资源调度问题，那么信息化技术体系在这里自然就不能发挥作用。现在看来，教学管理的人力资源成本很高，而信息化的教学管理系统将会减少对于人力资源的依赖，有助于减少教学管理的成本。要想在短时间内开发出一套大规模的管理系统并通过测试，需要许多开发者日夜不停地努力。因此导致信息化教学管理系统建立有较高的专业门槛，需要更多技术支持。

第一节 信息化教学管理工作流程

在进行计算机信息化教学管理改革时，决不能贪图一时的省事而忽视了工作流程的构建，此时应该特别重视过程中所要求的计算机信息化维护方法。此外，在教学管理方式改革之后，还应进行充分的验证，要保证计算机信息化教学管理平台能够满足师生的需要，才能发布。此外，由于各类教育机构数量众多，计算机信息化教学管理的情况也会有所不同。而在进行计算机信息化教学管理时，一定要注意特有的情况带来的影响，因地制宜地进行教学管理。

一、当前教学管理的发展现状和面临的主要问题

（一）教学管理的资源利用的结构需要优化

首先，受制于我国长期以来的教育系统的传统体制模式的束缚，我国在教学管理措施上的探索还尚处于较为落后的阶段，未能有效适应当前信息化高速发展的变化趋势。其次，我国教育事业发展存在着很大程度上的区域不

均衡现象，这也是产生教学管理上资源利用结构不合理的一个重要因素。最后，还存在着一定的教学单位和相关组织部门在管理上的疏忽，存在着对管理能力培养和管理资源建设的一定程度上的欠缺，导致产生资源利用结构上或存在资源浪费、或存在资源紧缺，影响着当前的教学管理工作。

（二）教学管理的信息处理能力不足

长期以来相关的教学单位和管理部门存在着教学管理措施上的缺陷，导致教学管理部署上存在一定程度上的信息环节上的疏漏，一些信息处理上缺乏有效的应对措施，或者没有相对应的处理机制，导致在信息处理能力上存在着发展短板。这就影响到了当前教学管理相关工作的开展，产生了相应的高效信息处理的发展需求。

（三）教学管理的协同性不够

由于缺乏全面系统的教学管理措施和教学管理各部门之间的有效协同和配合，存在着一定程度上的信息壁垒和沟通障碍，产生在教学管理的整体性管理成效上存在着相当大的管理空缺，通常这一方面也是造成教学管理在不同教学单位和不同教学管理部门之间产生失管失控或者严重影响教学管理成效的问题最为根本的原因。

（四）教学管理缺乏信息化管理理念

因为受到传统的教学管理思维理念的制约和影响，在施行教学管理措施的过程中，往往不注重进行有效的信息化管理措施，导致一定程度上削弱了自上而下的教学管理措施的效果，另一方面又忽视了自下而上的教学管理反馈的有效作用，这也是制约着当前教学管理措施产生应有成效的一大原因。

二、教学管理和计算机信息化的关系

（一）计算机信息化决定着教学管理过程中的资源优化

进行计算机信息化建设，将有助于打破现有教学管理环境中的资源分配不均局面，通过开放的、系统性的、具备均等性的信息化技术应用，实现对部分教学管理下的资源分配问题进行有效的调剂，实现更具均衡性的有利信息环境，助力教学管理过程中的资源优化，形成更具全面性的教学管理发展。

（二）计算机信息化决定着当前教学管理中的信息处理能力

计算机信息化与教学管理的关系研究，其实也是挖掘计算机信息化处理能力的研究，是综合利用计算机信息化处理能力的技术优势，实现增强教学管理过程中的综合信息处理能力的探索。首先，能够增进教学管理过程中的相关信息采集能力，形成有效的信息覆盖性采集措施；其次，能够增进教学管理中的即时性信息反馈能力；最后，实现信息的有效对接，产生及时有效的信息分析和应对措施。

（三）计算机信息化决定着各部门间教学管理的协同性

计算机信息化与教学管理的关系还在于在进行教学管理工作的过程中，需要借助计算机信息化技术来实现各部门间信息交换和沟通联系完成整体性计算机信息化的相互连通，形成在处理教学管理工作任务时，能够形成密切的协同配合，采取一定的交流措施，维持良好的教学管理水平，保证教学管理任务的顺利进行，从而提高整体的协同性。

（四）计算机信息化决定着综合信息化管理理念的形成

缺乏信息化管理理念，也正是当前教学管理发展的阻碍。只有通过计算机信息化技术来实现各项在教学管理过程中的相关应用，完成好教学管理的信息化管理任务，才能真正提供适宜教学管理综合信息化管理理念施行的有利环境。从总体上来看，只有坚持计算机信息化技术的深入应用，才能实现综合信息化管理的相关管理思路实现有效落实；而健全在教学管理措施中的信息化管理理念，则能够增进教学管理活动在信息化发展条件下的持续发展，增进适应度。

第二节　信息化计算机教学管理的应用

一、提高计算机的信息化操作水平

有关标准对计算机信息化教学管理具有重要意义。丧失标准衡量，难以判断计算机信息化平台建设是否合格。但在我国，标准不够明确的问题非常突出，要解决这一问题，应与时俱进，采用国际化教学管理标准。要认识到制定这样的标准，不是为了增加平台维护人员的负担，而是为了提高师生之间的互动质量，从而提高教学管理的整体效果。此外，在这关键时期，注重内部管理，提高管理人员学习计算机信息化的相关理念是一种必然选择。不断提高管理水平，可提升内部凝聚力，同时加强彼此间的联系，从而更好地为国家发展作出贡献。但就目前而言，许多管理人员并不能意识到这一点，只是泛泛地进行计算机信息化教学管理教学，未能将信息化的教学管理的稳步推进落到实处，这种做法的广泛存在制约了凝聚力的形成。恰当的做法应该是积极地扩充管理层，并组织内部人员及时学习计算机信息化教学管理新理念，并提高内部职工线上工作的能力。这样，一大批优秀职工将成为公司的中流砥柱，在公司内部发光发热。

二、制定信息化教学管理模式计划

在教学管理的过程中，有严密的规划，就会有所依据，会更加顺畅。在教学管理信息化方面，如果不能提前规划，严格按计划执行，教学管理信息化会遇到一定的困难。事实上，计划的重要性对于每个行业来说都是非常重要的，只不过对于教学管理的信息化这个事业，计划所能起到的作用比常规行业更大。现在已经能够利用先进的技术来控制信息管理系统的建设进度，从而达到加快信息化管理进程的目的。在这种信息化管理平台的开发现场，每一天都会有许多人或设备在进行着工作，伴随着大量的损耗和资金的消耗。某些错误一旦发生，导致开发周期延长，往往会严重影响多方利益。一个良好的建设计划可以很好地解决这个问题。这类计划可通过对项目进行及时的校准，指导系统开发的过程，从而节省了大量的系统开发时间，让技术人员高效地完成工作。实现这一点，就能很好地保证信息化教学管理模式的建设进度能得到有效控制，不会因为系统问题导致整个工作流程脱节。

三、专业性人才的培养

要开展信息化的教学管理，离不开信息管理模式的构建和维护，离不开档案数据的采集和处理，更离不开对教学工作重要性的进一步宣传和与人们的深入交流。要培养大量计算机人才、教学管理政策推广人才、用户反馈信息收集人才。要把这项工作做得更好，还需加倍努力。当务之急是培养专业人才。在这一阶段，从事教学管理的工作人员，往往不能很好地适应信息化的教学管理模式，因此相关工作的开展会显得效率较低，更有可能出现一些低级的错误，导致教学管理信息化转型失败。要解决这方面的问题，需要一批高素质的实践者来完成这一任务。培养出一批高素质的员工，不仅仅使相关工作的开展会更加高效，教师和学生之间的沟通也会变得更加顺畅，系统的迭代速度也会得到明显的提高。

第十二章　计算机信息化在人力资源管理中的应用

第一节 人力资源管理信息化概述

企业的现代化标准需要与当今的经济、社会发展水平相匹配，而传统的人力资源管理往往很难适应企业的需求。因此，人力资源管理需要与计算机技术有机结合，在提高企业办事效率的同时，还能够增强企业在市场中的核心竞争力。

一、人力资源管理信息化的概述与原则

人力资源管理是企业管理中的重要组成部分，传统的人力资源管理通常是由人工操作完成的。计算机信息化与人力资源管理的相互结合，改进了传统人力资源管理的一些弊端，提升了当代人力资源管理的效率及力度，为企业的人力资源管理以及人才战略的实施进行了流程上的规范与技术上的改进，信息化技术的方便快捷性也为当代人力资源管理带来了新的发展趋势与方向。同时，计算机信息化在当前人力资源管理中的应用还需要参考以下几点原则：第一，人力资源管理信息化的经济性原则。我们在进行人力资源管理的计算机信息化改造的同时，必须要以经济性作为改造的目标之一，经济性是计算机信息化在人力资源管理应用中的重要优势，在进行人力资源计算机信息化的改进时，我们需要充分研究相应企业的实际需求与人员现状，不能只考虑系统的先进性能，而忽略了人员的素质水平以及企业的经济状态；

第二，人力资源管理计算机信息化的简单性原则。我们进行人力资源管理信息化升级的目的是提升企业人力资源管理的效率和质量，因此在进行信息化的改进时，就务必要重视操作与流程的简单便捷性，使新的程序与设备成为员工工作上的助手而不是负担。第三，人力资源管理计算机信息化的高效性原则。市场竞争激烈，企业要想立于不败之地，必须重点关注人力资源管理的高效性。通过计算机信息化管理模式，使得信息处理准确、快速，且节省了人力资源，对企业的可持续发展意义重大。

二、人力资源信息特性

（一）广泛性

人力资源信息往往包含个人生活工作情况等诸多数量庞大、繁多复杂的内容，因此人力资源信息具有一定的广泛性。在管理人力资源时，通常要求相关工作人员采集并储存多种来源的信息，不断完善企业的资料系统。因此，人力资源信息系统往往是一个企业在行政与发展方面的重要组成部分。同时，人力资源的广泛性决定了其与互联网相关联的可操作性，可利用互联网数据库存储、筛选、分析个人信息。

（二）准确性和保密性

处理人力资源信息指通过现有的情报来分析未知的问题，并作出正确的决策。为提高信息的准确度与实时度，并将抽象的事物增加标准以准确量化，企业需要增加人力资源信息的管理模型。

人力资源信息的保密程度通常与企业员工的个人利益息息相关。因此，不仅要确保信息本身准确无误，还需要采取一定的加密处理。若企业的人力资源信息遭到泄露，往往会带给企业难以估量的损失。

（三）逻辑性

由人力资源管理的历史可知，管理成效直接与企业的目标挂钩。因此，人力资源管理工作的逻辑性统一了企业中对人才的管理与管理活动。现如今，企业为了增强在市场上的竞争力，不采取以往的人才培训和薪水待遇划分标准设计等静态管理工作，而是提高企业在人才管理方面的综合性。根据人力资源信息的逻辑性，能够准确分析每位职工的具体情况，将当下政策和企业具体情况相结合，有效减少人才管理中出现的错误。因此，企业必须要将传统人力资源管理形式进行一定的改革，解决低效率管理和企业信息不流通等问题，实现企业人才管理现代化，增加人才管理中计算机技术的应用频率。

三、计算机信息化在人力资源管理中的重要性

近年来，计算机信息化已经渗透到企业管理的方方面面，人力资源管理作为企业管理的重要战略组成以及实施手段，加强人力资源管理的信息化建设，提高人力资源的管理水平势在必行。

（一）有利于提升企业人力资源管理的水准

企业的人力资源管理是一项涵盖面十分广泛的管理活动，也是一项十分复杂烦琐的管理项目，它不仅需要对每个员工的各项数据、档案等进行管理，同样还需要制定相应的企业薪酬战略、培训机制、激励制度以及企业内部的规章制度和企业文化。企业人力资源通过相应的计算机信息化的改进，从最为基础的档案数据管理上，可以提升管理的效率性，提高档案数据管理的容错率。从统筹规划的层面上来看，可以充分利用电子信息技术的信息传递以及信息处理的优势，建立信息化的人力资源管理系统，这种技术特点，转变了企业的管理模式，提升了企业管理制度的合理性，依靠电子信息技术强大的信息处理与收集能力，减少了人工手动操作，既提高了人力资源管理部门的工作效率，也降低了企业的人力管理成本，全方位地提升了企业人力资源管理的水准。

（二）有助于实现人力资源管理的信息共享

传统的企业人力资源管理在信息共享方面存在着一定的复杂性，而当今计算机信息化与企业人力资源管理相互结合的情况下，就可以利用计算机的存储共享功能和相应的信息共享软件来实现企业内部人力资源管理的信息共享。

第二节 计算机信息化在企业人力资源管理中的应用对策

一、计算机技术给人力资源管理带来的影响

（一）影响开发模式

就目前来看，与企业相匹配的中高等人才日益稀缺。而采用人力资源管理手段可以根据员工的信息，充分发挥员工应有的工作水平，优化企业内部的人员调配。同样，企业可以将人力资源管理与计算机技术相结合，调整企业的招聘方式。企业可以根据自身需求在互联网上发布招聘信息，求职者同样可以直接在互联网上查询企业的发展历史、工作环境、岗位需求，等等。企业也可以直接对网上收到的应聘简历进行浏览、筛选。计算机技术结合人力资源管理不仅可以快速匹配企业和求职者，还极大地提高了企业招聘和用人的效率，降低了企业在招聘上花费的人力和物力。

（二）降低成本

培训人才是人力资源管理中很重要的一个环节，该环节不仅提升了员工个人的技术素养，还提升了整个企业的发展水平。而引入计算机技术，不仅改变了企业传统的招聘方式和培训形式，还节省了大量人力与物力的投入。例如越来越多的企业选择通过网上招聘来提高企业自身的工作效率，顺应企业的发展。与此同时，更多的企业会选择通过计算机技术为公司职员提供远程在线培训，企业的培训基地不再局限于一个地点，突破了时空限制，节省了大量培训场地的开支。由此看来，在人力资源管理中加入计算机技术不仅提高了企业自身的工作效率，降低了企业在人力成本方面的开支，还在考核与筛选人才中发挥着不可替代的作用。

（三）聚拢人才

我国经济持续。平稳、快速的发展不仅加快了企业间的人才流通，也加剧了人才流失。对于企业而言，人才和企业在市场的竞争力有着密切的联系，

一个企业发展的基础就是人才，因此企业必须重视人才，把握人才变动的主要因素。企业人才的流动往往是工资、职位、企业文化、企业制度等因素的综合作用，这些因素直接影响着企业的人力资源管理。就企业而言，统一管理这些综合因素颇为复杂，掌捏每个职员的具体情况显然也不太现实，但计算机技术的出现恰好解决了这一难题。该技术通过了解、梳理掌握人力资源管理内容计算出企业中每位职员的基本数据其中，每一项数据都客观反映了该员工的基本素养，通过以上这些数据，可以更好地发挥每位员工的实力，为他们提供相同的竞争平台。不仅如此，该技术能够有效地优化企业中人员的调配，有效减少人才流失。

（四）提高管理效率

人力资源管理的主要工作包括：招聘、培训、薪水结算、考核绩效等，往往综合应用了多种统计方式，工作较为繁杂。由此可见，人力资源管理的专业性也很强，这与人力资源管理的工作特性息息相关。有机结合人力资源管理工作和计算机技术，能明显改善企业低效的工作状态，极大简化人力资源管理工作，明确工作目标和工作内容，减少企业在人力资源方面的投入与支出。同时，计算机技术的融入也提高了企业职员的信息质量。企业中大量不断更新的信息，节省了人力资源的配置时间，大幅提高了人力资源管理的效率。

二、计算机信息化在人力资源管理中的实际应用策略

（一）进行人才队伍的建设

信息化管理要应用两种技术，即计算机信息管理技术和网络技术，在人力资源管理中引入计算机信息化技术，需要具有专业技术的人才，对相关管理人员来讲，需要具有扎实的科学管理知识，不仅如此，还应该对系统工程、现代化技术手段等有一定的了解，管理人员在思维创新和组织能力上也要更胜一筹，因此这就要求我们必须对管理人员的知识培训加以重视，加大培训力度，开展针对性较强的知识培训班，尤其是信息化系统应用知识和网络等相关的知识理论等深化培训，保障不断提高其信息技术。

（二）积极创新科学规划

在人力资源管理中引入计算机技术，保障信息化人力资源管理，要求我们必须体现先进性，作为人力资源管理者对创新和精品要充分把握，为了不断降低企业运行成本，对一些实力较强的企业，可以利用引进来的方式，如要求在劳资管理上具有独到见解的专家或者一些运用人力资源管理信息化比较突出的公司，让他们根据自身的实际情况，制定专门的解决方案。同时，在信息化人力资源管理的时候，我们必须坚持高标准，具有较强的精品意识，有效结合自身企业实际和人力资源管理实际情况，唯有如此，才能更好地发挥计算机信息化在人力资源管理中的优势和作用，真正提升企业人力资源管理的水平。

（三）建立健全人力资源管理信息库

建设信息库是信息化企业人力资源管理的必经之路，建设信息库需要公司人才系列准确的信息，如专业人才档案，公司中长期人才需求预测等，这是保障企业人力资源信息化的重要基础，也是对电子文件进行管理和归档的重点，因此作为企业应该不断充实和完善现有的数据库信息，我们对人才进行招聘或者在网上发布需求信息，保障电子管理和信息动态查询企业人力资源，我们还应该互联相关技术，保障高质量数据库的建设，不断提高信息库的利用率，这对企业人力资源信息的建设具有重要意义。所以，我们必须基于人力资源管理信息库建设，立足企业长远人才需求，明确专业化人才档案信息，以此为抓手推进入力资源信息化建设。

（四）建立现代化的线上培训考核机制

员工的培训与考核的相关制度也是企业人力资源管理的重要组成环节，为了高效地实现企业人力资源管理的信息化，我们就应该与时俱进，充分利用电子信息技术的信息联通优势，将传统的员工职业培训与考核通过计算机转移至电脑线上进行。通过线上视频教学以及线上题库考试的方式，来进行相应的培训考核工作，这样不仅节约了企业培训的人力成本、时间成本、场地成本等，还能便于企业员工合理安排自己的时间，提升企业培训考核工作的效率与质量。

第十三章　计算机信息化在电子信息工程中的应用

近年来，计算机和互联网技术发挥的作用越来越大，并且正在不断改变人们的生活交流方式，成为人们生活中不可或缺的重要组成部分。计算机网络技术的出现改变了人们获取信息、传递信息的模式，让信息的传递更便捷，也拓宽了对信息获取和传递的渠道。通过这一技术，人们足不出户就能知晓天下事，动动手指就能进行行业之间的信息交流，也让人们的适应能力和解决问题的能力都得到了不同程度的提升。在这一基础之上，电子信息工程应运而生，借助计算机网络技术，电子信息工程大大提高了人们的工作效率。计算机网络技术水平的提升，有助于电子信息工程技术的健康发展，从多个维度给电子信息工程技术的质量和水平带来提升，以满足社会发展的需要。

第一节　计算机网络技术在电子信息工程中的重要意义及作用

一、计算机网络技术在电子信息工程中的重要意义

随着当前网络信息技术的发展，人们的日常生活和企业的日常运营已经离不开计算机网络技术，人们生活中信息的获取以及企业的信息工程都需要计算机网络技术进行整合分析，进而得到一个真实且准确的结果。然而，随

着计算机网络技术在电子信息工程系统中的实际应用，不仅加快了电子信息工程的进步和发展，还保障了人们日常生活中信息数据的安全性。

与此同时，为了保证各类信息能够处于一个绝对安全的计算机网络大环境中，有关部门需要邀请专业的人员在电子信息工程系统中对计算机网络技术进行最大程度的改革创新，以计算机网络技术和计算机系统的安全性及隐蔽性，使简单的信息数据能够在计算机网络技术的加持下得到层层加密。因此，在将计算机网络技术应用到电子信息工程中时，应该充分认识到弊端和优势之处，在实践过程中不断积累电子信息工程技术经验，并将相关理论知识和经验运用到计算机网络技术中，避免计算机网络技术在电子信息工程的应用中出现事物，保证日常生活中信息数据的合理性和安全性，为人们的生活提供了快捷性和便利性。

二、计算机网络技术在电子信息工程中的重要作用

计算机网络技术在电子信息工程系统中能够快速实现信息资源和数据共享。要想在电子信息工程中真正实现资源共享，就要建立相应的协议将计算机网络中的各部分连接起来，使得信息数据能够在电脑、平板等电子设备之间进行自由传递。同时，为了避免各类因素对网络传输控制协议的影响，要对各类网络信息数据进行分组处理，将不同种类的信息分别进行整理归纳，这样在数据使用过程中，使用者就能够更加精确的对于数据进行提取分析，快速在数据库中查阅到信息数据位置。在将计算机网络技术融入电子信息工程系统的过程中，应该通过专业人员使用计算机网络技术建立完善的信息传输标准，保证信息数据的正常传输、转变以及提取。

计算机网络技术在电子信息工程中能够有效提高信息传递的质量和速度。在计算机网络技术和电子信息工程技术的加持下，人们通过各渠道获取各类信息的速度加快，不论是人们需要的信息还是不需要的信息，都同时出现在人们的日常生活中。然而随着电子信息工程中信息传输速度的提升，使得人们对于信息数据传输过程的安全性和稳定性有了更高的要求，通过对计算机网络技术的改革创新，进一步提高了信息和数据在网络中进行传递的安

全性，并加强了信息和数据的传输效率。

计算机网络技术在电子信息工程中能够开发新型设备。将计算机网络在电子信息工程中进行实际的应用，不仅能够实现资源共享和信息传递质量，还能够实现网络信息技术的研究和新型设备的开发。例如，电子信息工程系统是根据计算机网络技术和电子信息资源共享开发的，借助了计算机网络技术能够对于超文本信息进行充分的解读，这种阅读方式是根据超文本传播协议，使得使用者在任何时间和地点都能够查阅到所需要的信息。

第二节　计算机网络技术在电子信息工程中的应用

现阶段，随着全球化进程的不断进步，科技水平和人类的社会综合水平都得到了一定程度的提高。飞速发展的科学技术正不断改变着人们的生活和交往方式，尤其是借助互联网技术的东风，大数据和云技术都得到了迅猛发展，并且拥有巨大的市场空间。在这样的背景下，电子信息工程借助互联网技术的发展也得到了飞速发展，且两者之间的联系更加紧密。因此，笔者通过研究认为，电子信息工程要想更好地发挥作用，其中一个重要的先决条件就是不断促进二者之间的相互融合。

一、电子信息工程中的信息传递技术应用

作为电子信息工程中的十分重要的一个环节，电子工程技术应用中，传递信息的速度、效率、质量、安全性等因素都会影响到电子信息工程的综合质量。所以说，电子信息工程的应用过程中，信息传递的质量和安全就显得尤为重要。顾名思义，信息传递技术其实就是利用传输介质实现对信息的接收和传输。信息传递技术的出现，对传统的信息交互模式进行了创新，在信息传递的过程中实现了效率、安全性等功能的提高。现阶段，信息传输的手段主要有网络、广播、移动终端等，且从发展的角度来看，多网融合，多渠道并轨已经成为趋势，且正不断改变人们的生活和交往模式。信息源的多渠

道传播、重复利用在确保其传播效率的同时保证了传播的质量，以信道技术为例，其中就包含了信道的均衡、信号的设计、分集的传送和接收等相关技术。现阶段，信道均衡的研究重点方向是自实行均衡技术，信号的设计理念是针对信道实时数据计算和发射拥有抗衰能力的特定信号，并利用专门的接收终端将其还原，这样做的目的是减弱衰耗带来的影响，经过一段时间的发展，人们通常采用多进制的信号和伪噪声编码等技术来减弱信号传输过程中的衰耗现象。在信息传播的过程中，不管采用哪一种传递方式，计算机网络技术发挥的作用都是不可代替的。伴随着互联网技术和大数据技术的不断更新发展，信息的传播能力、便捷程度以及安全性都得到了很大的提高，这也为传递信息的质量和可靠性提供了强有力的保障。

二、电子信息工程的设备开发

在电子信息工程的发展历程中，队友相关设备的研发以及利用是一个最基本的内容。随着时代的不断发展，相关设备也要与时俱进，否则就不能满足人们日益增长的需要。因此，为了确保电子信息工程技术中相关设备单元的研发质量、安全性以及时效性，就必须加强计算机技术在这一领域的应用。就传统意义上的通信线路而言，计算机网络技术支撑下的通信技术无论是从效率、质量上都远远传统的电子信息工程，再者即便在局域网络范围内，计算机网络技术也确保信息系统的统一性。需要注意的是，在实际应用中，要做好网络专线公网线路的区分，根据不同的需要进行相应的维护和制定预案。

当前，人们虽然在电子信息工程中广泛搭载了UNIX系统及其衍生系统。但是，在不同的企业以及不同的行业中，缺乏相对统一的组织架构和运行标准。这就很容易引起不同的网络环境下信息源的复杂性，操作起来较为麻烦。而在电子信息工程设备开发的过程中巧妙地融入计算机技术、网络技术，就能充分解决结构和协议标准不统一的问题，同时也能让通信线路的质量得到有力的保障。不仅如此，对于电子信息工程的通信介质而言，也需要依托计算机网络技术的通信技术和传输技术才能得到更好的发展。在日常生活和工作中，人们需要借助计算机网络技术进行信息的接受与传播，资源的共享、利用互联网进行检索等。以数字通信技术为例，我们想要实现点对点的通信，首先要把模型信号转换成数字信号，也就是人们常说的信源编码，然后在对这些数字信号进行传输。当接收器完成接收之后再复原为模拟信号，也就是解码。在整个传输过程中，计算机网络技术离不开设备终端，设备之间的信息共享也依托于计算机网络技术。与此同时，通信介质也需要计算机网络技术使其信息被不同的接收终端分析和共享。比如我们经常会使用的网页浏览器，不仅能完成搜索功能，还能实现在线下载，这也是基于 HTTP 协议，通过计算机网络技术，人们最终实现了对信息的共享。

三、电子信息工程的安全问题

人类的不断进步和发展，其中一个比较关键的因素是计算机网络技术的出现和应用。随着这一技术的不断变革，电子信息工程也渐渐得到了人们的认可，其应用范围也越来越广，并在许多相关领域发挥了积极的推动作用。但是，电子信息工程作为一个时代的产物，既带来了机遇也带来了挑战。例如，信息的安全性是电子信息工程中需要考虑的核心问题。近年来，网络信息安全问题一直制约计算机网络技术的健康发展。为了确保电子信息工程的安全性和可靠性，就需要不断加强安全防护技术的应用。例如，加密技术能够有效确保计算机信息的安全性，避免重要信息被窃取，有效保证计算机网络的整体安全性能。具体而言，就是在计算机网络安全保护系统中，将密钥管理程序用于计算机中，对其中的文件和重要程序进行一道加密程序，以确保它们不被远程用户访问。在计算机网络安全防护中，有两种加密应用：访问地址和密码。用户可以根据自身情况选择合理的加密方式。在保证计算机网络技术安全的同时，也能不断提高传输信息的安全性和便捷性。

四、电子信息工程中的技术应用

随着全球化和经济一体化进程的不断推进，计算机网络技术和电子信息工程技术的联系也变得更加紧密，借助网络技术的不断发展，电子信息工程的改革和发展都得到有效提高。所以说,在电子信息工程领域,计算机网络技术所发挥的作用是其他应用无法替代的。从当前的计算机网络技术应用现状分析,在众多信号源传输的过程中,光纤材质的输送工具能够降低信号的损耗确保信息传输的质量。所以说,在广域网中,需要定期对光缆、光纤等信息传递工具进行检查和提升工作,从而确保网络通信的安全和稳定。不仅如此,计算机网络技术的应用过程中,一个较大的优点就是可以通过卫星通信技术实现信号的传输,其主要工作原理通过卫星和地面接收基站进行信号的接收和传输,卫星通信技术的出现能够解决光缆铺设困难和铺设成本过高的问题。

服务器能否安全运行,能否提供可靠的安全保证以及数据的维护是否迅速,将直接影响到电子信息工程运行的平稳性和存储数据的安全性。因此,计算机网络技术运用到电子信息工程技术中的一个重要前提就是确保服务器的安全和正常运转。由于信息传输工作的持久性和连贯性,对服务器提出了较为严格的要求,除了不可抗拒的因素之外,一般情况下,服务器需要全年无休的运转;此外配置和执行标准也是一个重要的条件,再有就是电源的稳定性、有无应急电源、运行的环境是否整洁等都有严格的执行标准,只有做到未雨绸缪,及时预防,将风险降低到最低,才能最大限度保证信息传递和数据储存的安全。

五、电子信息工程的信息维护

在信息的维护领域,科学的使用计算机网络技术能够起到维护电子信息工程信息质量的作用。在这里的信息维护并非传统意义上的电子信息工程维护,而是指依托互联网技术发展中需要运用到的一种功能维护形式。在电子信息工程中,主要通过这一技术完成对设备终端和网络系统进行维护。除此之外,在这一系统中还经常会应用到向量化电子地图技术,用户通过这一技术能够轻松实现对监测中心访问的功能,从而在远程状态下就能完成对故障信息的分析和处理。

六、电子信息工程的信息共享

过去传统的模式中，信息的共享存共享范围狭窄，数据化的存储空间较小等缺陷，已经很难满足飞速发展的社会需求和人们的需要。将计算机网络技术植入电子信息工程当中，可以将传统的定向传播转换成信息资源的覆盖式共享，能有效扩展数据的储存空间。不仅如此，通过防火墙、密钥管理程序等手段还能设置信息的共享权限，针对信息资源的秘密程度制定针对性的加密保护方案，以确保信息共享过程中的安全性。当前，人们已经进入了信息化时代，信息的共享已经成为人们生活中的一个部分，在这一时代背景下，如何实现快速的信息共享以及信息共享中的安全性已经成为一个热点话题，传统的信息传播模式主要通过电视、广播、报纸等传统媒介，很难达到信息共享的效果，现如今，随着计算机网路的出现，大数据技术和云技术得到飞速发展，信息共享的渠道也越来越多，对人们和社会提出的要求也越来越高。

计算机网络技术的出现和发展给电子信息工程提供了理论和技术上的支持，并让其能更好地服务社会，推动人们文明进程不断向前发展。计算机网络技术的一个重要优势就是能实现资源的快速共享。因此，相关工作人员一定要抓住这一特性，并科学化的英勇，尤其是在电子信息工程中，要不断优化信息资源，确保电子设备终端之间共享资源的安全性和真实性；要严格按照网络协议中的执行标准进行信息资源的输送、储存，排除外界干扰，确保信息共享的效率和顺畅程度。现阶段，信息共享对人们的工作和生活都有着重大意义，已经融入我们生活的方方面面，计算机技术的利用，也让电子信息工程实现了资源共享的快捷性、稳定性、安全性和流畅性。

第十四章　计算机信息化在医院中的应用

现阶段当计算机网络技术开始涉及医院的相关领域的过程当中,需要对医院内部的计算机信息化系统的构建以及设计予以重视,通过探索我国医院内部计算机信息化技术的整体途径和方式,将计算机相关信息化技术更加全面的运用到医院管理的不同环节当中,进而能够对医院信息化整体的应用水平和管理工作进行提升,能够全面实现医院数字化管理和信息化的建设工作。

第一节　医院进行信息化管理和网络建设的重要意义

医院是集医学检查、康复救治、救死扶伤等为一体的医疗机构,承担着人们生命健康保障的重任。在我国经济高速发展的同时,医疗卫生事业也得到了快速发展,医院加快信息化管理和完善网络建设对深入开展医疗卫生机构改革,提高我国医院管理水平和效率具有重要意义。

一、重要意义

(一)满足了医院业务变化

随着科技的不断发展,医疗设备也不断进行换代升级,其信息技术含量日益加大,检测手段和准确度越来越高,这对医院自身管理和网络建设提出的要求,同时,医疗从业者也迫切需要建立一个完善的网络体系和高效的信息化管理模式,最大化应用医疗设备,不断提升工作效率。

（二）满足了医院各项工作管理

医院的部门较多，日常管理一直是医院运行办公的重要内容，在进行医院信息化和网络化建设后，各部门之间的沟通打破了楼层间隔，实现了网络即时沟通，节省了各部门和医生之间的对接时间。在患者进行看病问诊时，可以在信息平台中查看以往病例，准确把握病情发展状况，在必要时可以通过网络手段进行专家咨询和问诊。

（三）满足了医院专业化的要求

医院在进行看病确诊时，需要利用医疗设备对患者进行相关方面的检测，根据检测结果进行会诊，是医生进行下一步操作的基本遵循，一旦医疗设备出现故障或者检测出现数据偏差，那么对患者的诊治将会出现灾难性后果，因此必须建立完善的信息化管理和网络建设体系，保障医疗设备正常运行。

二、医院信息化建设的原则

医院的信息化和网络建设必须根据实际情况进行总体规划，要遵循可持续发展原则，信息化网络建设是一项较大的系统性工程，建设周期长，如果不考虑未来发展，只关注眼前利益，那么在网络优化或者设备升级换代时，会出现已有网络建设与设备不匹配情况，造成不必要的经济损失。要遵循安全稳定原则，信息化管理和网络化建设在给医院带来便利的同时，也凸显出其安全稳定运行的重要性，各项系统必须是每天 24 小时不间断运行，因此医院在构建信息化和网络体系时必须把安全和稳定放在第一位，确保系统运行不出现任何问题。要遵循标准化原则，标准化意味着规范化，是实现不同地区医疗体系互联互通和信息共享的前提条件，如果没有统一的标准，那么便失去了信息化管理和网络建设的优势。

三、计算机信息化在现代化医院建设中的作用

(一)提升医院管理工作建设水平

计算机信息化在提高医院管理工作的建设水平方面效果显著,为管理人员开展工作提供便利,进而减轻管理人员工作压力,实现管理工作水平的大幅提升。医院管理人员在实际工作中应用计算机信息化技术能够在一定程度上提高管理工作的信息化水平,规避其他方面的风险,确保管理工作的高效有序开展。例如,在病房管理工作中,医护人员可以运用计算机信息化为病患提供其医疗费用、护理注意事项等信息,并使用其实现对病患信息的搜集与利用,保证医生和患者可以快速掌握基础就医信息,避免漏缴、拖欠医疗费用及床位重复。

(二)提升医护人员的工作效率及工作水平

在医护工作中应用计算机信息化技术能够在一定程度上促进医护工作水平的提升,为患者提供更加优质的医疗服务,以此扩大医院的竞争优势,促进医院的现代化发展。在实际工作中,医护人员可以借助计算机网络系统进行信息传递,能够保证信息传递的准确性和及时性,避免人为因素导致医疗风险事件,保证医护工作的质量,确保患者的生命安全。例如,在药品管理工作中,医护人员可以使用计算机信息技术进行药品的出入库记录工作,减少药品登记工作出现差错。并且医护人员还可以通过计算机信息化为患者进行开药,保证药品管理人员可以准确地接收医生的信息,避免出现为患者提供取药服务中出现失误的现象。

(三)提高医院的档案管理水平

档案管理工作是医院管理工作的重点和难点。新形势下,医院档案管理一般由人工完成,管理人员需要重复进行档案收集、整理、储存和检索调阅等工作,档案管理工作较为简单枯燥,人员不能积极主动投入工作中。在实际工作中,档案管理人员可以利用计算机信息化技术改进自身工作,加快档案管理工作进度,实现档案管理工作质量的提升。电子信息病案管理系统能够录入就医患者的信息,利用互联网和计算机技术,可以快速查找、传递和

保存病患档案。

电子信息病案管理系统能够帮助档案管理人员记录和整理病案，而且能够避免人为因素导致的信息泄露，保证档案信息的完整性和及时性，实现档案管理工作效率及质量的大幅提升。

第二节 计算机信息化在现代化医院中的具体应用措施

一、建立专业的计算机信息化管理部门

新形势下，医院应明确社会发展趋势，在实际工作中积极尝试应用计算机技术，成立专业的计算机信息化管理部门，在医院内部进行计算机知识宣讲，保证医护人员在工作中认识到计算机信息化建设工作的重要性，使其在工作中积极进行相关信息的搜集，并进行数据分析工作，保证相关信息可以在医院管理工作中发挥重要的作用，促进医院的快速发展。

（一）医院的病案统计应用

在医院内部的计算机管理系统的相关应用当中，将计算机管理系统应用到医院的相关病案的管理系统当中，例如，医院每一天的死亡率、住院病患人数、抢救患者数量、医院每天的就诊人数等，医院的计算机网络管理系统能够将数据自动生成，大量的减少医院工作人员的日常工作量，从而提升医院整体工作的效率。另外，计算机信息管理系统能够将医院的相关财务数据进行实时传输，将病患使用的相关药品信息实施传输，从而能够实现医院药品详细信息的共享，能够更加有效、迅速、及时的实施药品发放以及药品费用的核算。

（二）医院的档案、药品采购的应用

在医院内部的计算机信息管理系统当中，能够更好地实现对于医院药品的全面控制和监督，同时能够记录医院药品的采购、出库、入库等多种有关

的信息，对于医院内部一些已经过期的药品的管理也十分有效，能够通过医院内部的计算机信息管理系统自身的预警功能，从而开展医院已经过期的药品的管理工作。另外，医院内部的计算机信息管理系统能够更加全面、准确的对医院的人事档案进行构建，例如，医院内部就职人员的资历、工作年限、学历、入党时间、职称资格、入职时间等，这样能够实现对医院内部就职员工的绩效管理和激励管理等。

（三）财务管理的应用

在医院内部的计算机信息管理系统的相关应用当中，医院内部的财务工作也是一项相当重要的工作，并且通过对医院自身的信息化系统的完善和构建工作，能实现对医院当中大量的财务信息实现分析和储存功能，同时拥有非常高的应用。详细的主要包括：

1.医院的门诊收费系统

在医院内部的计算机信息管理系统当中，能够极大的提高收费的效率，从而能够方便医院退款和对账工作，提升服务质量。

2.病患住院的收费系统

在医院内部的计算机信息管理系统当中，建设自动化的收费系统能够使得病患缴费更加方便，同时还要自动生成出相关的财务报表的信息，进而能够实现对于一些信息数据的管理和核算。

（四）远程医疗诊断的应用

在医院内部的计算机信息管理系统当中，可以进行远程医疗诊断，从而能够通过这项系统为异地的病患提供远程的医疗服务，这样不光能够节约患者自身的时间，同时能够节约患者就医的费用，得到更加便利化、更加优质的服务。同时，在医院内部的计算机信息管理系统的背景之下，医生能够更加及时、准确地得到病患自身的病案信息，这对于病患的相关临床表现，进行全面、准确的医学诊断，然后拟定一个合理经济的临床诊治的方案，增加病患的医疗满意度。

二、规范信息化建设流程

在计算机信息化建设过程中，医院要规范信息化管理工作的流程，根据实际情况及现存问题不断完善相关制度，为管理人员完成信息化建设工作提供制度层面的依据，保证医院内部可以高质量进行信息共享工作，进而提高信息化建设工作的质量，确保医护人员可以在相关规章制度下，加强对医院资源的利用，扩大医院在行业中的竞争优势，推动医疗领域的信息化建设。保证计算机信息化在收费管理工作中，相关人员可以严格按规划范流程进行相关操作，以此减少收费工作中的失误，进而提高收费工作的效率，减少患者等待的时间，提高医院的服务水平。

三、增加现代化建设中计算机信息化的资金投入

医院管理人员要认识到只有提高计算机信息化建设水平，才能有效地提高管理工作质量，为医护人员提供良好的工作及科研活动，进而加大对计算机信息化建设工作资金的投入，保证相关工作可以顺利进行，促进医院的快速发展。医院在增加信息化建设资金投入工作中，要积极应用远程诊疗平台，使用计算机信息化技术拓展自身的工作范围，在网络中积极为患者提供医学诊疗咨询，保证医院医护人员可以帮助更多的患者。

四、积极引进先进的计算机软件及设备

在计算机信息技术建设过程中，管理人员应认识到设备在计算机信息化建设是相关工作的基础，因此，相关管理人员要积极引进先进的计算机设备，保证其可以满足医院的信息建设工作，进而提高相关工作的质量，促使其进行快速的发展。在引进先进的设备后，以此为载体，管理人员还要加强对软件的引进，完善医院内部网络，确保患者可以在网络中完成预约、挂号、缴费及办理出入院手续等工作，以此提高医院计算机信息化建设水平，促使医院快速提高其发展水平。

第十五章 计算机多媒体技术在教学中的应用

第一节 计算机多媒体技术研究的主要内容

多媒体技术研究的主要内容包括以下几个方面：多媒体数据压缩、多媒体数据的组织与管理、多媒体信息的展现与交互、多媒体通信与分布处理、虚拟现实技术。

一、多媒体数据压缩技术

在多媒体系统中，由于处理的媒体信息主要是非常规数据类型（如图形、图像、音频和视频等），并且这些媒体信息数据量非常大。例如，一幅具有中等分辨率（640X480像素）真彩色图像（24位/像素），它的数据量约为每帧7.37 Mb。若要达到25帧每秒的全动态显示要求，每秒所需的数据量为184Mb，而且要求系统的数据传输速率必须达到184Mb/s，这在目前是无法达到的。同时，媒体数据中间常存在一些多余成分，即冗余度。如在图像中，某些颜色会重复出现，某些颜色比其他颜色出现得更频繁，这些冗余部分便可在数据编码中除去或减少。媒体数据中间尤其是相邻的数据之间，常存在着相关性。如视频中相邻两帧中之间可能只有少量的变化，音频信号中具有一定的规律性和周期性等，可以利用某些变换来尽可能地去掉这些相关性。此外，人们在欣赏音像节目时，由于耳、目对信号的时间变化和幅度变化的感受能力都有一定的极限，如人眼对影视节目有视觉暂留效应，人眼或人耳对低于某一极限的幅度变化已无法感知等，故可将信号中这部分感觉不出的分量压缩掉或"掩蔽掉"。因此，为了使多媒体技术达到实用水平，除了采用新技术手段增加存储空间和通信带宽外，对数据进行有效压缩多媒体发展中必须要解决的最关键技术之一。

压缩技术经过 40 多年的发展研究，从 PCM 编码理论开始，到现今成为多媒体数据压缩标准的 JPEG 和 MPEG，已经产生了各种各样针对不同用途的压缩算法、压缩手段和实现这些算法的大规模集成电路或计算机软件。

二、多媒体数据的组织与管理

多媒体数据具有数据类型繁多、数据量大、关系复杂等特点。传统数据库系统的能力和方法在处理多媒体数据时往往难以适用，如何组织存储多媒体数据？以什么样的数据模型表达和模拟这些多媒体信息空间？如何管理多媒体数据？如何操纵和查询多媒体数据？因此多媒体数据的组织和管理是多媒体信息系统要解决的核心问题。目前，人们利用面向对象方法和机制开发了新一代面向对象数据库，结合超媒体技术的应用，为多媒体信息的建模、组织和管理提供了有效的方法。但是面向对象数据库和多媒体数据库的研究还很不成熟。

三、多媒体信息的展现与交互

多媒体系统中，各种媒体信息并存，适用于传统文本式的"显示"方式显然无法满足视觉、听觉、触觉、味觉和嗅觉等多种媒体信息的综合与合成。同时，在多媒体系统开发时还要考虑各种媒体的时空安排和效应，相互之间的同步和合成效果，相互作用的解释和描述等问题。尽管影视声响技术广泛应用，但多媒体的时空合成、同步效果，可视化、可听化以及灵活的交互方法等仍是多媒体领域需要研究和解决的棘手问题。

四、多媒体通信与分布处理

由于多媒体信息数据量大，实时性强，电话网、广播电视网和计算机网络等通信网络的传输性能都不能很好地满足多媒体数据数字化通信的需求。计算机网及其在网络上的分布式与协作操作是广泛地实现信息共享的前提。多媒体空间的合理分布和有效的协作操作将缩小个体与群体、局部与全球的工作差距。超越时空限制，充分利用信息，协同合作，相互交流，节省时间和经费等是多媒体信息分布的基本目标。多媒体通信与分布处理多媒体通信对多媒体产业的发展、普及和应用有着举足轻重的作用，构成了整个产业发展的关键和瓶颈。

五、虚拟现实技术

虚拟现实，就是使用户沉浸在一个由计算机技术生成的具有视觉、听觉、触觉及味觉等逼真感官感受的世界，用户可以直接用人的技能和智慧对这个生成的虚拟世界进行观察、互动和操纵。虚拟现实的发展经历三个阶段：首先，实现是用计算机生成的一个 逼真的实体，"逼真"就是要达到三维视觉、听觉和触觉等效果；其次，用户可以通过人的感官与这个环境进行交互；最后，虚拟现实往往要借助一些三维传感技术为用户提供一个逼真的操作环境。

虚拟现实技术是仿真技术、计算机图形学人机接口技术、多媒体技术、传感技术、网络技术等多种技术的集合，是一门富有挑战性的多技术多学科相互渗透和集成的技术，研究难度非常大。它是多媒体应用的高级境界，应用前景十分广阔，而且某些方面的应用甚至远远超过了这种技术本身的研究价值，这就促使虚拟现实成了炙手可热的技术。

第二节　计算机多媒体的创作环境和应用前景

一、多媒体技术的应用

多媒体计算机技术改善了用户操作计算机的交互感受，为信息的表达提供了一种全新的方式。多媒体技术与信息高速公路的结合已给人类社会的工作和生活方式带来极其深远的影响，为计算机家庭应用提供了广阔的前景，典型应用包括以下几个方面。

（一）教育培训

教育与培训是多媒体应用最活跃的领域。人们大都认可这样一种说法：学习者能够记住"20%他们听到的，40%他们同时听到和看到的；75%他们听到、看到、并且动手做了的"。显然，采用多媒体技术的教学和培训能够更有效地提高学习者的兴趣、集中学习者的注意力、并且加快知识消化和吸收的速度。

多媒体教学和培训的形式非常多样，最典型的是采用多媒体教室，教师通过利用以计算机为核心的各种多媒体设备，图、文、声并茂甚至借助活动影像促进学生理解，加深学习印象，从而大大提高学生的学习效率。另一种方式是借助交互式多媒体教学程序，让学生在交互式学习环境中按照自己的学习基础、学习兴趣来选择自己所要学习的内容，实现自定步调，自主学习。

与 Internet 紧密结合的远程教育是多媒体教学的另一种常见形式。在远程教育中，多媒体信息是通过网络进行传播的，从而使学习者能随时随地共享高水平的教学，比如微课、慕课等教学资源的使用。

此外，结合了虚拟现实技术的多媒体培训还可用于一些特殊场合，比如培训飞行员使用计算机学习驾驶飞机、培训消防员在虚拟的火灾现场掌握灭火技能等，从而降低了培训的费用和风险。

（二）过程模拟

科学家在设备运行、洋流分布、天体演化、生物进化等过程中采用多媒体技术进行过程模拟，可使人们生动、形象地了解事物变化原理和关键环节，为揭示事物变化规律和本质起到重要的作用。若进一步实现智能过程模拟，将获得最佳效果和更理想的过程。

比如，20世纪60年代发现的Ras蛋白的编码基因，作为第一个发现的与人类癌症相关的基因，研究发现有超过三分之一的癌症与这个蛋白的突变相关。如果科学家能够对Ras蛋白形成的聚集簇及其相互作用的蛋白有更深入的了解，则可能使得我们对癌症有进一步了解。研究人员利用德州高级计算中心的超级计算机对Ras蛋白在细胞膜表面的形态做了动态模拟，模拟发现了Ras蛋白新的结合位点。研究人员试图对一些新的位点做一些小分子的结合实验，以探究Ras蛋白的活性，更进一步地筛选可能的药物来治疗癌症。

（三）商业广告

在商业活动中，使用多媒体技术能够图文并茂地展示产品、游览景点和其他宣传内容，用户在与多媒体系统交互过程中，获取商品更多的信息，商家也可通过对商品多媒体形象的选择与加工，吸引潜在客户。

例如，淘宝电商在推销某一商品时，可将该商品的外貌、材质、用途、规格等用文字、图形、图像表现出来，还可制作成多媒体视频并加入对应的解说，顾客通过观看商品网页上的信息就可以对所购商品有直接了解，避免了买后商品不适用的情况发生。

（四）影视娱乐

作为计算机应用的一个重要领域，影视与游戏娱乐产业在多媒体技术发展过程中发生了翻天覆地的变化。传统的电影大多采用真人演绎，实景拍摄制作完成，多媒体技术的出现，突破了现实的束缚，声、文、图并茂的实体模型或虚拟背景可以最大限度实现主创人员的天马行空，逼真画面、音效也为观众带来前所未有的视听盛宴。多媒体技术的应用简化了游戏开发环节，大量制作精良、价廉物美的游戏产品备受人们的欢迎，对启迪儿童智慧，丰富成年人的娱乐活动大有益处。

20世纪80年代开始，计算机多媒体技术开始在电影产业崭露头角。1982年，电影《星舰迷航——可汗之怒》中首度在电影中使用了全数字的动画技术。同年，《电子世界争霸战》成为第一部有明显计算机动画场景的真人电影，片中包括了超过20分钟的三维计算机动画。20世纪90年代，计算机动画特效开始大量用于真人电影中，最著名的例子包括《魔鬼终结者》《侏罗纪公园》《阿甘正传》以及《泰坦尼克号》。同时，动画片中也开始采用越来越多的计算机动画。1995年，皮克斯公司制作出第一部完全用三维计算机动画制作的剧情片《玩具总动员》并获得了空前的成功。21世纪，计算机动画特效越来越多地应用于真人电影。最著名的例子就是《阿凡达》，虽然该影片仅25%的内容使用了传统的外景拍摄，但却使用了大量的数字影像捕捉技术，由此来满足现场的或者是后期的高质量影像合成的需要。

（五）旅游业

以互联网为依托的多媒体呈现技术具有传播双向性、信息立体化、形式多样化、多向分散性以及信息传播的无边界性的特点。这种新型的传播模式模糊了信息与广告的界限，及时互动、双向沟通、"一对一"交流等特征正迎合网络时代游客对旅游新需求，因此，多媒体呈现技术必将成为旅游产品宣传推广的最佳媒体及未来发展趋势。

旅游广告主与广告受众的互动，向用户提供了丰富的、立体化的、直接的信息，有效地满足了不同受众的需要和习惯，实现了广告的个性化。此外，具有共征性、能动性和分散性特点的数字多媒体呈现技术借助网络社交媒体获得了梦寐以求的受众资源。比如2009年火爆全球的澳大利亚大堡礁"护岛人"的全球选拔，这份"世界上最好的工作"，只需六个月的时间内在风景如画的岛屿上散散步，喂喂鱼，写写博客，告诉外面的人自己在岛屿上的"探索之旅"，就可以得到15万澳元（约70万人民币）的薪酬。这个工作其实是昆士兰旅游局精心策划的大堡礁旅游产业推广活动。与其说是护岛人，其实是大堡礁的体验者——昆士兰旅游局通过体验式营销的方式来向世界宣扬大堡礁的美妙之处，同时充分利用招聘过程的吸引力成功进行营销造势，吸引全世界旅游者的关注，向全球推广大堡礁的知名度与美誉度。

二、多媒体技术的发展趋势

（一）虚拟现实

虚拟现实是一项与多媒体密切相关的交叉技术，结合了人工智能、计算机图形技术、人机接口技术、传感技术计算机动画等多种技术，它通过综合应用计算机图像处理、模拟与仿真、传感、显示系统等技术和设备，以模拟仿真的方式，给用户提供一个真实反映操作对象变化与相互作用的三维图像环境，从而构成一个虚拟世界，并通过特殊的输入输出设备（如数据手套、头盔式三维显示装置等）提供给用户一个与该虚拟世界相互作用的三维交互式用户界面。虚拟现实技术的应用包括模拟训练、军事演习、航天仿真、娱乐、设计与规划、教育与培训、商业等领域，发展潜力不可估量。

一部智能手机，一个 Google 公司的 Cardboard，就能轻松体验虚拟现实。Cardboard 是一个以透镜、磁铁、魔鬼毡以及橡皮筋组合而成，可折叠的智能手机头戴式显示器，提供虚拟实境体验。此穿戴式装置由 Google 公司设计，然而并没有任何官方的制造商或供应商；取而代之的是，Google 在其网站上免费提供零件列表、示意图及组装说明，鼓励一般人用容易取得的零件自行组装。

（二）多媒体数据库和基于内容检索

随着多媒体技术的迅速普及与应用，互联网上出现大量的多媒体类型数据，例如，在遥感、医疗、安全、商业等部门中每天都不断产生大量的图像信息。这些信息的有效组织管理和检索中都依赖基于图像内容的检索。基于内容的图像检索已成为近年来多媒体信息检索领域中最为活跃的研究课题。基于内容的图像检索是根据其可视特征，如颜色、纹理、形状、位置、运动、大小等，从图像库中检索出与查询描述的图像内容相似的图像，利用图像可视特征索引，可以大大提高图像系统的检索能力。

百度图片等多个网络搜索引擎相继推出以图搜图功能，使得图形图像搜索更加便捷。常规的图片搜索,是通过输入关键词的形式搜索到互联网上相关的图片资源,而以图搜图则能实现用户通过上传图片或输入图片的 url 地址,从而搜索到互联网上与这张图片相似的其他图片资源,同时也能找到这张图片相关的信息。

在音频方面,借助机器学习领域深度学习研究的发展,以及大数据语料的积累,语音识别技术得到突飞猛进的发展,新一代移动智能终端已经可以通过对话这一最自然的交流手段实现人机交互。语音识别领域的研究正方兴未艾,新算法、新思想和新的应用系统不断涌现。同时,语音识别领域也正处在一个非常关键的时期,世界各国的科研人员正在向语音识别的最高层次应用一非特定人、大词汇量、连续语音的听写机系统的研究和实用化系统进行冲刺,可以乐观地说,人们所期望的语音识别技术实用化的梦想很快就会变成现实。

(三)多媒体通信和分布式多媒体技术

随着信息化发展的进程加快,社会分工越来越细致,人际交往越来越频繁,群体性、交互性、分布性和协同性将成为人们生活方式和劳动方式的基本特征,越来越多的工作需要身处异地的群体的协同努力才能完成。随着多媒体计算机技术和通信技术的发展,多媒体通信和分布式多媒体信息系统将计算机的交互性.通信的分布性和电视的真实性完美地结合在一起,向人们提供全新的信息服务。其大致可分为以下四种类型:会话型,在家中可以和世界各地的同行一起"开会"商讨问题;分配型,在家中可以随意点播你想收看的电视节目;检索型,你可以随时从不同地点的多媒体数据库中检索到你要的多媒体信息;电子信函型,你可以在任何时间向远方的朋友发出(或接收)集声像于一体的"电子函件"。

第三节　计算机多媒体素材的采集

一、文本采集技术

（一）常用的文本文件格式

本文界定，将文本文件格式分为两种，一种是"可修改"的文本格式，如 TXT 和 DOC 等，另一种是"不可修改"的文本格式，如 PDF 和图片形式的文本。

1.常用"可修改"的文本文件格式

常见的有 DOC，TXT，HTM，RTF，WRI，WPS 等格式。下面对其进行简单介绍：

DOC：当在 Microsoft Word 2003 中保存一个新文档时，默认情况下，Word 会以扩展名为 DOC 的 Word2003 格式进行保存。

TXT：是纯文本格式，只保存文本，不保存其格式设置。将所有的分节符、分页符、换行符转换为段落标记。使用 ANSI 字符集。用记事本编辑的文本在默认情况下，就是以 TXT 格式进行保存的。

HTM：是 Web 页格式。如果将文件保存为 Web 页，则所有的支持文件（如项目符号、背景纹理和图形）在默认情况下都将保存在支持文件夹中。默认情况下，支持文件夹的名称是由 Web 页的名称加上下划线（-）、句点（.）或连字符（一）及单词"files"组成的。单词"files"将显示为与将文件保存为 Web 页时所使用的 Microsoft Office 2003 语言版本相对应的语言。某些 Web 浏览器可能不支持能够在 Word 中使用的某些文件格式。在将 Word 文档保存为 Web 页时，Word 可以取消不支持的格式设置，并应用 Web 浏览器支持的格式。

RTF：保存所有格式设置。将格式设置转换为其他程序（包括兼容的 Microsoft 程序）能阅读和解释的指令。Word 2003 也可将文本另保存为这种格式。

WRI：用写字板文件编辑时，文件保存的格式。

WPS：当用 WPS 进行编辑文本时，默认的文本格式就是 WPS 格式。

2.常见的"不可修改"的文本格式

常见的主要有 PDF，CAJ，KDH，PDG，WDL，VIP 以及图片形式的文本等格式。一般来说，每种格式的文本都对应一种浏览器，以下简单介绍：

PDF 格式的文本用 adobe Reader 浏览。

CAJ、KDH 格式的文本用 cajviewer 浏览。

PDG 格式的文本用超星浏览器浏览。

WDL 格式的文本用华康浏览器浏览。

VIP 格式的文本用维普浏览器浏览。

（二）文本文件的采集技术

1.键盘输入的方式获取文本

通过键盘输入的方式获取文本，通常要结合某个文本编辑处理软件，常用的如 Microsoft Word 和 WPS。

（1）MicrosoftWord。最常用的文字编辑处理软件是 Microsoft 公司的 Microsoft Office 办公自动化应用软件的 Word 2003。Word 2003 是在 Windows 环境下运行的文字处理软件，其图文并茂，具有强大的处理文字、表格、图片等功能。Word2003 中文版是 Microsoft 公司为中国用户推出的汉化版本。Word 2003 是 Microsoft Office 2003 的成员软件之一，具有较强的文字处理功能，其主要功能如下：

编辑修改功能。Word 充分利用 Windows 提供的图形界面，大量使用菜单、对话框、快捷方式和帮助系统，使操作变得简单，可方便地进行复制、移动、删除、恢复、撤销、查找、替换等基本编辑操作。

格式设置功能。Word 具有丰富的文字修饰效果功能，可以设置文字的多种格式，如字体、大小、颜色等；还可以设置空心、阴文、阳文、加粗、加下划线等效果；可使用格式刷快速复制格式；可直接套用各种标题格式。

自动化功能。具有语法、拼写自动检查功能，在输入的同时，会自动检查语法和拼写错误。具有自动输入功能，会自动创建编号列表、项目符号表，并自动套用缩进量。另外，Word 提供了自动更正、自动套用格式、信函向导等一套丰富的自动功能，使用户可以轻轻松松地完成日常工作。

表格处理功能。Word 具有较强的表格处理功能，能任意地对表格的大小、位置进行调整，表格中可以包含图形或其他表格，可以创建、编辑复杂的表格等。可以使用公式对表格数据进行简单的计算、排序，并根据数据创建图表。

图文混排功能。Word 提供绘制图形和图片功能，可以十分方便地创建多种效果的文本和图形。绘图功能提供了 100 多种自选图形和 4 种填充效果。增强了图文混排功能，使图片的拖放、插入等操作更加简单。崭新的剪贴库提供了丰富的图片资料。

边框和底纹。Word 提供了 100 多种边框样式用于改变文档的外观（包括三维效果），集中了多种用于专业文档的流行样式，特别适合于制作专业化的文档。

Web 工具。Word 提供了一套内容丰富的功能，以便使用全球广域网。可以将 Word 作为电子邮件编辑器，利用电子邮件在 Internet 上发送文档，利用网页模板可以方便地制作出精美的网页，使用"WebFolders"功能可以管理用户存放在网络服务器上的文件。

（2）WPS。除了 Word 以外，金山公司推出的 WPS 系列文字处理系统也是优秀的文字处理软件。WPS Office 是一款国产的优秀办公软件，集成了电子文档、电子表格、多媒体演示与制作、电子邮件、网页浏览、图片浏览各功能模块，功能非常强大，符合现代企业办公的实际需要。

WPS Office 是一套办公软件组合，包括金山文字处理、金山电子表格、金山电子邮件、金山电子演示四款软件。

WPS 的全称是 Word Processing System，它是金山公司开发的一个集编辑与打印为一体的汉字处理系统，主要功能就是用来做全屏幕文字编辑处理和具有多种格式的打印输出控制。现在的 WPS 已经是 WPS Office 办公组合中的一个重要组成部分。由于它的用户界面友好，操作简便，易学易用，所以在中国得到了广泛应用。

WPS 最值得我们称道的是它众多的模板功能，更加方便用户使用，具有一定的普遍性和实用性。彻底解决了表格跨页和在同一表格内设置不同文字属性问题；同时新增批注功能、定制特殊打印功能等。WPS Office 特点如下：

兼容文件格式多。WPS Office 遵循 XML 标准，采用"数据中间层"技术，格式兼容实现突破性进展。不仅可以读入，甚至可以直接生成 Word、Excel、PowerPoint 文件。方便用户数据交换，信息沟通更加顺畅。

整合办公自动化。WPS Office 采用 COM 技术，提供标准的开发接口，支持基于 LoutusNotes、MSExchange 以及 Web 化的办公应用，从而实现与办公自动化系统的无缝连接，满足用户个性化定制和应用开发的双重需要。

语言支持全球性。WPS Office 采用 Unicode 内核，支持国际化多语言文字编辑，适应全世界 80 种以上的语言，实现跨国、跨地区的文档交流。

图文混排很专业。WPS Office 超越一般办公软件文字排版内核的设计思路，采用先进的图文混排引擎，保证能够排出复杂的版面，在这类软件中处于领先地位。

集成办公更高效。WPS Office 提供技术全面优化的四大模块，运行效率显著提高。基于 XP 的使用风格，界面友好，简易上手。

（4）除了以上提到的两种文字处理软件，还可以使用 Windows 平台上的文字处理软件，如写字板、记事本处理文字。不过它们只能进行文字输入和简单的文字编辑。

2.通过手写板输入文本

随着手写板的降价，手写板的应用也逐渐普及，这无疑对那些不会用键盘输入文字的人们带来了极大的方便。另外，手写板还能用来进行绘画、电子签名、模拟鼠标对计算机控制等工作，已有不少人将手写板作为自己的输入和控制设备。

手写板的使用必须安装相应的驱动程序，驱动程序一般都会在购买的手写板中配有。驱动程序的安装也很方便，安装时只需按照安装提示即可完成。打开程序，切换到书写模式，用书写笔可在该书写窗中书写文字供识别。

尽管各种手写板存在一定差异，但其连接和使用基本相同。使用手写板输入文字给完成文本输入工作带来了极大的方便。

3.通过 OCR 插件或软件获取

（1）OCR 插件获取文本素材。当浏览"不可修改"的文本格式（PDF、CAJ、KDH 等）时，要想获取其中的文本，必须安装 OCR 插件，有的浏览器考虑到用户的使用方便，将 OCR 插件捆绑在浏览器的安装软件内。例如，CAJ 和 KDH 格式浏览器 cajviewer6.0，该软件捆绑了 OCR 插件，安装该浏览器后，即可进行文字识别。

OCR（Optical Character Recognition 光学字符识别）软件，通常又称为汉字识别软件，它是使用扫描仪处理文稿的最重要和使用最多的工具。通过 OCR 汉字识别软件，可以将纸张和图片上的文字信息转变为计算机可以识别的文本文字信息，是一种省时省力、方便快捷的文字输入方法。随着扫描仪应用的普及，使用 OCR 文字识别软件来完成文字的输入工作，将越来越广泛。

（2）OCR 软件获取文本素材。用于汉字识别的 OCR 软件，目前主要有：清华紫光 V7.5、尚书 6.0、丹青 V4.0 和汉王 5.0 等。上述各种 OCR 识别软件的汉字识别率相差不多，基本上都能达到所标称的 98%以上。而且它们使用的方法和步骤也大同小异，只要掌握了一种 OCR 识别软件的使用方法，其他 OCR 识别软件的使用也可轻易上手。

4.通过语音软件获取文本

（1）Word "语音"录入。一般情况下，在 Word 选择"工具"—"语音"，会弹出练习 15 分钟的对话框，如不想练习，点取消；若想练习，点击下一步，按照向导一步一步地进行操作，完成后要求练习朗读，以便语音输入的内容更加准确。完成后，就可以用语音输入了。

如果选择"语音"后，没有任何反应，请检查一下，一个是你的 Word 是不是使用的完全安装模式，语音这方面的功能安装了没有；另一个是你的输入法里，"语音识别"是不是没有添加或误删除了。另外，还要安装语音库，例如安装了 IBM 的 ViaVoice 实现语音输入，一般情况，只要完全安装了 Office，然后你有麦克风，音量控制里麦克风属性是打开的，就不会有问题。

（2）语音录入软件"语音输入王 2008"。要正常运行本软件，需要下载安装 SDK 和 SDK 语言包，否则在打开软件时会出现"语音识别引擎未安装"的提示，并且软件不可用。

打开"我的电脑"—"控制面板"—"语音"图标项。在打开的"语音属性"—"语言（L）"下面的选择框中选择为："Microsoft Simplifed ChineseRecognizerV5.1"。点窗口下边的"确定"按钮关闭窗口。

至此，已经基本完成了软件使用前的配置。请重新打开运行软件进行语音输入吧。

5.网页中获取文本素材

一般情况下，网页中的文本都是可以"复制"操作的，这种状况下，获取文本是很简单的。但也有例外，网页不允许进行复制操作，网页中加了代码控制，那么这样的网页如何获取文本呢？

（1）重新保存的方式。选中网页窗口中的"文件"→"另存为"，在"保存类型"栏中选择"文本文件（*.TXT）"格式，单击"保存"即可，所需要的文字就可以在 TXT 文件中找到。

（2）禁用活动脚本的方式。选中"工具"→"Internet 选项"→"安全"→"自定义级别"，在安全设置的栏中选择将"活动脚本"项设为禁用，重新打开网页，这时网页中的文本即可进行复制操作了。

二、图形、图像媒体格式与采集技术

（一）图形、图像格式

由于计算机的不同发展阶段以及处理工具或编辑软件的不同，形成了同一种素材的文件有多种不同的格式，在多媒体创作工具的应用中，对文件格式是有一定要求的，了解多媒体素材的文件格式对于多媒体课件的创作是十分必要的，必要时还要掌握一些文件格式转换的工具软件的使用方法。常见的图形图像文件大致上可以分为两大类：一类为位图文件；另一类为矢量类文件。前者是以点阵形式描述图形图像，后者是以数学方法描述图形图像。一般说来，后者对图像的表达细致、真实。缩放后图形图像的分辨率不变，多在专业级的图形图像处理中应用。

1.矢量图形及其格式

矢量图形（VectorBasedGraphics）是指用一组绘图指令绘制的各种图形。

这些指令包括了描述一幅图像的每条直线、弧线、圆、矩形的大小和形状。由于矢量图形生成的图像是由直线、圆和弧线组成的，它没有位图方式的绘图效果。矢量图形常用于线条绘图，如报纸版面、建筑设计绘图、CAD 等。

矢量图形的主要优点是可以对图中的每个部分分别进行控制，在屏幕上移动每个部分以及将之压缩、放大、旋转和扭曲均不会破坏画面。矢量图形的主要缺点是随着图像复杂程度的增加，计算机着色所花的时间大大增加。

常用的矢量图格式有 WMF、DRW、CDR、DWG、DXF、FLI、FLC、CG、EMF 等。

DXF：三维模型设计软件 AutoCAD 的专用格式，文件小，所绘制的图形尺寸、角度等数据十分准确，是建筑设计的首选。

CDR：著名的图形设计软件 Corel DRAW 的专用格式，最大的优点是"体重"较轻，便于再处理。

DWG：这是 AutoCAD 中使用的一种图形文件格式。

WMF：这是 Microsoft Windows 中常见的一种图元文件格式，它具有文件短小、图案造型化的特点，整个图形常由各个独立的组成部分拼接而成，但其图形往往较粗糙，并且只能在 Microsoft Office 中调用编辑。

EMF：这是由 Microsoft 公司开发的 Windows32 位扩展图元文件格式。其目的是要弥补 WMF 文件格式的不足，使得图元文件更加易于使用。

2.位图图像及其格式

位图图像（Bitmap Image）是由一组计算机内存位组成，这些位图定义了图像中每个像素点的亮度和颜色。通常使用位图产生的图像都比较细致，层次和色彩也比较丰富、真实。位图可以用绘图软件生成，也可以用彩色扫描仪扫描二维图片，或用摄像机以及帧捕获设备获得数字化画面。显示位图图像比要显示矢量图形图像快得多。位图可利用图像获取设备装入内存直接显示，省去了生成矢量图像所需要的着色时间。但是位图所需要的磁盘空间比矢量图形大。

常用的位图图像格式有 BMP、PCX、GIF、TIFF 等。

BMP：这是现在最常用的表示方法，是 Windows 系统下的标准位图格式，具有多种分辨率。其结构简单，未经过压缩，一般图像文件会比较大。它最大的好处就是能被大多数软件"接受",可称为通用格式。"位图表示"是将一幅图像分割成栅格,栅格每一点(像素)的亮点值都单独记录。位图区域中数据点的位置确定了数据点表示的像素。位图比较适合于具有复杂的颜色、灰度等级或形状变化的图像,如照片、绘图和已数字化的视频图像。有些图像原来就是按照位图格式组织的,比如计算机屏幕显示。随着 Windows 的逐渐普及,BMP 图像越来越多地被各种应用软件所支持。

PCX:PCX 图像文件最先出现在 ZSOFT 公司推出的名叫 PCPaintbrush 的用于绘画的商业软件包中,PCX 是最早支持彩色图像的一种文件格式,最高可达 24 位彩色。PCX 采用行程编码方案来对数据进行压缩,占用磁盘空间较少,并具有压缩及全彩色的优点。

TFF: TIFF 是图像文件格式中最复杂的一种,它是一种多变的图像文件格式,图像格式的存放灵活多变。它的优点是独立于操作系统和文件系统。存储的图像质量高,但占用的存储空间也非常大,信息较多。TIFF 文件被用来存储一些色彩绚烂的图片。

(二)浏览图形图像工具软件 ACDSee

ACDSee 是 ACD Systems,Ltd 公司出品的一个优秀的看图软件,目前的版本为 10。随着版本的不断升级,其功能也越来越强大。现在 ACDsee 除了能完成浏览图像、图像格式转换外,还集成了对图像进行编辑处理、创建个人相册、图像打印排版和刻录光盘等功能。ACDSee10 安装完成后,在桌面上会建立图像浏览器图标,用鼠标双击该图标,进入 ACDSee 图像浏览器。ACDsee 图像浏览器有两种工作方式,一种是图像浏览方式,一种是图像编辑方式。

(1)浏览图像。ACDsee 图像浏览器支持浏览图像的格式多达 50 多种,除较为通用的图像文件格式外,还支持如 WAV、MID、MP3 等格式的音频文件,AVI、MPEG 等格式的视频文件,以及 Flash 格式文件等。

(2)图像编辑处理。除了能在图像浏览工作方式中对图像进行简单的编辑处理外,ACDSee10 还自带着一个图像编辑器 ACDFotoCanvas3.0。启动该图像编辑器,进入该程序,在程序中能对图像进行进一步的加工编辑处理。

尽管 ACDFotoCanvas3.0 对图像的处理能力不如 Photoshop 等专业图像处理软件的功能强大，但能完成对图像的一般处理，是一个方便快捷的图像处理工具软件。

第四节　多媒体教学软件设计与开发

多媒体 CAI 是一种教学程序。多媒体教学软件的开发需要多方面的人员协调完成，如计算机设计人员、某学科方面的专业教师、美工人员等，他们组合成一个计算机多媒体教学软件开发小组，按照开发流程展开各自的工作。下面先来讨论计算机多媒体 CAI 的开发流程。由于不同类型的多媒体教学软件各具特点，经过多年的探索，不懈的努力，教育技术专家已经总结出一套通用的多媒体教学软件开发流程，这个开发流程对计算机多媒体教学软件的开发有一定的帮助和指导。

但需要指出：多媒体教学软件开发的这些环节并不是一成不变的，而是一个动态循坏的过程。设计者和开发者在经过了需求分析、教学设计、制作编程和动态调试等环节之后，需要对开发出来的多媒体教学软件进行形成性评价，并根据评价的结构进行修改。经过多次循环之后，才能符合教学的要求。此外，在多媒体教学软件的使用过程中，当教学需求或外部环境发生变化时，还需要重新进行修改，以适应新的变化。

一、教学设计

多媒体教学软件是一种教学系统，它和通常的教学系统—课堂教学系统的根本目的是一致的，不同的只是所采用的形态不同。如何确定多媒体教学软件的教学目标、教学内容、教学策略、分析学习者特征、选择合适的媒体信息、实现教学过程的控制以及实现诊断评价都是多媒体教学软件开发中教学设计环节需要解决的问题，教学设计是多媒体教学软件成功的关键。

二、软件系统结构设计

经过上面所述的教学设计工作之后，就可确保教学软件的教学性和科学性要求，但如何将这些知识内容在计算机上通过灵活多样的形式加以表达，发挥多媒体的优势，突破教学难点，突出教学重点，培养学生的能力和素质，还需要进行教学软件的系统设计。多媒体教学软件的系统设计是指对组成多媒体教学软件的各个要素功能和框架进行系统的规划，主要包括结构设计、诊断测试与教学控制设计、反馈设计、导航策略的设计、屏幕界面的设计等内容。

三、CAI 课件脚本的编写与制作

现代教育技术正在深刻地冲击着教育的现有观念。以计算机为主体的教育技术将为高等教育面向 21 世纪实现"质量"和"效益"的两个根本性转变发挥巨大作用。随着计算机科学和现代通信技术的发展，计算机辅助教学（CAI）正以其独特的魅力在教育教学实践中扮演着重要角色，可以预言：以多媒体计算机为主要介质、以网络为框架的现代教育技术，将彻底改变教育的既有模式。配合传统教育中利用黑板加粉笔的原始教学形态，以其精致、高效、集约、有序的品质渗入教育教学实践中去，为现代教育走向世界、走向未来、实现现代化提供坚实的技术保障。

第十六章 信息化教学基本问题研究

第一节 信息化教学要素

一、教学要素

教学要素问题是教学论的基本课题之一,众说纷纭,莫衷一是,有"三要素说"(即教师、学生和教材)、"四要素说"(即教师、学生、教学内容和教学手段)、"五要素说"(即教师、学生、教材、工具、方法)、"六要素说"(即教师、学生、教学内容、教学工具、时间、空间)、"七要素说"(即学生、教学目的、教学内容、教学方法、教学环境、教学反馈和教师)。

那教学要素到底有哪些呢?为此,我们需要首先从"要素"的内涵着手分析。要素是指构成事物的必要因素,而因素是指构成事物本质的成分、决定事物成败的原因或条件,这说明因素外延宽于要素。在教学系统中,影响教学系统运行的因素有许多,其中有些是教学系统的必要成分,缺少这些成分就不称其为教学;而另外一些因素属于教学系统的充分条件,条件越充分,教学活动越有效,前者可称为教学要素,后者都可称为教学因素,即教学要素是构成教学系统的必不可少的条件或成分。

基于要素和教学要素内涵问题的考量,再仔细分析一般教学的含义及过程,就会对教学要素有一个准确的认识。一般教学是指包括教学在内的教与学的互动过程,由此首先需要教的人和学的人,暂且称之为教育者和学习者。教育者和学习者的互动活动是一个信息交流的过程,教育者将自己所掌握的知识传向学习者,此时所传递的内容一般称之为教学内容,有时也叫作教材、课程。这只是单向的传递活动，而不是互动活动，要互动还必须有学习者的信息（不仅仅是反馈）传向教育者，如此循环往复的过程才构成完整的互动教学过程。在这个完整的互动教学过程中，交换的信息除了教学内容、反馈信息外，还有许多，如社会对学习者素质的要求、教育目标的要求等，这些可称之为控制信息；又如教师的"身教"信息、学生的学习结果信息等。总之在教学过程中交换的信息都统称为教育信息，其中教学内容是最重要的。至此，一般教学的最基本的要素逐渐清晰，即教育者、学习者和教育信息。但还有一个问题值得思考：教育者和学习者之间如何交换教育信息？或口耳相传，或使用一定的手段、方法和技能，总之教育者和学习者之间需要一个中介，是"教育媒体"？"教育工具"？"教育方法"？"教育环境"？还是"教材教具"？教育者和学习者之间是教育媒体、教育工具、教育方法、教育环境、教材教具等所有这些因素的总和，这个总和在广义上可称之为教育技术，是指人类在教育教学过程中运用的一切物质手段、方法技能和知识经验的总和，但它不是有了"先进媒体"才有的，而是古已有之。

经过以上分析，作者认为，教学要素包括教育者、教育信息、教育技术和学习者，除此之外，教学的其他因素包括目的、环境、噪声、评价、效果、反馈等。总之，教学就是在特定教学目的的指引下，在一定环境中，教育者与学习者通过一定的教育技术进行信息交流，并产生一定效果的过程，在这个过程中会受到各种噪声的干扰，即噪声存在于教学过程的各个要素和环节，并且教学是一个双向互动的过程，即存在反馈。

二、信息化教学要素

在教育技术学界，有学者认为，信息化教学相对于传统教学来说，在教师、学生和教材（教育内容）三个要素的基础上新增加了教学媒体这个要素，也有学者认为是在教师、学生和教育内容三个要素的基础上新增加的第四个要素，即教育技术。

某种媒体技术在教学中的应用是否改变了教学要素的多寡呢？无可否认，教学要素是指教学系统的要素，用系统论的观点看待教学，教学是一个动态的过程，会随着社会的进步、时代的发展而发生变化。但作者认为，变化的不是要素的增加，而是要素及其相互关系，或者说，先进技术的运用并未改变教学要素的多寡，而是仅仅改变了各要素的内涵及其相互关系，即信息化教学要素方式与传统教学方式的要素是一致的，只是在不同的方式中各自的含义和彼此间的关系发生了变化。

之所以有学者会认为信息化教学相比传统教学增加了一个要素，其原因在于：对除教育者、学习者、教育信息外的第四个要素的认识较狭窄，或囿于教学媒体，或囿于教学手段，又或囿于教学方法，如上所述，作者将第四个要素归结为教学媒体、教学手段、教学方法等的总和，即教育技术。

三、信息化教学要素内涵的变化

如前所述，信息化教学的要素与传统教学要素是一致的，仍然包括教育者、教育信息、教育技术和学习者等要素和目的、环境、噪声、评价、效果、反馈等因素，所不同的是，在以现代教育技术的应用为标志的信息化教学中，不仅教育技术发生了根本性的变化，其他要素的内涵也发生了变革。

（一）信息化教学中的教育者

传统教学中教育者指的就是教师，教师是教学权威，是教育信息的唯一来源，处于主体地位。从组成来看，信息化教学中教育者除教师外，还包括教学设计者、教育管理者、教材编制者等；从角色来看，教师不再仅仅是知识的传授者，而是学习者的导师、促进者、组织者，更是学习者、研究者；从地位来看，教师不再是高高在上的"权威"，而处于一种主导地位，是学习者智能的辅导者、认知的引导者、情意的诱导者；从素养来看，教师在具备传统的教学设计、教学监控、教学管理的能力外，在信息化教学中还必须具备信息化教学设计能力、具备一定的信息素养和媒体素养等。

（二）信息化教学中的学习者

传统教学中一般将教育对象称为"受教育者"或"学生"，"受教育者"

意味着教育对象处于一种被动接受的位置，是"被填之鸭"，是"容器"；"学生"这个概念中的"生"字意味着学习者在心理、生理上的不成熟，这种认识在20世纪中叶以前是可以的，而在其后，随着终身教育、学习型社会等思想的普及，将所有的教育对象看成是"学生"就不合适了。在信息化教学中作者称之为"学习者"，这意味着：他虽然仍然是教育的对象，是教育信息的接受者，是教学的客体，处于"学"的位置，但相反他是教育信息的探寻者，在学习活动中处于主体地位，学习方式上不再是无意义的接受学习，而会利用探究学习、自主学习、合作学习等学习方式建构知识。学习者不仅包括未成年人，也包括各类成人学习者，信息时代的任何人都必须是终身学习者。

传统教学中的教育信息是单一的，主要是指教材的知识，这就是有的学者将教材归为教学要素之中的原因。而在信息化教学中，在教育系统中，对于所传递及交流的相关内容，叫做教育信息，其中不但包括师生间所传授技能、方法及知识，并且包括在教学活动实际开展过程中，维持活动正常进行的相关中介内容。在传统教学之中教育信息的唯一来源就是教师，师生之间所使用的交流信息的方式主要以口语为主。而在信息化教学中，多媒化的表现方式是教育信息的一大特点，在文字出现的基础上，才使得文字教材得以产生，在视听教学活动开展中进一步融入广播、幻灯以及投影与电视等相关因素，在计算机技术及网络技术产生及发展的形势下，数字化教材及网络课程得以出现。在信息化教学活动开展中，教育信息传播途径也有着更加立体化的表现，教育者和学习者既可进行面对面的实时交流，又可进行非面对面的交流，既可异地实时交流，又可异地非实时交流。此外，在信息化教学活动开展中，教育信息的利用使处理方式数字化、管理方式网络化及存储方式光盘化得以充分实现。

（四）信息化教学中的教育技术

在传统教学活动开展过程中，一直都是以教师为中心开展班级授课，除利用黑板及粉笔进行教学之外，其他教育技术支持比较缺乏，因而在有些研究人员看来，对于教学手段等这些非实体要素，以及教师与学生，均将其归纳为教学要素。在信息化教学活动开展中，现代教育技术属于十分重要的标志，也就是在信息化教学开展过程中，主要就是利用现代教育技术，并且与传统教育技术适当结合。对于教育技术而言，在广义上包括两个方面内容，即智能形态方面技术与物质形态方面技术，期中智能形态方面技术主要包括教学设计、教学方法以及教学策略，而物质形态方面技术主要包括广播、黑板、幻灯以及粉笔与电视等。而现代化教育技术就是在现代化教育思想指导下，在教育教学实践中对现代教育理论进行应用的相关手段及方法体系，现代教育技术包括现代教育媒体、教学设计和媒体教学法三个方面。

以上阐述了信息化教学要素的变化，相应的带来了其他因素的变化，在此不一一赘述。

四、信息化教学要素关系的变化

信息化教学中各要素内涵的变化必然带来各要素间关系的变动，依据系统论观点，系统结构的形成主要是由于系统中不同要素之间存在的特定作用以及相互关系，现在人们常用模式研究法来认识一个事物或现象的结构，因此教学模式与教学结构反映的就是各要素之间的关系，信息化教学要素间关系的变化就是教学模式与教学结构的变革。

何克抗教授认为因为在信息化教学环境下教学媒体要素的增加，所以当前高校教学改革的主要目标是"创建新型教学结构"，然而有学者认为还是沿用"教学模式"这一术语较好，由此引出一番关于"教学模式与教学结构"的争鸣。在此，作者首先探讨教学模式与教学结构的关系，再阐述信息化教学要素内涵的变化所带来的教学模式与教学结构的变革，即信息化教学模式与信息化教学结构。

（一）教学模式与教学结构

关于"教学模式与教学结构"，作者认为可以借鉴查有良先生关于"教育模式与教育结构"的论述：对于教育模式方面的研究侧重于认识特征，合理分类；对于教育结构的研究则着重在整体与部分、部分与部分的关系。两者之间差异性和同一性共存。根据辩证法的观点来看，则可表示为结构中有模式，模式中有结构。一种教育模式有之相对应的教育结构，反之也是如此。变换教育结构常常会使教育结构随之改变。教育模式共分为三个层次，分别是宏观、中观和微观。宏观，是指教育发展战略的模式；中观，是指办学的模式；微观，是指教学的模式。而教育结构也同样分为这三个层次。教学结构中的宏观，是指教育体制的结构；中观，是指教育管理的结构；微观，是指教学课程的结构。大的教育模式可以涵盖多种较小的教育结构；大的教育结构又可以涵盖多种较小的教育模式。所以系统地研究各种层次的教育模式，实际上也就是系统地研究了各种层次的教育结构。

因此可以得出，对教学模式与教学结构而言，两者并不是相互替代，也不存在相互包含关系，两者处于同一层次，两者之间不但存在差异性，也存在同一性，具备辩证联系性。对于两者之间区别而言，主要及时所抢到的内容存在一定差异，在教学模式方面，其更注重教学系统中相关实践特点，而在教学结构中更滑注重教学系统具备的空间特点，以教师为中心的教学结构、以学生为中心的教学结构以及学教并重的教学结构分别与行为系统型教学模式、个人型教学模式、社会型和信息加工型教学模式相联系。

（二）信息化教学要素下的教学结构和教学模式

1.信息化教学结构

整体与部分、部分与部分之间的关系是教育结构研究的重点。研究教学结构要抓住教学要素里的两个核心——学习者和教育者的关系。由此可将教学结构分为三种，分别是将教师作为核心、将学生作为中心的教学结构和学教并重三种。在信息化教学中，在现代信息化教学背景下，各个方面要素均产生实质变化，由于更突出教育技术要素，除学习者及教育者关系，人技关系逐渐占据主导地位，在当前信息化教学结构的实际研究过程中"人技关系"也就成为十分重要的着眼点。依据人技关系对教学结构进行划分，其主要包括三种类型，分别为以学习者为中心的结构、以教学者为中心的结构以及以教学技术为中心的结构等。

但需要注意的一点就是，在信息化教学结构中，以学习者为中心的形式与以教育者为中心的形式，两者之间并不存在敌对关系，以学习者为中心的结构是在以教育者中心的结构基础上进一步升华，不但使教育者主导性得以充分发挥，并且使学习者主体性得以充分体现，同时对于教育者也有着更高的要求。在以学生为中心的教学结构中，教育者需要对学生进行较好指导，组织学习者学习，并且帮助学生更好进行意义建构。

2.信息化教学模式

教育模式的研究要认识基本特征，合理分类、要抓住主要的矛盾。教学模式的来源是一定的教育思想、教学理论或学习理论，是教学理论向教学实践转换的第一步，乔伊斯等学者依据教学模式的核心——理论基础，来将教学模式归结为四种基本类型，分别是行为系统型、个人型、社会型和信息加工型，对于这四种教学模式而言，其理论基础分别为行为主义学习理论、人本主义学习理论以及社会互动理论与认知主义的信息加工理论。在信息化教学模式的研究方面，祝智庭教授曾将其分为四种类型，第一类为个体主义—客观主义，第二种为个体主义—建构主义，第三种为集体主义—客观主义，第四种为集体主义—建构主义。而在南国先生在其所编著的书籍中将其划分为物种类型，分别为以教为主类型、以学为主类型以及以教学组织形式为主类型，还有以内容为主类型与以教育媒体为主类型。而在刘贵富看来，信息化教学模式主要包括协作研究模式、讲授型模式以及个别辅导模式与探索学习模式，还有模拟学习模式等。对于上述关于信息化教学模式分类的研究中，其依据主要包括教育这些、教育要素以及教学方式等，然而信息化教学模式使师生之间依据现代教学思想及理论指导，通过现代教育媒体的应用而形成的较稳定教学策略、教学结构以及教学程度活动规范类型。信息化教学模式与一般教学模式相比，技术环境是它的"基本特征"，人技关系是它的"主要矛盾"，因此从其基本特征和主要矛盾——技术环境和人技关系为着眼点是研究信息化教学模式的重点。就教育技术发展历程而言，依据技术环境不同，信息化教学模式可分为四种类型，分别为视听教学模式、程序教育模式以及计算机辅助教学模式，还有信息技术与课程整合模式。

五、结论

（1）信息化教学要素与传统教学是一致的，都包括四大要素（教育者、教育信息、教育技术和学习者）和若干因素（如目的、环境、噪声、评价、效果、反馈等），所不同的是：在以现代教育技术的应用为标志的信息化教学中各个要素的内涵发生了实质性的变化。

（2）教学结构和教学模式的变革是由信息化教学要素内涵的变化所带来的，其变化又形成了信息化教学结构与信息化教学模式。

（3）教学模式与教学结构两者属于统一层次概念，两者之间不存在替代与包含问题，两者间存在辩证；联系性。

（4）对于信息化教学结构，依据人技关系，可将其分为三种方式，分别包括以学习者为中心方式，以教育者为中心方式，以教育技术为中心方式。

（5）纵观教育技术的发展，信息化教学模式根据技术环境可以分为程序教学模式、视听教学模式、计算机辅助教学模式、课程整合与信息技术模式四种。

第二节 信息化教学结构

一、结构、教学结构与信息化教学结构

（一）结构

通常情况下，"结构"所指的就是事物具体组成中不同部分排列以及搭配，就系统论角度而言，结构属于特殊的一种关系构成，由系统中不同部分之间进行维持，即系统结构的形成是由系统中不同要素间相互关系及作用。在目前的系统科学中，结构与过程属于一对范畴，系统内部不同要素之间静态空间组织及排列形式也就是结构。对于结构的解释，《辞海》中给出的内容为："系统的结构可分为空间结构和时间结构。"其中的空间结构就是常

说的结构,而时间结构所表示的就是过程,而过程所指的就是在系统状态中与变化要素相关的动态展开形式。

(二)教学结构

在教育结构中有宏观、中观、微观三种分类,教育体制的结构是宏观,教育管理的结构是中观,教学课程的结构是微观,微观教育结构就是教学结构。关于教学结构的定义有:所谓教学结构是指教师、学生、教学内容、媒体和方法等教学要素之间存在的特定关系;所谓教学结构,是指在特定的教育思想、学习理论和教学理指导下的、在某种环境中展开的教学活动进程的稳定结构形式。

(三)信息化教学结构

从上述"结构"的内涵来看,主要指系统要素之间的关系构成,尤其是"静态的、空间的组织和排列形式",所以教学结构就是教学(系统)要素之间存在的关系构成,这就表明,对于教学结构定义,南国农先生的理论更为符合逻辑。而何克抗教授的教学结构定义容易与和教学模式相混淆,因而作者认为:教学结构是一种特定的关系构成,而对于这种关系构成而言,其主要就是以教育思想及理论为指导,在一定教学环境中的不同教学系统要素之间存在。而在依据现代教育思想及理论指导,对于信息化教学结构主要就是指信息化教学环境中,不同要素之间特定关系构成。目前,现代教育思想中所包括的内容主要有创新教育思想、素质教育思想以及终身教育思想,还有双主体教育思想与四大支柱教育思想。在现代教育理论中所包括内容主要就是现代教育学理论,主要有教学最优化理论、发展教学理论以及多元智能理论与结构发现理论,还包括现代学习理论,主要有折中主义学习理论、行为主义学习理论以及建构主义学习理论等相关内容。

二、信息化教学结构的类型

在信息化教学中,对于不同要素而言,其基本内涵也有很大实质性变化发生，由于技术要素越来越突出，除教育者与学习者之间关系，人技关系也表现出越来越重要的地位，并且逐渐占据主导性地位。所以，划分信息化教学结构的类型的依据不能再是人际关系（即学习者与教育者的关系），而应该根据人技关系来划分，在作者看来，对于目前的信息化教学结构，依据人技关系，可将其分为三种类型，即以学习者为中心结构、以教育者为中心结构以及以教育技术为中心结构。

（一）以教育者为中心的信息化教学结构

在信息化教学环境中，教育者运用一定的教育技术向学习者传递教育信息的一种关系构成就是以教育者为中心的信息化教学结构。具体如图 16-1 所示。

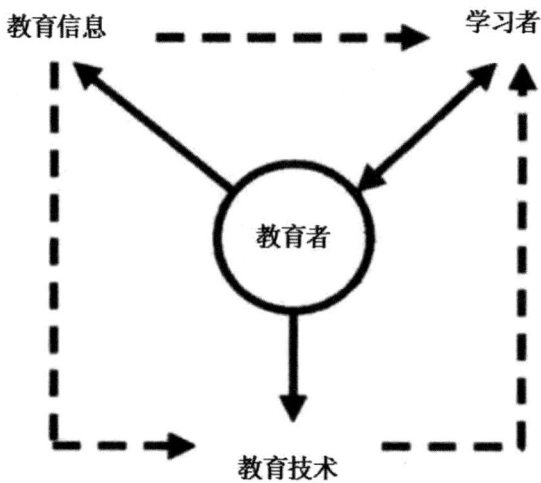

图 16-1 以教育者为中心的信息化教学结构

图 16-1 中实线代表两个要素之间的联系具有直接性，虚线则代表两个要素之间的联系具有间接性，联系的方向则用箭头来代表（图 16-2、图 16-3 与此相同），图中说明了将教育者视为中心的信息化教学结构具有以下几个特点：

人技关系：教育者是对教育技术进行使用及控制的相关人员，并且在进行课堂讲授过程中将其作为演示工具辅助教学；而学习者对于教育技术不具备操作权及控制权，只能对通过教育技术所传递教育信息选择被动接受。

人技与教育信息的关系：在教育信息的应用方面，教育者属于制定者，同时也是传授者及拥有者,教育专家对教材的编写就是具体体现,而教师所传授的主要就是教材中所安排相关教学内容,学习者对于相关教育信息只能选择被动接受,并不具备选择权。而教学内容载体中最主要的就是文字教材,也是学习者及教育者均具有的教学媒体,而其他媒体仅仅为普通传递渠道。

(3)教育者与学习者的关系:在教学活动中,教育者占据主体地位,而学习者占据客体地位,在教学工过程中核心及权威均属于教育者,学习者不能够发挥其主观能动性。

对于以教育者为中心的教学结构,其与以教师为中心的教学结构存在一定差异,具体表现内容如下:在以教育者为中心的信息化教学结构应用中,由于充分利用现代化教育技术,其中的教育者不断包括教师,同时也包括教材编写人员、教学设计人员以及教育管理人员,而教学媒体除传统的一些教学工具之外,也包括计算机以及网络与多媒体教师,在目前信息技术环境下,以教育者为中心仍然是大量教学结构的特点,比如网络课程只是将教材内容放到了电脑屏幕上、利用多媒体教学也只是将板书内容换到了投影屏幕上等。以教育者为中心的信息化教学结构中比较典型的如:在多媒体教室中,黑板被投影屏幕取而代之,利用Powerpoint展示的屏幕文字取代了粉笔字,教师把控课堂、操作计算机、播放PPT以及其他资料,学习者边听边记笔记——抄写大屏幕上展示的文字。系统地传授知识和技能是以教育者为中心的信息化教学结构的优点,教室的主导作用得到充分的发挥。但也有缺点:学生的主体地位被忽视,很容易造成"电灌"的现象等。

(二)以学习者为中心的信息化教学结构

在信息化教学过程中,对于以学习者为中心的教学结构而言,其主要就是在信息化教学环境下,通过教育技术的应用教育者及学习者互相传递教育信息而得以构成,具体如图16-2所示。

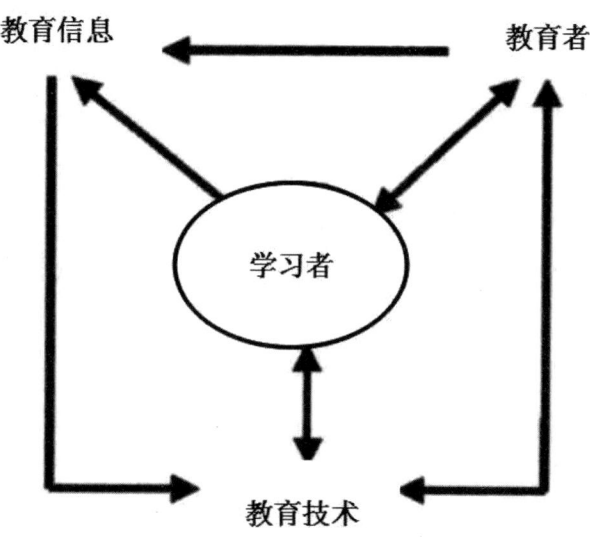

图 16-2 以学习者为中心的信息化教学结构

图 16-2 中表示出了以学习者为中心的信息化教学结构的以下特点：

（1）人技关系：教育技术的使用权和控制权被教育者和学习者共同拥有，教育技术成为教育者和学习者信息交流的通道，不再必须是面对面的交流；教育技术不再仅仅是教育者的辅助工具、教学工具，更是教育者和学习者的互动工具、交流工具，而且还成为学习者的认知工具、学习工具。

（2）人、技与教育信息的关系：教育者属于教育信息引导者以及组织者，作为学习者不但能够通过教育者获取相关教育信息，并且能够利用教育媒体获取更多信息，从而在信息加工中成为主体。教育技术不但包括各种工具，并且也是教育信息的重要载体。

（3）教育者与学习者的关系：教育者帮助、促进学习者去学习，处于主导的地位，而学习者可以自有选择学习的内容、决定学习步调，处于主体的地位。

（3）以学习者为中心的信息化教学结构与何克抗教授和余胜泉博士提出的以学生为中心的教学结构的不同主要是：在信息化教学活动中，对于以学习者为中心的结构而言，其与以学习者为中心的结构之间并非对立存在，属于在以教育者为中心的基础上实现进一步延伸，不但能够使教育者主导性得以充分发挥，并且能够会死学习者主体性得以充分体现，在以学习者为中心的结构中,对于教育者有着更高的要求,这就要求教育者成为良好的指导者、组织者、意义建构的促进者、帮助者。何克抗教授和余胜泉博士提出的主导—主体相结合的教学结构与以学习者为中心的信息化教学结构更为接近。

典型的以学习者为中心的信息化教学结构,比如:在程序教学、基于多媒体课件(非演示型)的教学中的教育者精心挑选教学内容、或多媒体课件,学习者通过多媒体课件或者程序教材自主的学习,并从教育者那里及时地得到指导。以学习者为中心的信息化教学结构有利于培养学生的能力,容易调动学生的积极性和主动性。然而,这对于教师及教育资源均有着较高的要求,否则很容易与教学目标脱离。

(三)以教育技术为中心的信息化教学结构

以教育技术为中心的信息化教学结构是一种关系构成,它基于当前信息化教学环境中,教育者、学习者运用一定的教育技术间接相互传递教育信息,具体如图 16-3 所示。

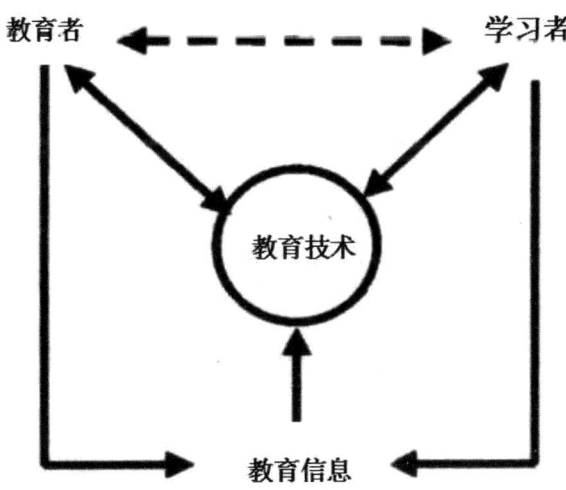

图 16-3 以教育技术为中心的信息化教学结构

图 16-3 中表明了以教育技术为中心的信息化教学结构具有以下几个特点:

(1)人技关系:教育技术决定了教或学的方式,教育者和学习者的间接联系、交流信息是通过教育技术进行的；教育技术在这之中相当于是学习者的智能导师。

（2）人、技与教育信息的关系：教学内容的展示需要教育者通过教育技术来进行，只是技能是学习者通过与教育技术的交互获得；教育技术既是教育信息的载体，也是教育者和学习者的工具。

（3）教育者与学习者的关系：学习者具有更大的自主权，教育者成为学习者背后的"隐形导师"和支持者。

典型的以教育者为中心的信息化教学结构是：在广播电视大学的电视教学、网络教育学院的网络教学（基于网络课程）中，学习者通过教育技术（电视片、网络课程）接受教育者传递的教育教学资源，教育者通过各种方式来向学习者提供所需的支持，学习者利用教育技术进行自主学习的同时可与教育者、学伴进行交流。发挥各类教育技术的独特作用是以教育者为中心的信息化教学结构的一大优势，并且容易扩大教育规模。但也有其缺陷：对教育技术的制作要求高，不便于教师监控教学过程。

三、信息化教学结构的设计

南国农先生在其专著《电化教育学》中有关教学设计的章节中指出："教学结构设计就是根据教学目标和学生的特征，对教学中师生的活动过程、形式，涉及的教学媒体和方法等多种要素进行整体优化的安排……这种整体优化安排的结果就是形成实施教学的综合性方案，即教学策略。可以说教学策略是教学结构设计的产品。"但在其后的所有有关教学设计的著述中把"师生的活动形式、形式，涉及的教学媒体和方法等多种要素进行整体优化的安排"称之为教学的策略设计。从教学结构与教学模式是同一层次的教育学概念的观点出发，教学结构与教学策略的关系同教学模式与教学策略的关系是相一致的，也就是说教学结构是简化的、抽象化的理论形态，要指导或者运用于教学实践中需要经过一个具体化的过程，这个过程是具有阶段性的，是从教学结构到教学策略，再到教学方法逐步具体化的。因此，作者认为，教学策略设计的结果是教学结构。

四、结论

（1）在一定的教育思想、理论指导下，在某种教学环境下的教学系统各要素之间特定的关系构成是教学结构，但信息化教学结构则指在现代教育思想、理论指导下，在信息化教学环境下的教学系统各要素之间特定的关系构成。

（2）在信息化教学中，人技关系占据主导地位，依据人技关系之间差异，对于信息化教学结构，可将其分为三种类型，分别为以教学者为中心的结构、以学习者为中心的结构以及以教育技术为中心的结构。

（3）教学策略设计的结果是教学结构。

第三节　信息化教学模式

一、教学模式与信息化教学模式

教学模式是比较典型的、稳定的教学程序和构型，它基于一定的教育思想指导建立，"教育模式的研究与认识特征，合理分类""要抓住主要矛盾，认识基本特征"，教学理论转换为教学实践的第一步便是教育模式，教育模式的来源是一定的教育思想、学习理论或教学理论，乔伊斯等正式抓住了教学模式的核心——理论基础来研究，从而将教学模式归结为四种基本类型，分别是行为系统型、个人型、社会型信息和加工型，对于这四种教学模式，其理论基础分别为行为主义学习理论、人本主义学习理论以及社会互动理论与认知主义的信息加工理论。

关于信息化教学模式，祝智庭教授从教育哲学的角度出发从而提出了一个信息化教学模式的分类框架。他将认识论与价值观看作是教育文化差别的两个基本变量，而每个变量都有两个不同的取值：价值观（集体主义、个体主义），认识论（建构主义、客观主义），将它们随意组合就可以得到四大类不同的教育文化：个体主义—客观主义、个体主义—建构主义、集体主义—客观主义、集体主义—建构主义，有了四类不同的教育文化就会有与其相对应的四类教学模式。南国先生认为,依据教学要素不同,对于信息化教学可划分为五种类型,分别为以教为主、以学为主以及以教学内容为主与以组织形式为主,还包括以教育媒体为主等;而钟志贤认为,在信息化教学模式类型实际分析过程中,可将学习活动性质及学习组织形式作为两个基本变量,以此为基础可将其分为四种类型,分贝包括"个体—接受、群体—接受以及个体—探究与群体—探究";而在刘贵富看来,信息化教学模式所包括的类型主要有讲授型、探索学习类型以及个别辅导类型,还有模拟学习类型与协作研究类型等几种;周桃英在其研究中将信息化教学分为支架式模式、任务驱动式模式与讨论探索模式、合作模式等。

对于以上针对信息化教学分类,其所依据的主要就是教育哲学、教学要素以及学习活动性质及组织形式,还有学习方式等,以这些内容为依据实行划分,但信息化教学模式是比较稳定的教学策略、程序和结构的活动范型,它基于现代教学思想和理论指导下师生之间运用现代教育媒体从而形成的,是技术支持的教学方式和教学活动结构,与一般的教学模式相比较而言,技术环境是其"基本特征",人技关系是其"主要矛盾",因而在对信息化教学模式进行实际研究中,其重点就是应当将其基本特点及矛盾作为着眼点,也就是技术环境与人技关系。就教育技术发展情况而言,技术环境主要包括视听技术、计算机技术以及教学机器与网络技术等内容,因而对于信息化教学模式而言,依据技术环境可将其分为四种类型,即视听教学、程序教学以及计算机辅助教学与信息整合教学,但不同模式中人技关系也有较大差异存在。

二、信息化教学模式的发展

(一)视听教学模式

20世纪20年代美国的视觉教学运动被普遍认为是教育技术的起源,从那时起,教育中不断被引入各种的媒体技术,最初是照相、幻灯、无声电影等,而后各种听觉媒体也得以不断融入,如广播、录音及有声电影等内容,20世纪40年代由于传播学越来越成熟,视听教学也受到一定程度影响,视听教学概念也逐渐发展而成为视听传播。在本文研究中,将视听教学、视觉教学及视听传播均归入视听教学模式范畴。

1. 视觉教学

位于美国宾夕法尼亚州的一家出版公司最早开始使用视觉教育这一术语,1906年,它出版了一本介绍如何拍摄照片、如何制作和利用幻灯片的书,书名就是《视觉教育》。而视觉教育成熟的标志是1923年美国教育协会建立了视觉教育分会。

2. 视听教学

20世纪30年代后期,试听教学这一术语开始被人们广泛使用,因为无线电广播、录音机和有声电影先后运用到教育之中,视觉教学的名称已经涵盖不了现有的实践。1947年美国教育协会视觉教学分会改名为视听教学分会可视为视听教学成熟的标志。

3. 视听传播

进入20世纪50年代以后,教育电视由实验阶段迈入实用阶段,程序教学和教学机器开始兴起,计算机辅助教育开始了实验研究。同时,在进入20世纪40年代创立的传播学开始向相关领域渗透,并且教育领域被逐渐影响。由于新的媒体手段的开发和推广使用,给视听教育注入了新的血液,并且传播学的影响开阔了其视野。1960年,为了研究视听教育,美国的视听教育协会专门为此组成了特别委员会。1963年2月,该委员会建议更改名称,以试听传播代替视听教育,并严格定义"视听传播",后来其定义被视为教育技术领域的第一个正式定义。

(二)程序教学模式

程序教学也叫作"机器教学",其与视听教学差不多同时出现,属于有着较大影响的一种教学理论及教学实践。

1924年,普莱西依据桑代克的学习律,设计了自动教学的机器。1954年,斯金纳发表了《学习的科学和教学的艺术》,在普莱西的基础上,教学机器的程序教学被设计出,之后又发展到只用程序教材的程序教学。程序教学迅速发展的时期是20世纪50年代末到60年代初,当时各种教学机器接连出现,程序设计得到广泛的开展,一时获得了成功。20世纪60年代后期,受到心理学家和教育学家们的指责,因为程序教学的机械性和不灵活性,同时由于程序教材开发费用比较高,计算机也开始出现,程序教学也就越来越衰落。

（三）计算机辅助教学模式

世界上第一台计算机在1946年诞生,随后教育领域迅速引入运用计算机。1958年,第一个计算机辅助教学系统由美国IBM公司的沃斯顿研究中心设计出,就是将一台IBM650计算机连接一台电传打字机向小学生教授二进制算术。

根据最新研究表明,计算机辅助教学的发展主要集中于以下方面：智能计算机辅助教学、网络计算机辅助教学（简称网络教学）以及以计算机为支持的协作学习（CSCL）。

（四）信息技术与课程整合教学模式

信息技术与课程整合属于近几年刚出现的一种教学模式,然而在20世纪80年代这一教学理念的萌芽便开始出现。在美国于1985年所启动的"2061计划"中强调使社会科学、自然科学以及信息技术十分有效结合。1993年,"国家信息基础设施"建设计划被克林顿政府所提出,世界各国积极响应美国这一行动,由此许多国家政府也紧随其后制定了推进本国的信息技术教育的计划,这大大地推动了课程整合实践与信息技术与理论的发展。进入21世纪后,教育现代化的重要标志已经成为教育信息化程度,教育信息化战略被各国积极地推进,而信息技术教育呈现出一片繁荣的景象。

三、信息化教学模式的比较

包含理论基础、实现条件、目标倾向和操作程序四个部分的教学模式才算是一个完整的教学模式,下面将从这四方面对以上的四种信息化教学模式做比较。

（一）理论基础

1.视听教学模式的理论基础

视听教育理论是视听教学模式的理论基础,美国视听教育理论的集大成者是专家戴尔（E.Dale），他对视听教学理论的系统总结发表于1946年所著的《教学中的视听方法》。"经验之塔"理论便是他在此书中提出的（如图16-4所示）。

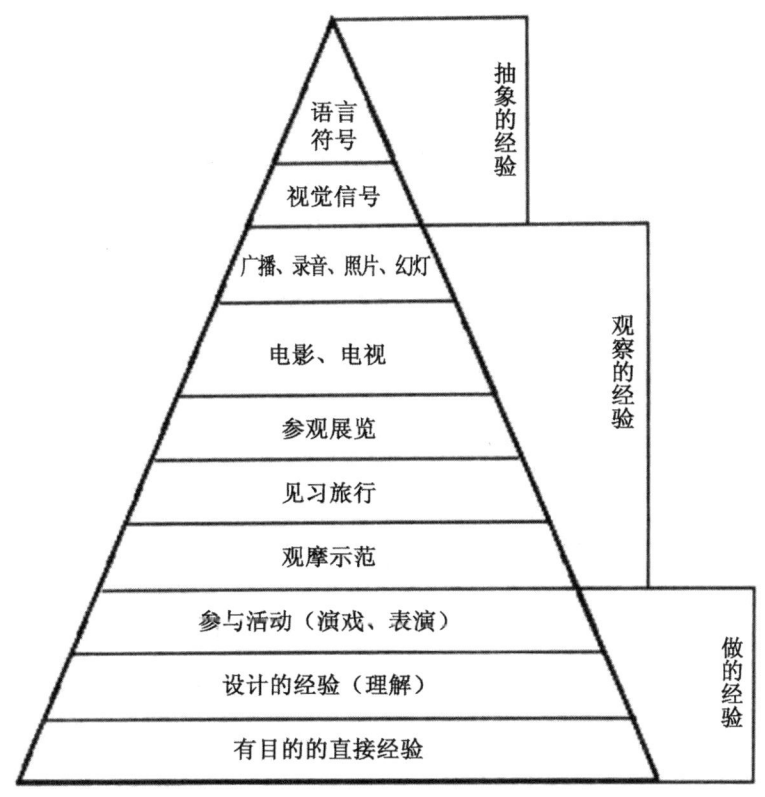

图 16-4 经验之塔

戴尔将各种教学活动或教学媒体依其经验的具体和抽象程度，排成一个序列，形成了一个金字塔形状，其理论重点如下：①塔的底层的经验：该经验是具体的、直接的、学习时最容易理解同时也便于记忆。塔的顶层经验最抽象，易获得概念，便于应用；②学习方法：教育应该从具体经验入手，逐步过渡到抽象，这是较有效的学习方法；③教育升华：教育必须上升为理论，发展思维，形成概念，而不能止于直接经验，不能过于具体化；④替代经验：替代经验位于塔的中部，它可以弥补学生直接经验的不足之处，冲破时空限制，而且有助于培养学生的观察能力；⑤形成科学的抽象：在学校中，充分应用各种教育媒体，以使教育更为具体，从而形成科学的抽象。

2.程序教学模式的理论基础

行为主义心理学是程序教学莫得理论基础来源，斯金纳德的操作性条件反射和强化学说是其最直接的依据，通过对其主要观点进行总结，主要包括以下几点内容：第一，人类行为属于比较有次序的一个过程，而这一过程可利用自然科学方法实行研究，且能够得以详细了解，可使比较完整的学习环境得以形成。在这一过程中，经过相关层次性阶段，可使行为引入预期最终状态。在不同阶段中，比较关键的一个过程进行情景安排，这一情景能使当时所发生行为效果对学习者产生引导，促使其能够进入下一阶段中。第二，对于人类技能而言，需要反复进行刺激强化才能够使其形成，若预先安排强化类型结果，则所形成的技能也就能够对有机体行为随意规定。第三，对于学习复合体而言，其能够分为最小成分，通过这一组分，针对学生在连续呈现教学单元方面的反应，可给予干预，从而使学生将所有题材掌握，对于错误反应可不予以强化。

3.计算机辅助教学模式的理论基础

20世纪60年代初至70年代末，计算机辅助教学模式的理论基础是行为主义学习理论，而到了20世纪70年代末至80年代末，认知主义学习理论开始逐步占据主导地位，其中计算机的产生和发展与信息加工理论是的关系是非常紧密的，计算机辅助教学模式的最直接的指导理论就是信息加工理论。加涅依参考人类信息加工的方式特点，依据电子计算机工作原理，人类学习的信息加工模式被得以提出，其认为学习的过程就是一个信息加工的过程，内部心理过程是其主要的表现形式。

由此得出的加涅信息加工理论的主要观点是：①信息是从一个结构转移到另一个结构中去的一个过程：学生从环境中接受刺激，而刺激会去推动感受器，并且转变为神经信息。之后这个信息进行感觉登记，而被感觉登记了的信息就会很快进入短时记忆，信息在这里可持续二三十秒钟。经过编码的过程，短时记忆才会进入长时记忆运用各种方式将信息组织起来就叫做编码。当需要使用这些信息时，首先需要经过检索提取这些信息。对于被提取的相关信息，可直接通向反应发生器，从而使反应得以产生，并且会再次回复短时记忆，从更完善方面对该信息合适性进行考虑，其所产生结果可能是对信息重新寻找，也可能是通过反应器使反应产生。②期望事项以及执行控制：所谓期望事项所指的就是学习动机，即学生希望通过学习能够达到的相关目标。由于学生对于学习存在期望，也就能够使教师所给予反馈得以强化。认知策略也就是执行控制，而执行控制对于信息的进入、编码以及提取等方面具有决定作用。针对以上信息加工过程，可将学习过程划分为八个内部阶段，其中学习者内部信息加工过程和学习过程之间属于一一对应关系，而教学属于外部事件，学习阶段及学生内部活动均与教学阶段吻合。

4.信息技术与课程整合教学模式的理论基础

计算机辅助教学进入一个全新的阶段是在20世纪901年代中期开始，"信息技术教育"取代原来的"计算机教育"的概念，"信息技术与课程整合"也逐渐被计算机辅助教学所取代。建构主义所提倡的理想学习环境的强大的物质基础来源于网络技术和多媒体，信息技术与课程整合教学模式的重要理论基础便成了建构主义理论。建构主义在学生观、知识观和学习观上提出了一系列新的理解和解释，建构主义学习理论主要是以皮亚杰、维果斯基等人的思想是建构主义学习理论发展起来的基础，其认为学习是由四大要素所构成的，分别是情境、会话、协作、意义建构，总结来说是学生自主地完成意义建构的过程，这个过程基于学习者在一定的（问题）情境下与学习伙伴进行写作、会话。

（二）目标倾向

1.视听教学模式的目标倾向

在教育教学发展过程中，由于照相、幻灯以及无声电影的运用，使得视觉教学得以形成，而后又融入录音、广播以及有声电影等相关听觉媒体，因而视听教学的概念逐渐由视觉教学概念发展而来，但是两者之间的人机关系并没有产生实质性的改变，它们都主张把媒体看作是一个物质手段，而这个物质手段可以用来承载教育内容，在实际教学中进行运用的目的就是促使学习活动能更加具体化，促使抽象概念能够得以具体呈现，其本质就是辅助教师更好开展教学，而学生往往都是被动观察，媒体仅仅作为演示工具进行利用。

传播的概念极其原理被视听传播所引入，人们的媒体观从根本上得到了改变，在视听领域内这一改变属于根本性改变。首先，媒体位置由单一物质手段向整个教育信息传播进行转变，从而使得教具利用能够得到视听专家重视，对其加强关注。相关教学信息由发送人员通过不同途径的利用，向接受者进行传递。

2.程序教学模式的目标倾向

程序教学中，除教学内容的呈现之外，学习者行为的强化也是媒体所具备的重要作用以及目的。此外，在程序教学过程中，对于程序教材设计以及程序开发，对于学习者特点方面研究更关注，且通常程序教材在个性化学习方面运用，因而在程序教学中也包含对学习者学习关注的理念。

3.计算机辅助教学模式的目标倾向

在计算机辅助教学中，计算机不断在学生学习方面属于重要工具，并且在教师教学方面也是重要工具，然而这两类工具所涉及范围相对均比较小。对老师来说，计算机可以帮助他们完成部分教学任务、处理教学信息等，不仅仅可以用来当做演示的工具，从而大大提高了教学效率。而对于学生来说，主要是通过课件进行个别化学习。

4.信息技术与课程整合教学模式的目标倾向

对于信息技术与课程整合而言，其属于比较全面的一种人机关系，在这一过程中，媒体技术不但可以作为教师教学工具及学生学习工具进行利用，并且在师生交流及教学信息传递方面也能够运用，还能够作为同伴协作工具进行利用，因而信息技术与课程教学中每个要素之间均相辅相成，在课程整体中属于必不可少的内容，其最终目的就是使教学过程的优化得以实现。

（三）实现条件（技术环境）

在保持一定条件基础上，才能真正实现教学模式，而这些条件所包括内容主要就是教学设施、教学环境以及教学手段与教学媒体，还有师生交往方式与教学时空组合等内容，而在各种条件中，技术环境属于信息化教学模式最突出的条件之一，下面主要对各种技术环境进行重点介绍。

1.视听教学模式的技术环境

在视觉教学阶段中,最初主要采用的视觉媒体技术有照相、幻灯、无声电影等,广义上应该还包括黑板与粉笔、投影仪与屏幕、图片与图示、实物展览、视频展示台、模型、投影机、扫描仪、电子白板等媒体。

而由视觉教学发展为视听教学的原因便是广播、录音和有声电影等媒体的运用,另外收音机、音箱、调音台、话筒、功放、CD、MP3、录音笔等也是可以应用于教学的听觉媒体。

而到了视听传播阶段,传播学主要影响其理论外,教育电视进入实用阶段主要影响其技术环境,摄像机、录像机、VCD 和 DVD 等都是与电视相关的视觉媒体。

2.程序教学模式的技术环境

在程序教学发展中,机器教学属于其最初状态,开始是利用教学机器开展程序教学,随着其不断发展而成为仅仅利用程序开展教学。

3.计算机辅助教学模式的技术环境

从大型计算机到小型计算机,直至现在的计算机网络是计算机辅助教学模式技术环境的发展历程。

4.信息技术与课程整合教学模式的技术环境

通常情况下,现代信息技术被认为是信息技术与课程有效整合的教学模式中的相关技术环境,其所指的主要就是基于计算机的网络技术、虚拟现实技术以及人工智能技术等内容。

(四)操作程序

1.视听教学模式的操作程序

视听传播理论框架的提出者为南加州大学博士研究生埃伯克(Sidney C.Eboch),其于 1962 年撰写博士论文《关于视听传播领域的过程与系统结构》,在文章中提出"视听与教育传播过程的关系"理论模型(如图 16-5 所示),而后这一模型被视听教学协会定义,并且由术语委员会采用。对于这一模型而言,在视听教学模式中属于比较有代表性的一种操作程序。

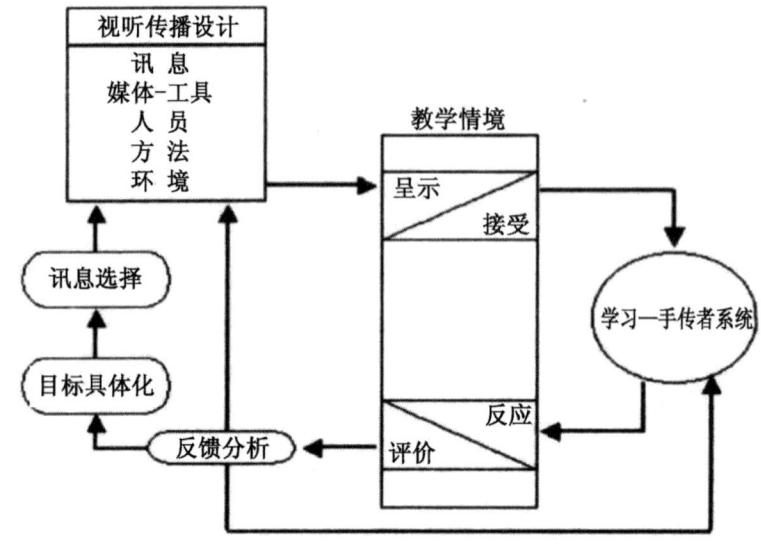

图 16-5 视听教学模式的操作程序

就整体而言,在这一模型中教学过程被当作信息传播过程,表明视听传播设计的地位及所发挥作用。假设在某特定的教学情形下,第一步工作是确定教学的目标,则教育信息传播的过程为:①明确教学目标,并使教学目标具体化;②根据教学目标的要求,选择合适的教学讯息——教学内容;③进行视听传播设计;④把视听传播设计的产物——教学系统投入教学情境中使用;⑤对评价获得的数据进行分析。

2.程序教学模式的操作程序

程序教学模式的一般操作程序如图 16-6 所示:

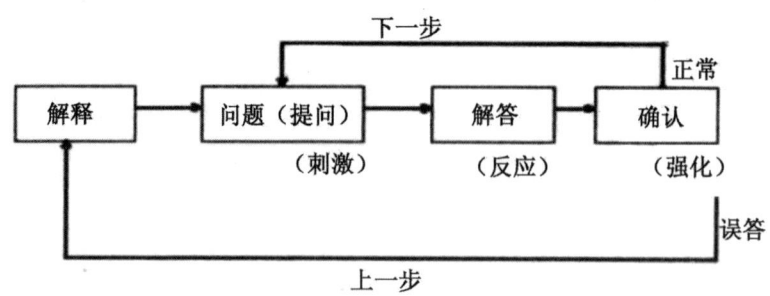

图 16-6 程序教学模式的操作程序

程序教学模式的操作程序具体又可分为 3 种:

（1）直线式程序（见图16-7）。是经典的程序教学模式，被斯金纳所首创。在这一流程中，材料被教师分为一系列连续的小步子，每一步一个项目，内容很少。系列的安排由简到繁由浅入深，。

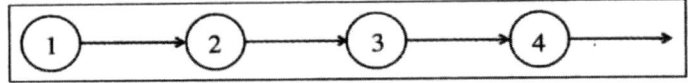

图16-7　程序教学直线式程序

（2）分支式程序（见图16-8）。分支式程序是一种可变程序模式由美国人A·克劳德所提出来。这一模式将学习材料分成小的逻辑单元，但每一步比直线式程序的步子要大，每个项目的内容也较多。学生掌握一个逻辑单元之后，要进行测验。测验用多重选择反应进行，根据测验结果来决定下一步的学习，这种程序的优势便是消除了关于不同能力的学生之间的学习差异。

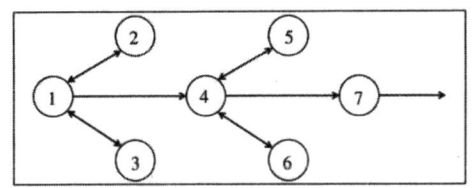

图16-8　程序教学分支式程序

（3）衍支式程序（见图16-9）。这个程序被美国心理学家凯（Kay·H）在莫非尔德大学任教时提出，它是直线式程序和分支式程序的结合。这一程序始终遵循的是一个主序列，它与直线式不同的是，只有一个支序列来补充主序列；它与分支式不同的是，学生通过支序列的学习不再回到原点，而是可以前进到主序列的下一个问题上，这样有利于学习效率的提高。

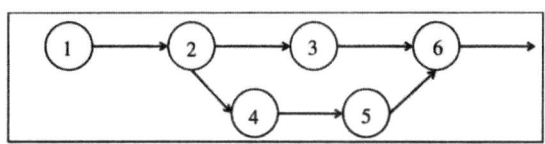

图16-9　程序教学衍支式程序

3.计算机辅助教学模式的操作程序

在计算机辅助教学模式中，其一般操作程序就是由教师利用计算机对学生进行辅导，以及学生利用计算机独立学习，从而使互动式双边教学活动行程，如图 16-10 所示，大致可以分为八个环节：

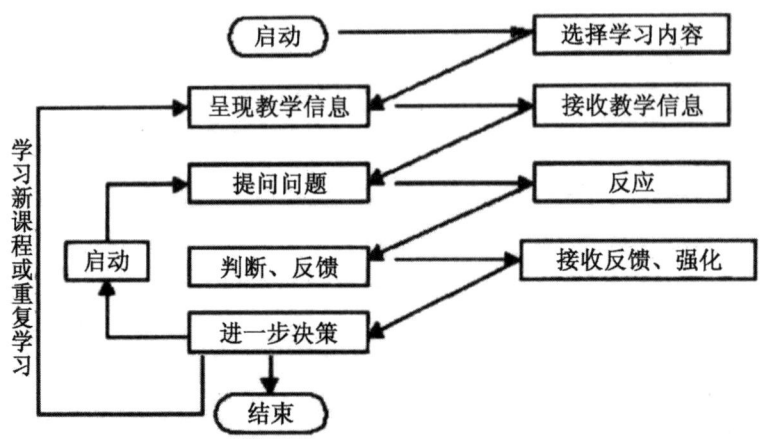

图 16-10　计算机辅助教学模式的操作程序

（1）选择学习内容。在一个完整、庞大的计算机辅助教学系统中，丰富的学习材料被按一定的结构所存储，因此一开始学生要根据教师的安排或者是自己的需要来自行选择学习的内容。

（2）计算机呈现教学信息。计算机将有关的教学信息依据一定程序，通过文字、图形以及动画与声音生不同形式得以呈现，在生动有趣环境中对学生进行知识教学。

（3）学生接收信息。学生依据自身感官和计算机之间进行交互，可对计算机所呈现相关教学信息进行接收，在此基础上通过思维对知识理解及记忆。

（4）计算机提问。在将一个知识点学习完成之后，计算机可向学生提出问题，促使学生对其进行回答，以此来判断学生对刚学过的知识的掌握情况。

（5）学生反应。学生根据对所学知识的理解，通过思考和判断，通过键盘或其他输入设备对计算机提出的问题作出回答。

（6）计算机的判断及反馈。计算机对学生答题结果进行接收，并且对学生答案正确程度进行判断，且依据分析结果将适当反馈信息给出，若学生回答正确,则给予其肯定及表扬,若学生回答错误,则需要对其原因进行分析,并且要鼓励学生再次进行回答。

(7) 学生接收反馈。学生会对答案的正确与否特别关注,而这时看到计算机提供的反馈信息,具有明显的强化作用。

(8) 计算机做出进一步决策。根据学生作答的情况,计算机作出下一步的教学决策:继续学习新内容、复习旧内容还是补习或者结束。

但需要注意的一点就是,并且所有计算机辅助教学均属于这种操作程序,然而无论操作程序之间存在多大差别,其均能够为学生提供理想学习环境,可使学生之间的交互得以实现,有效激发学生积极性,促使学生更好进行学习。

4.信息技术与课程整合教学模式的操作程序

信息技术与课程整合方面的研究仍在不断发展,目前仍缺乏统一的一般性操作程序,本文主要阐述比较具有代表性想两个观点。

王琴等在研究过程中指出,今后信息技术课程整合的模式主要包括三种,分别为学科本位型教学模式,其将信息技术作为学习对象;学科辅助型教学模式,其将信息技术当作教学工具;学科研究性课程模式,其将信息技术当作学习资源、工具以及手段。其中,对于第一种模式而言,其操作程序主要包括两种,即带疑研究、讲授示范以及动手操作类型,任务驱动以及协作学习类型;第二种模式主要三种操作程序,分别为群体多媒体讲授类型、自主监控类型以及交互讨论类型;在第三种模式中均存在一种操作程序。

对于信息技术与课程整合,何克抗等在教材中主要提出三种应用较广泛的模式,即接受式教学模式、探究性教学模式以及研究型教学模式,对于不同模式而言,其操作程序也存在较大差异。

四、结论

(1) 所谓教学模式,其就是以一定教育思想为指导,在此基础上构建典型、稳定教学程序及构型,而信息化教学模式以现代化教学思想及理论为指导,师生之间通过对现代教育媒体进行利用,从而使较稳定教学策略、结构及程序形成。

（2）在信息化教学模式开展中，其基本特征就是技术环境，而主要矛盾就是人技关系。每一次信息化教学模式的发展，应用到教育中的新媒体技术（即技术环境）只是表面现象，对教育技术意义更大的是每一种理论背后所隐含的媒体与教育者和媒体与学习者的关系（即人技关系）。

（3）在信息化教学模式中，依据技术环境，可将其分为四种模式，即程序教学模式、视听教学模式以及计算机辅助教学模式，还有信息技术及课程整合教学模式。

第四节　信息化教学设计

一、信息化

信息化的概念是在 20 世纪 90 年代伴随着信息高速公路的兴建而提出来的。关于对信息化的定义，国外有两种：

第一，信息化是指通信现代化、行为合理化和计算机化的总称。通信现代化是指社会活动中的信息交流基于现代通信技术之上进行的过程；计算机化是社会组织和组织之间信息的产生、存储、处理、传递等广泛采用计算机技术和设备管理的过程，现代通信技术即是在计算机控制与管理下实现行为合理化是指人类活动中公认的合理准则与规范。

第二，从内涵角度观察信息化，包括多个层次，一方面指信息技术产业的高度发展，信息咨询服务业的高度发达和完善，另一方面指信息技术被广泛利用，信息观念根深蒂固；从外延的角度观察，它是一个地区或国家的信息环境。要称之为信息化环境，就必须是建立在先进的信息技术产业、完善的信息咨询服务体系和发达的信息服务业基础上的信息环境。

第三，社会从物质生产占主导地位向信息产业占主导地位发展的过程就是信息化。这是一种从可触摸的有形物品起主导作用向难以触摸的信息产品起主导作用的根本性的转变。

有的国内学者对信息化有其他的定义，李芒教授认为：信息化就是指信息产业大发展，人们加强了对信息的认识，在各行各业中广泛的运用信息技术。

二、信息化时代的人才观

在新中国成立之后，我国进入快速发展的新时期，社会经济及科技均得以快速发展，社会主义事业也在持续推进，社会上各个方面对于人才需求及评价也逐渐改变，要求对德智体美劳全面发展的人才进行培养。在过去的发展历程中，我国教育事业的确培养很多有用人才，这些人才在各个行业中均能够发挥自身价值及潜力，在社会经济及科学技术发展方面表现出十分明显的优势及作用。

在目前信息时代不断快速发展的大背景下，科学技术发展也在不断更新，各种信息量越来越多，在传统人才理念指导下所培养的社会人员已经无法使现代社会需求得到较好满足，需要探索与现代社会发展趋势及人才需求相适应的人才观念，即信息时代人才观，以此观念对人才培养观念进行较好指导，对人才结果及教育成果进行更好评价。

那么新世纪的人才标准是什么呢？中国人民大学劳动人事学院院长董克用教授说："只有那些拥有创新意识，具备创新能力，能实现创新成果价值的人，才是 21 世纪的人才。"

信息时代的一个显著特征就是信息量急剧增加，在校学习期间已不能全部掌握这些新的科学知识，而学期又不能无限期延长，那么如何解决这一矛盾呢？师范大学的刘世清教授认为："在教育教学过程中，应当将学生思维方法、学习方法以及信息获取能力与创新能力的培养作为重点，而不是过于注重新知识学习，对于所培养的学生，需要在具备一定知识能力前提下开展工作，通过对合理思维及学习方法的应用，在较短时间内将领域内相关知识技能较好掌握，并掌握相关知识技能，与岗位工作更好适应，且能够实现创新发展，从而使所培养人才符合信息社会需求。因此，在信息时代背景下，人才观应当保证包括以下几个方面内容：具备良好品德，拥有正确思维方法，具备健康的体魄，还需要拥有信息获取及处理能力，具有较高智力水平与创新精神。"

江西师范大学的钟志贤教授认为："人们在知识和信息时代所必需的基本生存与发展技能，远远超越了传统的，甚至是更为基本的读、写、算技能。"

大量相关研究说明，在知识和信息时代，基本的生存与发展技能主要包括这几个方面：批判性思维与行为、创新能力、协作能力、跨文化理解能力、传播能力、信息素养。

（一）批判性思维与行为

在当前知识信息时代，作为新时代人才需要能够做到以下几个方面：

（1）对复杂及交叉领域内相关问题准确界定；

（2）对于电子及非电子工具和专业知识需要有效运用，对相关问题进行较好研究及分析；

（3）对可行解决方案以及行动过程进行合理设计；

（4）具有可行的操作及知识的具体解决方案；

（5）行动结果的合理评估；

（6）在环境变化的基础上，对解决方案不断进行改善。

（二）创新

对于创新活动而言，其包含十分广泛的领域、行为以及技能表现，如针对旧问题选择新的解决方式；新原理的发现及新产品的发明；新观念的创造传播或者交流的相关新方法及新途径；找出复杂过程处理及不同性质群组管理的相关创新型方法及途径等内容，这些都是知识时代比较注重的相关技能。

（三）协作能力

通常情况下，在复杂问题解决方面，及复杂工具、产品及公益事业创造方面，小组协作属于唯一方式，这主要是由于其根本为多种智力交互作用。由合作与协作只协商后达成共识，对于这些有效技能及写作小组工作模式，这些都是知识时代发展的必然特点。

（四）跨文化理解

跨文化理解属于小组工作的必然延伸，为能够使工作得以有效开展，相关工作人员需要在不同组织、种族以及组织与政治方面入手，与知识文化间构建协作的良好途径。在现代社会发展形势下全球经济化、跨文化社会以及技术规范全球化，还有网络组织模式的清晰化，这些均越来越得到理想地发展，而跨文化技能也就表现出越来越高的价值。

（五）传播

对于不同受传播人员，工作人员应当将不同媒体运用的能力较好掌握，从而更好实现传播。目前，媒体种类越来越丰富，具有十分广泛的适用性能，并且在实际应用中表现出不同优势。作为工作人员，对于特定的受传播人员，应当对适当媒体进行合理选择，使适当信息进行合理传递，使传播过程中存在的问题得以有效解决。

（六）信息素养

信息素养主要是指：

（1）信息工具的运用：这一点所指的主要就是能够对各种不同信息工具熟练使用，尤其是对于网络传播工具。

（2）获取信息：这一方面指的是依据实际学习需求，对各种学习资料及信息进行有效收集，并且应当对信息获取方法进行熟练使用。

（3）处理信息：对于相关信息可进行存储记忆及鉴别归纳，并且对其进行分类、分析综合，还需要抽象概括与表达等。

（4）生成信息：在收集完相关信息之后，对于信息所表达的相关内容，能够准确概述、综合，并且履行及表达，确保内容能够更加简洁通俗，并且表现出明显个性特点。

（5）创造信息：基于不同信息之间的交互作用，实现创造性思维的发散，在此基础上使新的信息生长点产生，且创造新信息，在此基础上使信息收集目的得以实现。

（6）发挥信息的效益：通过对所接收的信息进行利用，将实际问题解决，促使信息的经济效益以及社会效益均能够得以最大程度发挥。

（7）信息协作：在突破时间及空间的交往及合作方面，将信息及信息工具作为中介，在自身延伸发展方面使其成为有效手段，与外界构建和谐合作关系。

（8）信息免疫：面对众多资源信息，应当保持正确人生观及价值观，还需要保持较强甄别能力与自控能力，能够自律以及自我调节，在此基础上能够自觉消除垃圾信息及有害信息干扰，同时使信息伦理素养得以更好完善及进一步提升，以更好完成能够方面任务。

三、信息化时代的教育观

在传统的教育体系中，在相当大的程度上教育是让学生记忆各种知识，或称之为记忆某种"信息"。但是随着科学技术的发展，知识的增长速度大大加快，知识总量在以爆炸式的速度急剧增长，这种增长是一种爆炸式的，显而易见，低效率的传统教育体制和教学方式很难适应信息社会中爆炸式的知识增长并且快速更新换代的教育需求。而在落后的教学方法与传统的教学模式下，学生还没将知识学会，这些知识或许就已经过时了。

其次，在信息时代，存放在计算机和网络中的信息正在持续、快速地增长着。有关数据表明：数字化的信息量每 12 个月就会翻一番。因此，不管专家、技术人员还是普通工人都不断需要记忆各种复杂的信息和数据——至少这不是最有成效的方法。

在印刷时代，文化之鼎的三足分别是计算、阅读和写作，这三个也被视为传统教育的三大基石。世界各国都将基础教育的最首要的任务定为对这三种能力的培养，而当代信息技术正在挑战传统的文化和教育的三大基础，面临着一场巨大的变革。

（一）阅读方式的变革

随着信息技术的出现及应用，在阅读方式方面也产生一定变化，而这种变化主要通过以下三个方面得以体现：

1.由文本阅读转向超文本阅读

在印刷技术产生之后,对于人们所需工作及生活方式而言,其主要就是在阅读文本以及各种图书资料中进行查找。对于文本中知识及信息而言,只能以线性结构进行排列,在检索及阅读速度及效率方面均存在很大界限。在目前知识大爆炸背景下,电子出版物的出现使这一问题得以改变。在电子出版物中,不同知识之间联结为网状,改变线性模式,具有多种不同联结组合方式以及检索方式,使传统文本单一线性结构得以突破,可将更加新颖高效超文本阅读以及检索方式向人们提供与展示。

2.由单纯阅读文字向多媒体电子读物发展

文字属于传统阅读中的重要材料,而目前的阅读对象也由抽象的文字逐渐实现扩展,图像、声音及动画相结合的多种媒体方式,这也是电子读物的重要特点,也就是信息时代背景下实现的超媒体阅读。对于这种接近全息式阅读方式而言,其具有跨时空特点,可使读者得到更理想阅读体验及阅读感受,并且阅读效率也能够得以有效提升。

3.在同电子资料库对话中的高效率检索式阅读

随着计算机设备的应用,阅读方式所产生的重要变化就是高效率检索式阅读。通过这种高效检索使阅读方式,可使用读者更快查找出自身所需资料,在进行查找时,只需要将关键字及关键词输入,便能够很好检索到自身所需要的相关内容,而通过与计算机互动,可更好获取查找的资料。随着信息时代新型阅读及检索方式的出现,图书馆、教师备课以及学生学习均会产生很大程度变化。

(二)写作方式的变革

在目前计算机应用越来越普及的背景下,计算机技术给各个方面产生的影响也越来越大,信息技术对写作方式及写作教育均产生重要影响,具体包括以下几个方面。

1.由手写转变成为键盘、扫描以及语音输入

随着计算机文字处理系统的出现以及不断完善,促使人们写作效率得以较大程度提升,而更加成熟的扫描输入以及语音输入等人机接口技术与机器

翻译等相关技术,可使人力资源得以节约,使写作效率得以有效提升。

2.图文并茂、声形并茂的多媒体写作方式

在印刷时代,以文字写作为主属于其主要写作特点,仅仅在科学写作及数学写作中会融入一些专业符号,在艺术及科学写作中会加入一定插图。而在电子媒体写作过程中,各种符号、图像及声音与三维动画等应用越来越多,对于这种多媒体写作方式而言,在读者与作者之间进行交流、沟通以及相互理解方面有着越来越重要的作用。

为能够适应时代发展趋势,需要对孩子从小进行培养,使其能够具备图文并茂的写作能力,这也会使孩子比较感兴趣。目前,多媒体脚本写作及制作也越来越流行,有些情况下在小学教育中已经成为必修课程。

3.超文本结构的构思与写作

在目前电子文本结构发生变化的情况下,写作方式及思维方式也发生很大程度变化。在传统写作中,具备初定线性文本结构属于重要特点,而电子文本所表现的重要特点就是网络式超文本结构,具有灵活多变特点。以纸质书写进行印刷的文本,只能将章节标题列出,而在计算机中进行写作及调阅的相关文字,需要将每个句子及段落作为独立单位,且相互间需要构建多种不同网络联系通道,从而以不同顺序向读者提供。但需要注意的一点就是,对于每篇文章以及章节,均需要选择适当关键词间概括,从而将更简洁检索方式提供给读者,其实质就是在文章数据库中纳入文章。

4.在与电子资料库对话中阅读与写作的一体化

在电子读物及网络技术基础上环球户型资料得以建立,通过对其进行利用,可使作者与读者之间的距离大大缩短,读者可依据自身实际需求多在电子读物和网络建立起来的环球户型资料信息库出现之后,作者与读者间以往出现的鸿沟被填补,读者可以根据自身需要调阅并组合形成多种文本结构,而这属于读者创作结果。这种读者与资料库之间的人机对话阅读与写作能力,是在信息社会中极其重要的,而现代意识和现代思维正支撑了这种能力,并呼唤与此相适应的未来教育模式。

（三）多媒体技术

通过不断发展和广泛运用的数字化技术，将各种不同的媒体所传达的信息融为一体，并自如地对其进行组合、分解就是多媒体技术的含义。而并不是综合运用各种类型的传播媒体。

四、信息化时代的教学模式特征分析

随着 21 世纪信息时代的到来，信息技术的发给教学方式带来了改革，传统的学校课堂教学方式逐渐转换为以多媒体计算机网络为主，以自主的个别化学习和交互的集体协作相结合的教学方式。

（一）教学的个别化与合作化

利用多媒体计算机和网络资源的教学就是信息时代的教学方式。从学生的学的角度来说，就是学生通过网络获取知识和能力的一种学习方式；从教师教的角度来说，就是教师利用计算机网络平台，引导、组织学生进行学习。

1.教学的个别化

在信息化的大环境下，因材施教的教学方式成为可能，真正的个性化的学习也成为可能，因为学生的学习转变为了一个各取所需的过程。由于种种主客观的原因，学生之间的差异是客观存在的，而面对有差异的学生，必须实施有差异的教学。在传统教学中，一个理想化的追求是出材施教，三四十个学生分配给一个教师，尽管想要充分照顾到每一个学生的差异，但在客观上是很难实现的。而在信息化教学模式中很容易就可以做到。

比如针对学生学习"时、分、秒"这一内容时，可以做一个教学软件，利用学校的局域网和因特网进行个别化的网络教学。在设计软件时，可以将教学内容分成几个部分作为独立的单元，例如认识钟面、认识时间单位、建立时间观念等，同时还可对资料库及测查题库进行设计。在开始上课之后，可使学生自主选择学习内容，若在学习过程中存在困难，可通过网络向教师或者同学寻求帮助，如果学生感觉自己已经掌握了只是内容，则可以直接进行测试。学生可以利用网络占用域网的服务器上进行资料查询，也可以通过因特网访问钟表店的主页,对于钟表不同形状以及发展历史等相关知识进一步进行了解。对于这种信息化教学模式而言,没有统一的进度,没有统一的教材,每个学生均可依据自身特点、爱好以及时间进行安排,在网络上对与自身相适应的学习资源进行合理选择,同时可依据与自身最适应的方式方法进行学习。

如果有很好的网络教学环境,能通过网络将来自各个学校图书馆、研究所等的信息资源结合起来,从而建成一个宏大的信息资源库。各地的优秀教师或专家也可以从不同的角度提供相同知识的学习素材和教学指导,学生通过网络访问,形成多对多的教学方式。在这种情况下,学习者在时间上和内容上有了充分的余地,学生的自主学习成为现实。通过这样的教学,学生的其他特长必将得到充分发挥,同时学生的个性也得到了充分的尊重。

2.教学的合作化

在信息环境下,通过网络进行探索、合作式的研究和解决问题的教学过程就是信息环境中教学的合作化。在现代社会中,竞争和合作同等重要,想要在竞争中取得胜利,必须要善于合作。

实际上,人们利用网络进行交流所体现的就是合作,比如可针对衣食住行这四个方面,让学生选择其中一个内容阐述新世纪所发生的重要变化。通过对局域网的较好应用,教师可制作网络主页,将这四个方面有关文字、数据以及图片等相关资料均在服务器内放置,将这些学生可分为不同小组,让每个小组学生均选择一个方面内容,而小组内各个学生之间需要开展分工合作,通过对网络的利用对先关资料进行查找。有些学生可通过图片搜索展开比较,有些学生可利用网络查找相关数据,并且制作统计表格,还有些同学负责图片绘制,另外一些学生负责幻灯片的制作。在所有学生工作完成之后,对于所有信息资源可利用网络在一台机器中集中,而后实行排版,最终对外公布,也可利用网络进行超链接,通过这一过程可使学生利用网络将问题较好解决。

(二)个性化教学与自主学习

在信息时代不断快速发展的背景下,对于目前教育事业发展会产生很大程度影响及冲击,但有一点能够保证的就是以网络资源未基础的教学必然更加具有个性化特点，而利用网络资源开展学习也必然会成为更加具有较强自主性的一种学习方式。

依据教学计划中所规定相关目标，通过教师进行指导，学生对多媒体计算机技术充分利用，选择因特网为途径，网络版 CAI 课件在网络教学中已经成为重要载体，利用网上讨论版、教学网页以及电子信箱等网络信息手段实行主动性学习，可使较完善的网络教学支持服务体系得以形成，可使师生之间更好互动，丰富教学资源，这属于以网络资源教学为基础实现的一种基本教学模式。

传统教学模式中师生交互信息沟通不足和单向传播的局限被基于网络资源的教学模式所突破，促使以教师为中心教学模式转变成为以学生中心，使封闭教育转变成为开放教育。目前，这种教学模式的转变也促使世界范围内教育趋势发生变化，由以学校教学为核心转变为以学校为核心，实现网络学区范围内开放式教学；由以往应试教育逐渐转变成为素质教育；由以教师灌输式教学为中心转变成为以学生主动学习为中心；由传统知识传授为主转变成为学生探索创新为主。

基于网络资源的教学主要分为两个方面：第一，远距离教学与网上学校。网络远距离教学就是通过局域网或者广域网的应用进行课程传送，这种教学模式特点就是双向性、实时性以及交互性，全球性和共享性是它的实施特点。目前，我国在课件开发、教学模式以及评价方式、通信交互应用等方面的研究速度不断加快，并且网络远程教学体系也越来越完善，网络上的各种课程也越来越多，可使不同层次及不同需求的人们利用课程软件进行学习。相关调查资料显示，在美国远程教育课程种类已经达到将近 5 万门，基本上能够包括普通高校所有学科。所以，对于网络教学活动中个体而言，其在教学课程、方式及内容选择方面也就具有更大空间，能够对授课主题进行自由选择，并且也可对不同授课主体的课程进行选择，同时还能够选择不同学习方式对相关课程间学习，从而使学习体系能够与实际更好符合，并且与社会竞争需求相适应。第二，网络学习。在网络时代下，个人获得信息的途径、机会和能力增加，每个人都可以选择最适合自己的学习方式和学习方法，根据自己的兴趣和需求学习。因此，网络学习的主流将是自主性学习。首先，学习内容的自主选择得以实现；其次，学习方式实现改变。在目前网络时代背景下，每个人学习、工作以及生活等方面均实现密切联系，工作具有开放性特点，学习融入实际生活及工作中不同方面及环节，三个方面实现有机结合。学习成为内在的需求，有意识的学习和无意识的学习已经很难进行区分。

在个体自主学习过程中，为能够实现进一步提升，需要将以群件为核心的学习作为基础。群件属于一种课件，在群体合作学习方面能够起到很好的支持作用，其具体功能主要体现在以下几个方面：对小组学习过程进行较好控制，促使学生间能够创建联系，实现友好学习界面的构筑。在网络学习开展过程中，通过群件不但能够实现课堂学习以及个性化学习，并且能够使小组讨论及小组学习得以较好实现。学习人员可利用网络寻找具有相同兴趣的其他人构建学习小组，在此基础上通过网络的利用实现双向交流或者多向交流，对于网络中相关学习资源共同寻找、开发以及利用。同时，学习者还能够针对相关问题，通过网络求解，或者寻找合作伙伴共同进行研究。激发创新思维的灵感、有效地解决问题，学习的自主性被最大限度地体现，是这种网上合作学习的一大优势。

网络教学模式能产生显著的教育效益：

其一，通过网络教学可使学生的学习兴趣得以很大程度提升，并且对学生探索探究精神进行较好培养。教师及学生只对教育结果比较重视，学忽视了对过程的学习与研究是以往的教育环境的弊端。在教学过程中，教师只是单纯向学生灌输知识点，学生学习效果及主动性也就比较差。在目前网络教学中，教师教学目的会产生一定程度变化，不再单纯注重学生的知识获取，需要使学生综合能力得以体现。在实际教学活动开展中，学生始终参与，而利用多媒体计算机网络能给个通过多种不同方式展示信息，可有效激发学生探究精神及探索精神。

其二，网络教学有利于形成协作学习的方式。在协作学习过程中，主要就是在自学成才基础上实施讨论及分析，从而使学习者能够更好理解知识，并且更好掌握及巩固知识，促使自身认识得以升华，属于创新型的一种学习方式。在普通课堂教学协作方式中，师生往往无法真正实现投入，所体现的主要就是以教师为中心，课堂中讨论都是局限于形式层面，而通过网格功能的利用，可促使协作学习得以真正开展。学生可以根据学习的要点，在教师的指导下，通过网络资源的充分利用，对相关信息资料进行查找，可自由进行浏览后适当取舍。学生之间可相互进行交流沟通，针对某方面问题深入进行探索，进而实现共识。教师可针对学生学习资料实施针对性点评，从而使得教学效果最大化。

其三，学生的创新能力和创新意识在网络教学下得到极大的发展。21世纪人才培养的基本要求就是创新意识和创新能力的培养，信息时代需要的现代型的人才很难在封闭式的传统课堂教学模式下培养出来。通过网络中不断更新的知识，学生能够对世界发展及时进行了解，也能够受到启发，形成创新意识及欲望，通过实践对学生创新能力进行培养，网络在学生创新意识、创新能力及实践能力的培养方面具有很好的帮助作用。

五、信息化教学

从20世纪90年代开始，国际教育界的发展趋势表现出信息技术广泛应用特点，这种情况被称为教育信息化，这种背景下传统教育受到很大程度冲击：

首先，教育内容方面受到冲击。在信息时代背景下，在学生认知培养方面苗期首要表现就是教育内容，而这种认知所指的主要就是在道德、美学及精神方面体现的价值认识；在此基础上培养学生各个方面的能力及素养。此外，在现代教育中，应当对学生信息意识、道德意识以及信息时代需要具备的信息基本素质以及能力。

其次，教育信息传递模式受到冲击。在目前教育信息化背景下，教育信息传递模式受到很大程度改变，并且对于现代教育也提出很高要求。

再次，教育信息化使教学组织形式及手段受到冲击。对于这种冲击而言，其具体体现就是教育首先更加具有现代化特点，并且组织形式更多样化。

最后，教育信息化导致传统教师地位及师生关系受到较大冲击。在以往教育教学工作开展中，教育主题为教师，而在现代教育中，学生为主体。

如果将教育信息化看作一个发展过程，则这一过程发展至最后必然会使新型教学模式得以形成,即信息化教学模式。在信息化环境背景下,教育者及学习者可通过对现代教育媒体、教育技术方法及教育信息资源等方面利用,促使双边活动实现,这也就是信息化教学,这在现代教学中属于特定表现形态,是相对于传统教学而言的。这一模式的教学特点主要体现在以下几点:其一,以信息化技术为支持;其二,现代化教育理论属于其指导;其三,注重信息化教学模式构建;其四,教学内容具有丰富性及时代性;其五,教学与学生学习及特点更适合。

信息化教学是以现代信息技术为基础对整体的教学体系的一系列的改革和变化,不仅仅是在传统教学的基础上教学手段和媒体的改变。其发展势头之强,影响面之大。令许多教育者感到困惑,无所适从。

六、基于信息环境的教学设计

在实际教学设计过程中,对于信息化教学设计而言,其所指的就是以信息环境为基础开展教学设计。是在综合把握现代教育教学理念的基础上,以学为中心,利用系统方法,对现代化信息资源及信息技术进行充分利用,对于教学过程中各个环节及要素进行科学合理安排,在此基础上实现教学过程的优化。通过信息化技术的利用,实现信息化环境的构建,获取并利用相关信息资源,可鼓励学生自主探究学习,促使学生信息素养得以较好培养,提升学生学习兴趣,使学生教学效果能够实现更好优化。

信息化的教学设计强调发挥学习者在学习过程中的主动性和建构性,注重学习者学习能力的培养,提倡利用各种信息资源来支持教与学。创设问题情境,提出任务项目,设定评价标准,提供相关信息资源,在教师指导下让学生进行探索式学习、协作化学习和资源型学习是其核心。

七、信息化教学设计的特点

(1)在信息化教学设计中"以学为中心""以学生为主体"更为明确,学生的"学"被各类的信息资源(尤其是网络上的全球信息资源)所支持。

这个特点正符合国家新课程标准以及素质教育的根本要求——注重培养学生的实践能力和创新精神。

（2）对于信息化教学设计而言，其并非仅仅局限于课堂教学形式，而是促使教学目标实现重新组合，使新型教学活动单元得以形成，作为研究活动和学习的主线变为"问题驱动""问题解决"，以学为中心，探究式学习、协作化学习和资源型学习这种新型的学习模式被倡导；学生的批判性思考能力、信息能力和问题解决与创新能力得到重视培养；整个学习过程的评价标准成为学生对知识的意义构建；弱差生个别指导和天才培养同时得到重视。

（3）在信息化教学设计中，教师的角色必须要转变：学生学习的水准是教师的教学任务和教学设计的基准线，教师应设计和组织实施教学目标、教学资源、课程标准、活动过程、评价量规、个别指导等，而不是对本身才华的表演和知识的广播，教师要不断地更新、拓展自己的知识和见识。

（4）在信息化教学设计过程中，需要教师及学生均具备相应信息素养及意识，将信息技术较好掌握。

（5）对于信息化教学设计而言，其是在多媒体组合教学设计基础上进一步发展而形成的，信息化教学设计中包括多媒体组合教学设计，两者不是对入关系而是包容关系。因为多种媒体及其优化组合本身就在信息化教学设计中，而信息化教学设计也不可避免地要包含有教学传递的成分，只不过，在学习环境中学生自己代替教师成为教学传递活动的控制者和启动者。

第十七章 信息化教学软件的设计与开发

第一节 多媒体素材采集

一、文本采集技术

（一）常用的文本文件格式

本文界定，将文本文件格式分为两种，一种是"可修改"的文本格式，如 TXT 和 DOC 等，另一种是"不可修改"的文本格式，如 PDF 和图片形式的文本。

1.常用"可修改"的文本文件格式

常见的有 DOC，TXT，HTM，RTF，WRI，WPS 等格式。下面对其进行简单介绍：

DOC：当在 Microsoft Word 2003 中保存一个新文档时，默认情况下，Word 会以扩展名为 DOC 的 Word 2003 格式进行保存。

TXT：这种格式属于纯文本格式，只对文本进行保存，对于其他格式设置不进行保存，对于所有分节符、分页符以及换行符，均使其转变成为段落标记。使用 ANSI 字符集。用记事本编辑的文本在默认情况下，就是以 TXT 格式进行保存的。

HTM：是 Web 页格式。如果将文件保存为 Web 页，则所有的支持文件（如项目符号、背景纹理和图形）在默认情况下都将保存在支持文件夹中。默认情况下，支持文件夹的名称是由 Web 页的名称加上下划线（-）、句点（.）或连字符（—）及单词"files"组成的。单词"files"将显示为与将文件保存为

Web 页时所使用的 Microsoft Office 2003 语言版本相对应的语言。某些 Web 浏览器可能不支持能够在 Word 中使用的某些文件格式。在将 Word 文档保存为 Web 页时，Word 可以取消不支持的格式设置，并应用 Web 浏览器支持的格式。

RTF：对全部格式设置进行保存。对于格式设置，可转变成为其他程度能够阅读及解释的相关指令。Word 2003 也可将文本另保存为这种格式。

WRI：用写字板文件编辑时，文件保存的格式。

WPS：当用 WPS 进行编辑文本时，默认的文本格式就是 WPS 格式。

2.常见的"不可修改"的文本格式

常见的主要有 PDF，CAJ，KDH，PDG，WDL，VIP 以及图片形式的文本等格式。一般来说，每种格式的文本都对应一种浏览器，以下简单介绍：

PDF 格式的文本用 adobe Reader 浏览。

CAJ、KDH 格式的文本用 cajviewer 浏览。

PDG 格式的文本用超星浏览器浏览。

WDL 格式的文本用华康浏览器浏览。

VIP 格式的文本用维普浏览器浏览。

（二）文本文件的采集技术

1.键盘输入的方式获取文本

通过键盘输入的方式获取文本，通常要结合某个文本编辑处理软件，常用的如 Microsoft Word 和 WPS。

（1）Microsoft Word。最常用的文字编辑处理软件是 Microsoft 公司的 Microsoft Office 办公自动化应用软件的 Word 2003。Word 2003 是在 Windows 环境下运行的文字处理软件，其图文并茂，具有强大的处理文字、表格、图片等功能。Word 2003 中文版是 Microsoft 公司为中国用户推出的汉化版本。Word 2003 是 Microsoft Office 2003 的成员软件之一，文字处理功能比较强大，以下是它的主要功能：

编辑修改功能。Windows 能够提供图形界面，而这些图形界面能够被 Word 进行利用，并且通过菜单、对话框以及快捷方式与帮助系统大量应用，可使操作能够更加简单方便,可更便于进行基本编辑操作。

格式设置功能。丰富的文字修饰效果功能是 Word 的一大特点,对于这一功能的利用,可设置多种文字格式,如字体、大小以及颜色等相关内容,还能够对不同字体效果进行设置,利用格式刷可较快实现格式复制,各种的标题格式都可以套用。

自动化功能。对于语法及拼写可进行检查,在进行输入过程中,对于语法错误以及拼写错误可自动进行检查,具备自动输入功能,对于编号列表以及项目符号表可自动创建,且能够对缩进量自动套用。另外,Word 具备比较丰富的自动功能,如自动套用格式、自动更正以及信函向导等相关功能,可使用户能够将日常工作轻松完成。

表格处理功能。Word 的表格处理功能比较强大,对于表格位置以及大小,均可任意进行调整,并且在表格中还能够融入其他表格或者图形,可对比较复杂的一些表格进行编辑及创建。同时,对于表格中数据,可利用公式进行简单排序以及计算,且能够依据数据实行图表创建。

图文混排功能。Word 具有图片和图形的绘制功能,多种效果的图形和文本都能很快捷的被创建。其中绘图功能涵盖自选图形 100 多种和填充效果 4 种供使用者选择。随着图文混排功能不断增强,图片拖放以及插入等相关操作均得以简化,而在新的剪贴库中能提供十分丰富的有关图片资料。

边框和底纹。为了可以改变文档的外观(包括三维效果),Word 提供了超过 100 种的边框样式,涵盖了多种专业文档的流行样式,使其更加适合于专业化的文档的制作。

Web 工具。为能够使全球广域网使用更方便,Word 提供一套更加丰富的功能,可将 word 以电子邮件编辑器看待,在因特网上利用电子邮件对文档进行发送,利用网页模板制作网页,用户存放在网络服务器上的文件可以使用"WebFolders"功能管理。

(2)WPS。除了 Word 2003,金山公司推出的 WPS 系列文字处理系统也是优秀的文字处理软件。WPS Office 属于比较理想的办公软件,这一软件中具备各种功能模块,主要有电子文档、电子表格以及多媒体演示与制作,还能够实现网络浏览与图片浏览,具有十分强大的功能,符合现代企业办公的实际需要。

WPS Office 2007 是一套办公软件的组合，包括四款软件，分别是金山文字处理 2007、金山电子邮件 2007、金山电子表格 2007 和金山电子演示 2007。

WPS 的全称是 Word Processing System，它是金山公司开发的一个集编辑与打印为一体的汉字处理系统，主要功能就是用来做全屏幕文字编辑处理和具有多种格式的打印输出控制。现在的 WPS 已经是 WPS Office 办公组合中的一个重要组成部分。由于它的用户界面友好，操作简便，易学易用，所以在我国得到了广泛应用。

WPS 最值得我们称道的是它众多的模板功能，最新的 WPS Office 2007 在 WPS Office 已有文字处理功能的基础上，可将上百种模板提供给用户，可使用户更方便进行使用，表现出一定普遍性以及实用性，使表格跨页以及不同文字属性在统一表格内设置问题。同时，新增加定制特殊打印功能以及批注功能。此外，WPS 还能够针对特殊用户进行特殊设计，比如北京市政府的办公软件就是由金山公司提供的，在软件中设置最新的公文模板以及合同范本，不但使文档起草速度加快，并且使行文规范得以统一。WPS Office 2007 的特点如下：

兼容文件格式多。在 WPS Office 2007 软件中，其遵循 XML 标准，在技术上选择数据中间层，在格式兼容性方面可实现突破，不但能够实现读入，并且能够使各种不同形式文件得以直接生成。用户之间进行数据交换更加方便，并且在信息沟通方面也能够更加顺畅。

整合办公自动化。WPS Office 2007 选择应用 COM 技术，可提供标准开发接口，在以 LoutusNotes、MSExchange 以及 Web 化为基础的办公应用方面可起到支持作用，在此基础上可与办公自动化系统之间实现无缝链接，使用户应用开发以及个性化定制需求均得到较好满足。

语言支持全球性。WPS Office 2007 选择 Unicode 内核，对于国际化多语言文字编辑均具有很好支持作用，可与世界范围内超过 80 种语言相适应，促使跨国及跨地区文档交流得以实现。

图文混排很专业。WPS Office 2007 与一般办公软件相比，在文字排版内核设计方面，思路上存在很大差异，对先进图文混排引擎进行利用，可确保排出比较复杂版面，在同类型文件中处于比较领先地位。

集成办公更高效。WPS Office 2007 提供技术全面优化的四大模块，运行效率显著提高。基于 XP 的使用风格，界面友好，简易上手。

（3）除了以上提到的两种文字处理软件，还可以使用 Windows 平台上的文字处理软件，如写字板、记事本处理文字。不过它们只能进行文字输入和简单的文字编辑。

2.通过手写板输入文本

随着手写板的降价，手写板的应用也逐渐普及，这无疑对那些不会用键盘输入文字的人们带来了极大的方便。另外，手写板还能用来进行绘画、电子签名、模拟鼠标对计算机控制等工作，已有不少人将手写板作为自己的输入和控制设备。

手写板的使用必须安装相应的驱动程序，驱动程序一般都会在购买的手写板中配有。驱动程序的安装也很方便，安装时只需按照安装提示即可完成。打开程序，切换到书写模式，用书写笔可在该书写窗中书写文字供识别。

尽管各种手写板存在一定差异，但其连接和使用基本相同。使用手写板输入文字给完成文本输入工作带来了极大的方便。

3.通过 OCR 插件或软件获取

（1）OCR 插件获取文本素材。当浏览"不可修改"的文本格式（PDF、CAJ、KDH 等）时，要想获取其中的文本，必须安装 OCR 插件，有的浏览器考虑到用户的使用方便，将 OCR 插件捆绑在浏览器的安装软件内。例如，CAJ 和 KDH 格式浏览器 cajviewer6.0，该软件捆绑了 OCR 插件，安装该浏览器后，即可进行文字识别。

OCR（Optical Character Recognition 光学字符识别）软件，通常又称为汉字识别软件，它是使用扫描仪处理文稿的最重要和使用最多的工具。通过 OCR 汉字识别软件，可以将纸张和图片上的文字信息转变为计算机可以识别的文本文字信息，是一种省时省力、方便快捷的文字输入方法。随着扫描仪应用的普及，使用 OCR 文字识别软件来完成文字的输入工作，将越来越广泛。

（2）OCR 软件获取文本素材。用于汉字识别的 OCR 软件，目前主要有：

清华紫光 V7.5、尚书 6.0、丹青 V4.0 和汉王 5.0 等。上述各种 OCR 识别软件的汉字识别率相差不多，基本上都能达到所标称的 98％以上。而且它们使用的方法和步骤也大同小异，只要掌握了一种 OCR 识别软件的使用方法，其他 OCR 识别软件的使用也可轻易上手。

4.通过语音软件获取文本

（1）Word 2003 "语音"录入。一般情况下，在 Word 2003 选择 "工具" — "语音"，会弹出练习 15 分钟的对话框，如不想练习，点取消；若想练习，点击下一步，按照向导一步一步地进行操作，完成后要求练习朗读，以便语音输入的内容更加准确。完成后，就可以用语音输入了。

如果选择 "语音"后，没有任何反应，请检查一下，一个是你的 Word 是不是使用的完全安装模式，语音这方面的功能安装了没有；另一个是你的输入法里，"语音识别"是不是没有添加或误删除了。另外，还要安装语音库，例如安装了 IBM 的 Via Voice 实现语音输入，一般情况，只要完全安装了 Office 2003，然后你有麦克风，音量控制里麦克风属性是打开的，就不会有问题。

（2）语音录入软件 "语音输入王 2008"。要正常运行本软件，需要下载安装 SDK 和 SDK 语言包，否则在打开软件时会出现 "语音识别引擎未安装"的提示，并且软件不可用。

打开 "我的电脑" — "控制面板" — "语音"图标项。在打开的 "语音属性" — "语言（L）"下面的选择框中选择为："Microsoft Simplified Chinese Recognizer V5.1"。点窗口下边的 "确定"按钮关闭窗口。

至此，已经基本完成了软件使用前的配置。请重新打开运行软件进行语音输入吧。

5.网页中获取文本素材

一般情况下，网页中的文本都是可以 "复制"操作的，这种状况下，获取文本是很简单的。但也有例外，网页不允许进行复制操作，网页中加了代码控制，那么这样的网页如何获取文本呢？

（1）重新保存的方式。选中网页窗口中的 "文件"→"另存为"，在 "保存类型"栏中选择 "文本文件（*.TXT）"格式，单击 "保存"即可，所需要的文字就可以在 TXT 文件中找到。

（2）禁用活动脚本的方式。选中"工具"→"Internet 选项"→"安全"→"自定义级别"，在安全设置的栏中选择将"活动脚本"项设为禁用，重新打开网页，这时网页中的文本即可进行复制操作了。

二、图形、图像媒体格式与采集技术

（一）图形、图像格式

同一种的素材文件有种不同的格式是由于计算机的不同发展阶段以及编辑软件或处理工具的不同所形成，对于文件格式在多媒体创作工具的应用中是有一定要求的，想要进行多媒体课件的创作必须要认识多媒体素材的文件格式，常见的一些文件格式转换的工具软件的使用在必要时也要掌握。对于比较常见的一些图形图像文件，大体上可将其分为两种类型，分别为位图文件以及矢量类文件。在位图文件中，图形图像以点阵形式进行描述，矢量文件中图形图像被以数学方法所描述。一般说来，矢量文件对图像的表达真实、细致。缩放后图形图像的分辨率不变，在专业级的图形图像处理常被使用。

1.矢量图形及其格式

用一组绘图指令绘制的图形叫做矢量图形（Vector Based Graphics）。在这些指令中包括对图像中直线、圆以及弧线与矩形大小及形状描述。由于矢量图形中所生长图形组成包括直线、弧线以及圆，其不但具备位图方式绘图结果，在线条绘图中经常使用矢量图形，比如建筑设计绘图、报纸版面和 CAD 等。

对于矢量图形而言，其表现出的主要就是就是对图形中每个部分实行较好控制，在屏幕上对每个部分进行移动，从而实现其放大、压缩以及扭曲与宣传，这些均不会导致画面被破坏。在矢量图形中，最明显缺点就是在图像复杂程度不断增加的情况下，计算机着色也会有较明显增加。

在矢量图中，比较常用的格式主要包括 WMF、DWG、DXF、DRW、CDR、FLI、FLC、CG、EMF 等。

DXF：其属于三维模型设计软件 AutoCAD 应用中的专门格式，在建筑设计方面比较适用，其特点就是图形角度以及尺寸等相关数据，均能精确间绘制，并且文件比较小。

CDR：在图形设计软件 Corel DRAW 应用中的专门格式，在应用中最明显优势就是辩护进行处理，并且比较小。

DWG：这属于一种在 AutoCAD 中应用的文件格式。

WMF：在 Microsoft Windows 中，这是一种比较常见的图元文件格式，其特点就是图案造型化，且文件比较短小，整体图形往往被不同独立组成部门进行拼接而形成，然而其图形往往都比较粗糙，同时只能在 Microsoft Office 中进行调用编辑。

EMF：这属于由 Windows32 位扩展而得到的图元文件格式，其目的主要就是使 WMF 文件格式存在的不足及缺陷得以弥补，使图元文件的利用更加容易。

2.位图图像及其格式

对于位图图像而言，其组成主要包括一组计算机内存位图，对于图像中每个像素点颜色及亮度，均能够被这些位图定义。通常情况下，利用位图所形成图像均比较细致，具备较丰富、真实色彩以及层次。位图可通过不同方式可使形成，比如可利用绘图软件，也可利用彩色扫描仪对二维图片进行扫描，同时还能够利用摄像机及帧捕获设备将数字化画面获取。相比于矢量图形图像显示而言，位图图像的显示速度更快，在位图图像中可通过对图像获取设备的利用，装入图像中实现直接显示，可使矢量图形生成中所需要的着色时间得以省略，但是位图所需占据空间相对比较大。

几个比较常用的表示位图图像格式有 BMP、GIF、PCX、TIFF 等。

BMP：是 Windows 系统下的标准位图格式，是现在最常用的表示方法，其具有多种分辨率。其结构相对比较简单，并未经过压缩，通常情况下图形文件都比较大，而最为明显的优势就是在大部分软件中均能够兼容，可称之为通用格式。对于位图表示，其所指的就是对图像进行分割，使其能够形成栅格，对于栅格中每个像素亮点值均单独进行记录。对于位图区域中数据点位置而言，其能够将数据点所表示像素确定。位图在具备复杂颜色及灰度等级或者形状变化的图像中更加适用，比如照片、绘图以及数字化视频图像等内容，而有些图像原本就是依据位图格式进行组织，如计算机屏幕显示等。随着 Windows 的逐渐普及，越来越多的应用软件可以支持 BMP 图像。

PCX：在 PC Paint brush 的商业软件包中最早出现 PCX 图像文件，这个软件是由 ZSOFT 公司推出的用于绘画的。对于彩色图像，PCX 属于最先支持的一种文件格式，最理想状态可达到 24 位彩色，在 PCX 中选择行程编码方案对数据进行压缩，因而所表现出优点就是所占用磁盘空间比较少，且全部为彩色。

TIFF：这属于最为复杂的图像文件格式，其特点就是存放灵活多变，其优点就是独立于文件系统以及操作系统外，可对高质量图像进行存储，然而所占据空间比较大，并且信息也比较多。TIFF 文件被用来存储一些色彩绚烂的图片。

（二）浏览图形图像工具软件 **ACDSee**

ACDSee 是 ACD Systems.，Ltd 公司出品的一个优秀的看图软件，目前的版本为 10。随着版本的不断升级，其功能也越来越强大。现在 ACDsee 除了能完成浏览图像、图像格式转换外，还集成了对图像进行编辑处理、创建个人相册、图像打印排版和刻录光盘等功能。ACDSee10 安装完成后，在桌面上会建立图像浏览器图标，用鼠标双击该图标，进入 ACDSee 图像浏览器。ACDsee 图像浏览器有两种工作方式，一种是图像浏览方式，一种是图像编辑方式。

（1）浏览图像。ACDsee 图像浏览器支持浏览图像的格式多达 50 多种，除较为通用的图像文件格式外，还支持如 WAV、MID、MP3 等格式的音频文件，AVI、MPEG 等格式的视频文件，以及 Flash 格式文件等。

（2）图像编辑处理。除了能在图像浏览工作方式中对图像进行简单的编辑处理外，ACDSee10 还自带着一个图像编辑器 ACDFotoCanvas3.0。启动该图像编辑器，进入该程序，在程序中能对图像进行进一步的加工编辑处理。尽管 ACDFotoCanvas3.0 对图像的处理能力不如 Photoshop 等专业图像处理软件的功能强大，但能完成对图像的一般处理，是一个方便快捷的图像处理工具软件。

第二节 多媒体教学软件设计与开发

多媒体 CAI 是一种教学程序。多媒体教学软件的开发需要多方面的人员协调完成，如计算机设计人员、某学科方面的专业教师、美工人员等，他们组合成一个计算机多媒体教学软件开发小组，按照开发流程展开各自的工作。下面先来讨论计算机多媒体 CAI 的开发流程。由于不同类型的多媒体教学软件具有不同的特点，所以经过多年的努力探索，一套可以通用的多媒体教学软件开发流程被教育技术专家总结出，这个开发流程完全可以帮助和指导计算机多媒体教学软件的开发。

但是，需要注意的一点就是多媒体教学软件开发属于动态循环过程，并非一成不变。通过需求分析、教学设计以及制作编程与动态调试等环节，对于所开发的多媒体教学软件，开发者及设计者需要实行形成性评价，且需要依据评价结果适当修改，通过反复循环，才能够保证与教学要求符合。另外，在对多媒体教学软件实际应用过程中，在外部环境及教学需求由变化产生的情况下，需要重新对其实行修改，以便于新变化更好适应。

一、教学设计

多媒体教学软件是一种教学系统，它的根本目的和课堂教学系统是一致的，只不过是采用的形态不同而已。多媒体教学软件成功的关键是教学设计，而多媒体教学软件开发中教学设计环节要解决的问题是如何确定多媒体教学软件的教学目标、教学策略、教学内容、分析学习者特征、实现教学过程的控制、选择合适的媒体信息以及实现诊断评价。

二、软件系统结构设计

经过上面所述的教学设计工作之后，就可以确保教学软件的科学性和教学性要求，但是怎样突出教学重点，突破教学难点，发挥多媒体的优点，在计算机上通过更灵活的形式将知识内容表达出来，培养学生的素质和能力，还需要进行教学软件的系统设计。对组成多媒体教学软件的各个要素功能和框架进行系统性的规划就是多媒体教学软件的系统设计，这些设计主要包括结构设计、反馈设计、诊断测试与教学控制设计、屏幕界面的设计、导航策略的设计等内容。

三、CAI 课件脚本的编写与制作

教育的现有观念正在被现代教育技术不断地冲击着。以计算机为主体的教育技术将为高等教育面向 21 世纪实现"效益"和"质量"的两个根本性转变发挥巨大作用。随着现代通信技术和计算机科学的不断发展，在教育教学实践中计算机辅助教学（CAI）扮演着越来越重要的角色，可以预言：以网络作为骨架、以多媒体计算机为主要介质的现代教育技术，教育的既有模式将会被其彻底的颠覆。配合传统教育中利用黑板加粉笔的原始教学形态，以其精致、集约、高效、有序的品质渗入教育教学实践中去，为现代教育走向未来、走向世界、实现现代化提供坚实的技术保障。

第十八章 信息化教学创新应用制度构建

第一节 制度建设的意义及概要

在全校专业建设、人才培养工作中推进教学信息化创新应用工作,是一项涉及面广、工作难度大的开创性工作,无模板和经验可以借鉴参考,需要在实践中探索、在实践中完善、在实践中创新。与传统的专业建设、课程建设、教学理念、教学环境、教学管理、学生管理、教学评价、教师考核、学分管理、经费管理、激励政策等相比较,教学信息化创新应用都存在不确定性和特殊性。需要学校层面根据教育信息化工作的特征、特点,统筹谋划,围绕提高人才培养质量的根本任务,秉持发展的理念,顶层设计系列制度与方案,以保障和促进教学信息化创新应用工作的有序、有效、可持续深入,并取得实效。

一、放眼未来,战略定位

以教育信息化带动教育现代化,是破解制约教育发展的难题、促进教育的创新与变革、提高教育教学质量的重大战略抉择。《国家中长期教育改革和发展规划纲要(2010—2020年)》明确指出:信息技术对教育发展具有革命性影响,必须予以高度重视。2012年,教育部出台了《教育信息化十年发展规划(2011—2020年)》,对教育信息化发展进行了系统规划与部署。信息化将会对教育教学产生重大的影响,教学信息化可能成为学校实现质量提升、特色发展,甚至变轨超车的有力途径。

2015年3月,李克强总理在第十二届全国人民代表大会第三次会议上提出制订"互联网+"行动计划，也证实了学校的战略定位完全符合时代发展；学校教学信息化工作近几年在全国高职院校领先的事实也进一步坚定了我校推进教学信息化创新应用工作的步伐。

二、建立机制，有序推进

教学形态信息化创新应用工作方案提出了"项目引领"的原则，并在建设内容和建设任务中提出了精品慕课、校本慕课、混合式教学三种建设项目。为顺利推进信息化教学项目，确保工作方案既定目标顺利完成。

混合式教学课程建设项目的检查验收：要求开展混合式教学的内容应达到总课程的三分之一提供混合式教学所需的教学资源，有一定量的原创内容，教学资源和视频技术指标应符合国家资源共享课和视频公开课相关要求；中期检查时，需要提交项目进展报告、基本的课程视频或视频链接（完成率达到50%）、数字学习平台课程网站、学生学习效果研究等；验收时，需要提交项目总结报告、建设的课程资源（含课程标准、课程设计、课程教案、考核方案等）、完善的课程视频或视频链接数字学习平台课程网站、学生学习效果评价研究等。混合式教学课程围绕教学理念、教学内容、教学方法、教学手段、考核方式等方面综合考评课程建设成效，包括教学评价、受益分析、教学特色、教学研究等。

四、加强保障，重在应用

教学形态信息化创新应用工作，"创新"是前提、手段，"应用"是目标和工作的初心。通过创新引导教师将现代信息技术应用到课堂，实现"互联网+"理念与现代高等职业教育理念的融合，构建信息化的教学和现代化的课堂；通过教学信息化的应用，改变我们传统的课堂，优化教师的教学手段与方法，提高学生的学习兴趣，增强教师的教学效果，提升教学质量，更重要的是通过教学形态信息化创新应用转变教与学的方式，把以教为中心转变成以学为中心，让学生在学习中成为学习的主体，学会自主学习，适应终生学习。因此，学校要围绕教师和学生两个主体，加强教学信息化推广应用的保障措施。

以学分为纽带，通过学分认定，认可学生通过在线学习获得的学分。引入国内知名在线课程平台通识课，作为学校公共选修课的补充，对通过考核或获得课程证书的学生进行公共选修课学分认定；鼓励学生在线学习在线课程平台的.专业课程，并根据课程类型进行课程学分认定或部分认定；对本专业必修的课程，为保证教学质量，通过在线考核或获得课程证书，可作为免修条件，但必须通过学校组织的考试才能获得课程成绩和学分；对本专业选修的课程，通过在线考核或获得课程证书，可根据课时学分进行直接认定。与此同时，为鼓励更多学生参与在线学习，对工作开展初期的2—3个学年中学生通过在线学习获得的学分还有一定比例的上浮鼓励。

第二节 教学形态信息化创新应用工作方案

一、指导思想

用现代互联网技术进行教学形态的创新应用，是当今教育信息技术应用的重要领域和目标，慕课、微课.翻转课堂等新课程的形式，是目前采用线上线下结合教学信息化应用的新趋势。第三次全国职业教育工作会议议题及国务院颁布的《关于加快发展现代职业教育的决定》（国发〔2014〕19号），明确把提高教学信息化水平作为职业院校提高人才培养质量的重要措施之一。《现代职业教育体系建设规划（2014—2020年）》进一步明确：加快数字化专业课程体系建设，加紧用信息技术改造职业教育专业课程，加强对教师信息技术应用能力的培训，将其作为教师评聘考核的重要标准。《国家中长期教育改革和发展规划纲要（2010—2020年）》明确指出：加快从以教为中心向以学为中心转变，从以知识传授为主向以能力培养为主转变，从以课堂学习为主向多种学习方式并存转变。

加强教学形态信息化创新应用是现阶段教学创新内涵建设、快速提升办学实力及影响力的有力举措和有利时机。学校把"用互联网技术加强教学形态创新"同"学生职业素质养成教育"和"学生分类分层培养"作为近段时期的三项重点工作内容。

二、总体目标

以教学形态的互联网创新应用为先导,在学校已建设的精品课程、重点建设与改革课程、网络资源共享课程、精品视频课程、微课、慕课等课程建设以及基于工作过程系统化课程改革的基础上,紧紧围绕慕课、翻转课堂等形式,探索互联网信息技术支持下的线上线下相结合的混合式教学模式改革,创新教学形态,使信息技术在专业建设、人才培养中的支撑和引领作用得到充分发挥。通过3—5年的努力,本校运用现代互联网信息技术创新和改造课程教学形态的氛围基本形成,学生借助于互联网信息技术提高学习兴趣、学习效率和自主学习能力,教师运用教育信息技术提升教学效果,满足学生个性化学习的需求。实施慕课、翻转课堂等混合式教学的课程达到100门,并产生一批在区域甚至全国具有一定影响、应用广、关注度高的精品在线课程,使教学形态信息化创新应用成为学校办学的新特色和新亮点。

三、基本原则

(一)分类实施,抓好重点

按照课程性质进行分类实施。根据学校课程建设的现状,实施精品慕课、校本慕课和翻转课堂三种形式的教学形态创新应用。校本慕课是指 SPOC(小规模限制在线课程,Small Private Online Course)建设,强调在校本课程教学中的应用探索;精品慕课是指 MOOC(大规模开放在线课程,Massive Open Online Course),旨在推动本校慕课建设在校外的展示和推广。对于通识类课程,采取选用校外公开慕课与自行开发相结合模式进行;对于部分易进行校外推广和展示的平台课程,采用精品慕课模式进行;对于其他平台课程及校本特色明显的岗位方向课程，采用校本慕课和翻转课堂等混合式教学模式进行教学形态的创新。

所有专业应客观梳理专业课程建设的基础，并认真规划本专业课程教学形态的创新计划，根据专业特色建设和综合实力提升的需要来选择重点课程或核心课程合适的分类。对于省市级重点专业，课程建设和教学团队的基础相对好一些，要有更多的课程采用精品慕课形式进行开发建设。

（二）项目引领，点面结合

运用项目的引领和示范作用，通过立项形式有重点地、快速地启动一些课程教学形态的信息化创新，更重要的是以此作为提高教师综合运用教育信息技术的突破口，以点带面，从整体上提升我校课程教学形态信息化创新应用水平。

（三）循序渐进，稳步提升

要充分利用好学校近几年课程建设的成果，充分发挥既有网络课程建设的基础性作用，同时也要发挥好合格课程评估、教师职教能力测评的支持性作用。要建立项目过程管理机制，注重阶段性成果的评估，依靠项目成果的循序渐进，稳步提升整体工作成效。

（四）校企合作，打造精品

要注重三个层面的校企合作：一是课程内容与教学资源方面，与专业面向企业或行业进行的校企合作；二是慕课、微课的制作，与网络课程开发专业公司的合作；三是视频拍摄及后期制作，与相关专业公司的合作。

（五）明确责任，协同推进

由于该工作涉及面广，所以应明确相关职能部门和教学单位的工作责任，充分发挥各自作用，形成合力，协同推进教学形态创新工作。

四、主要工作内容和工作计划安排

（一）主要工作内容

1.培训与指导

由学校教师发展中心牵头，教务处、装备管理部、各教学单位配合，按照工作的进程，分阶段聘请校内外专家在全校层面和教学单位层面开展针对性的培训和指导。成立专家咨询与指导工作小组，对教学形态信息化创新工作进行全方位、全程的指导与咨询；并协同教学委员会、督导委员会对立项项目进行评审、检查和验收。

2.加强应用平台建设，完善信息化教学环境

结合学校数字化校园建设，搭建课堂教学形态信息化创新平台：

（1）云服务平台（云处理、云存储）建设。

（2）在线课程平台建设（自有平台建设、第三方平台租用）。

（3）校园网络平台（校园宽带和 Wi-Fi 平台）建设。

（4）实时视频采集与远程传输系统建设。

（5）校园微信、基于移动终端的 App 建设。

3.采用立项形式推动教学形态信息化创新

制定《宁波城市职业技术学院教学形态信息化创新应用建设项目管理办法》，对教学形态创新应用项目（包括精品慕课、校本慕课、翻转课堂）的建设任务、建设要求项目申报、经费支持、验收管理等进行具体的安排。项目的立项形式采用学院推荐备案与学校评审相结合。

（1）慕课建设（校本慕课和精品慕课）。

校本慕课建设与应用。校本慕课建设项目每年申报一次，建设周期一年，申报项目每年不超过 20 门，验收优秀者推荐为精品慕课建设项目，进行提升建设。

精品慕课建设与应用。精品慕课建设采用认定与申报相结合的方式。申报每年一次，时间安排在已立项建设校本慕课中期检查之后。校本慕课阶段性建设优秀者获得进一步经费支持以提升等级，数量不限，宁缺毋滥。对未

获得学校相应经费支持,但已在全国或区域慕课平台公开发布的慕课,给予奖励性资助。

(2)翻转课堂教学模式创新。

翻转课堂强调的是线上线下的结合。学生借助于慕课或其他形式网络课程的视频及微课资源,在线自主学习以实现知识的传递;教师借助于课堂及其构建的教学情境,通过教师演示、师生讨论、学生操作、教师指导、测试评价等环节,使学生实现知识的内化、能力的形成与固化。

翻转课堂建设项目每年申报一次,申报项目每年不少于30门,力争经过5年的建设,使所有专业核心课程达到翻转课堂教学模式的要求。

(3)资助计划。

建立教学形态信息化创新应用资助计划,对于没有进入立项,但通过教师团队的建设确实达到相应的项目建设验收标准,并已在进行教学应用的课程,可通过资助形式对课程建设应用给予认可。

(4)学校各专业教学形态信息化创新计划。

各专业教学组根据本专业建设发展定位以及课程的建设基础,确定课程教学形态信息化创新项目分年度计划。

4.推进在线课程联盟平台建设

积极成为区域高职高专在线课程联盟牵头单位,探索在线课程学分认定及互认机制和区域高职高专在线课程的管理平台建设,推动区域高职高专在线课程的建设与应用推广。

5.教学形态信息化改革与创新竞赛

根据学校教学形态改革与创新的需要,对接国家、省、市教学信息化竞赛项目的要求,开展教学形态信息化创新与应用竞赛,鼓励和引导教师投身于教学形态的改革与建设,同时也为校级以上的教学信息化竞赛项目推荐优秀作品和优秀选手。其主要项目如下:

(1)教学信息化设计竞赛。

(2)微课(微课程)竞赛。

(3)在线课程竞赛。

(4)翻转课堂教学竞赛。

6.推出远程视频同步教学项目，提升国际化水平和企业现场教学水平

搭建实时视频采集与远程传输系统，中外合作专业可通过外方课程的实时视频方式，实现同步教学与互动。运用实时视频采集与远程传输系统，帮助非中外合作专业实现高端培训.会议、论坛的同步教学与互动，以及企业和外场的实时视频教学与互动。对于同步视频教学学时达到教学计划课时三分之一的中外合作专业课程，以及高端培训、会议、论坛以及企业和外场的实时视频教学与互动学时达到教学计划课时五分之一的非中外合作专业课程，学校将给予远程视频同步教学项目立项，并在经费和课时工作量方面给予支持和奖励。

（二）工作分工

1.教学单位

各教学单位明确教学形态信息化创新应用工作分管领导和责任人，并建立工作小组，全面组织实施本单位的教学形态信息化创新应用工作；确定本单位工作计划和重点项目，责任落实到专业和教师；协助教师发展中心做好本单位教师的培训和思想引导工作，组织好与本单位专业结合密切的针对性培训；负责本单位的教学形态信息化创新应用项目的推荐和工作推进；配合教务处.专家咨询与指导工作小组、教学委员会，做好项目的检查、指导和验收工作。

2.教务处

教务处要根据教学形态信息化创新应用工作的目标，分阶段推出教学形态信息化创新应用建设项目，并落实相应的经费；制定《宁波城市职业技术学院教学形态信息化创新应用建设项目管理办法》，对教学形态创新应用项目（包括精品慕课、校本慕课、翻转课堂）的建设任务、建设要求、项目申报、检查验收等提出具体明确的要求；鼓励师生参与建设及应用教学形态创新的激励政策与管理机制，推进在线课程教学应用。

3.装备管理部

作为教学形态信息化创新应用工作的重要技术支持部门，装备管理部要进一步加大教学信息化的软硬件投入，加强应用平台建设、录（演）播室建

设、多媒体与机房的智慧化改造建设、后期处理与编辑设备设施的建设；加快技术支持人员的引进，联合教学单位、教育技术企业，共同形成教学信息化设计、信息技术开发、视频拍摄及后期制作等专兼职结合的技术服务团队；建立教育技术服务中心，为教师提供完善的信息化创新开发环境；加强与在线课程平台企业和教育信息技术企业的联络，掌握领域动态，为教师相关制作业务的外包提供推荐和咨询；加强现代教育技术的研究，跟踪国内外在线教育进展和创新进程，关注各在线教育平台的发展和影响力，为我校教学信息化应用发展和精品慕课的校外推广提供建议；负责教学信息化相关竞赛的组织和支持；配合教务处和教学单位做好项目的管理和推进工作，配合教师发展中心做好教师的培训工作。

4.教师发展中心

教师发展中心负责系统组织教学形态信息化创新应用方面的讲座、培训，进一步拓宽视野、更新观念、提高能力。

5.人事处

人事处要加大教育信息化研究和现代教育信息技术应用人才培养和引进力度，同时推出能促进该项工作的相应鼓励政策。

（三）重点工作

1.精品慕课建设

目标：产生一批在区域甚至全国具有一定影响力、应用广、关注度高的精品在线课程，并在知名在线课程平台上线。

主要措施：三年内，每个专业至少推出 1 门精品慕课建设项目，其中校级及以上重点专业必须在第一年（2014 学年）推出，并明确课程名称、课程负责人，组建有效的建设团队，制订详细的建设计划，明确分工、责任到人、反映进度。学院在人员、时间方面给予保证，在教学科研任务落实方面给予倾斜考虑，在经费保障、技术支持、政策支持方面给予重点保障。

2.校本在线课程专家培养

目标：培养和推出一批在区域甚至全国具有一定影响力的在线课程专家，形成在线课程开发、指导团队，从而带动学校教学形态信息化创新迈向一个新的高度。

主要措施：三年内，每个教学单位至少推出 1 名教育信息技术能力强、在线课程建设基础好、热衷于课程教学形态信息化创新工作的教师，并进行重点培养。学校及各教学单位在学习培训、经费保障、技术支持、政策支持方面给予重点保障。

五、保障措施

（一）组织保障

（1）为确保教学形态信息化创新应用等教学信息化工作的推进，学校成立宁波城市职业技术学院课程教学形态信息化创新应用工作领导小组，下设办公室，作为领导小组的办事机构，具体负责协调和推进工作。各教学单位建立工作小组，行政部门主要负责人担任组长，明确具体联络人员。

（2）成立咨询指导专家组。聘请校内外专家，成立宁波城市职业技术学院课程教学形态创新咨询指导专家小组，对教学形态创新工作进行全面的咨询和指导。

（二）智力与技术保障

学校和学院两个层面，采用"请进来、走出去"的方式，采用多种形式开展微课、慕课、翻转课堂等现代教育信息技术的培训，在理念和开发技术层面对教师进行引导与培训。学校层面成立"教育技术服务中心"，专门配置相应的教育信息化研究及现代教育技术应用的人员，系统指导和协助教师提高现代教育信息技术的应用水平。学校、学院加强与教育信息技术相关企业的合作，强化技术保障。

（三）设施保障

为推进信息技术与课程的深入融合，增强课堂教学的有效性，满足教师创新课堂教学形态的需要，学校将实施教学信息化场地、设施、设备的"4+1"建设计划。一是原有教室改造工程。重点改造原有教室和机房的布局，增加教室和机房的录播功能，主要满足翻转课堂教学改革和课堂教学常态化录制的需要。二是专业录播室建设工程。新建专业的录播室，包括虚拟演播室、实景演播室和录音棚等，主要满足基础课、通识课等理论课程视频拍摄的需要。三是移动录播设备购置计划。结合职业教育的特性，购置便携式的录播设备，以满足教、学、做合一的专业实训室教学情境视频拍摄的需要。四是信息化教学服务中心建设计划。建设专门为教师提供信息化教学服务的场所，购置摄像机、投影仪、照相机、图形工作站、扫描仪等先进设备设施，满足教师信息化设备借用、信息新技术推广、信息化教学研讨、信息技术应用辅导等的需要。此外，与行业企业及中外合作中外方高校建立实时视频采集与远程传输系统。

（四）经费保障

学校将安排专项经费为教学形态信息化创新应用提供经费支持，精品慕课 10 万元/门，校本慕课 5 万元/门，翻转课堂 1 万元/门。同时，要求各学院从各类专业（群）建设和资源库建设等教学建设经费中给予经费保障。

（五）奖励机制与制度保障

1.教师层面

建立科学有效的奖励机制，激励教师积极投入课堂教学形态创新工作中，对于首次开展的精品慕课和校本慕课，给予 2 倍教学工作量上浮认定；对于因教学效率提高产生的实际教学课时减少的课程，工作量按教学计划课时计算，教学形态信息化创新应用工作与职称评审挂钩。在 2014—2016 学年，对在知名慕课平台上线的慕课视同国家级课程建设项目，对在区域慕课平台上线的慕课视同省市级课程建设项目，对在校级以上各类慕课、微课等教学信息化竞赛获奖的项目给予 2 倍的教研奖励分。

2.学生层面

建立学生选修在线课程（包括必修和选修课程）的学分认定制度，为鼓励学生踊跃参与教学形态创新课程的学习，可在新模式课程推出的前 2—3 学年，对学生取得的学分给予适当比例的提高。

（六）氛围营造

建立慕课沙龙，加强校内外交流，形成教学形态创新研究的氛围。

第三节　教学形态信息化创新应用项目管理办法

为实现学校人才培养目标，更新教育教学理念，探索基于信息技术的教育教学模式改革，加快信息技术与教学的融合，鼓励和支持教师不断地创新课堂教学形态，全面提高学校人才培养质量，现结合学校实际，可制定以下办法。

一、建设目标

围绕校人才培养的总体目标，探索慕课、翻转课堂等信息技术支持下的教学形态创新，促进教育教学观念转变，引领教学内容和教学方法改革，推动优质教学资源通过现代信息技术手段共建共享，满足学生和学习者个性化学习与终生学习的需求，提升课程的教学效果和影响力，实现课堂教学从以教为中心向以学为中心转变，从以知识传授为主向以能力培养为主转变，从以课堂学习为主向多种学习方式并存转变。

通过3—5年的努力，建设一批高质量的精品慕课、校本慕课和混合式教学课程，形成运用互联网等信息技术创新课程教学形态的氛围，力争实施翻转课堂等混合式教学的课程达到80门，产生8—10门在区域在线课程平台具有引领效应3—5门在全国知名在线课程平台具有一定影响的在线课程，使教学形态信息化创新应用成为学校办学的新特色和新亮点。

二、建设要求

根据学校课程建设的现状，通过立项形式有重点地、快速地启动一些课程教学形态的信息化创新，拟实施精品慕课校本慕课和混合式教学三种形式的教学形态创新应用。各教学单位应根据统筹规划、合理布局、分步推进的建设原则，客观梳理专业课程建设的基础，并认真规划本专业课程教学形态创新计划，还应根据专业特色建设和综合实力提升的需要来选择重点课程或核心课程建设计划。

（一）慕课建设项目

开展慕课建设项目旨在推动优质课程教学资源通过现代信息技术手段共建共享，培养学生自主学习能力，提高人才培养质量，为社会学习者提供优质课程教学资源，扩大学校的社会影响力，提升学校的社会服务能力。慕课建设项目拟分为精品慕课（MOOC）和校本慕课（SPOC）两种，精品慕课旨在推动我校慕课建设在校外的展示和推广；校本慕课强调在校本课程教学中的应用探索。慕课建设项目应该注重在线学习的有效性，强调课程教学内容的结构化、知识点的碎片化、教学资源的富媒体化，重视学习过程管理。

1.总体要求

申报课程须在长期教学实践中形成独特风格，教学理念先进、方法科学、质量高、效果好，得到广大学生、同行教师和专家、社会学习者以及行业企业专家的好评和认可，在同类课程中具有一定的影响力和较强的示范性。

2.内容要求

课程应以知识点为单位组织教学内容及其他环节，创新、优化课程的整体教学设计。课程内容能够涵盖课程相应领域的基本知识、基本概念、基本原理、基本方法、基本技能、典型案例、综合应用、前沿专题、热点问题等，具有相对稳定性、基础性、科学性、系统性、先进性、适应性和针对性等特征，适合网上公开使用。

3.资源要求

应结合实际教学需要，以服务课程教与学为重点，以课程资源的系统、完整为基本要求，以资源丰富、充分开放共享为基本目标，注重课程资源的适用性和易用性。课程资源应包括按照知识点提供的视频、课程介绍、教学大纲、教学进程、试题库、教案或演示文稿、重点难点指导、作业、参考资料目录、案例库、专题讲座库、素材资源库等。

建议将视频以知识点的形式切割成若干内容精简的小单元（小节），每一节视频以 10 分钟左右为宜，最长不要超过 20 分钟。视频采用主流文件格式（如 MP4 格式），确保一般的个人电脑或移动终端都可以正常播放。此外，还应设计适当的教学测试，建议采用视频嵌入式测试和阶段测试相结合的方式，以检测学习效果。设计足够的、高质量的在线测试与讨论主题，以引导学生到社区进行课程相关内容的讨论。

4.知识产权要求

教师按照学校教学任务而申报的慕课属于职务作品。凡申报慕课建设项目的课程，其推荐遴选的全部资源必须具有清晰的知识产权，不得存在侵犯其他公民、法人或组织的知识产权等问题。

（二）混合式教学课程建设项目

混合式教学强调的是线上、线下的结合。积极探索慕课和翻转课堂等互联网技术支持下的线上线下混合式教学模式改革。通过混合式教学课程建设，充分利用互联网支持下的教育信息化和教育新技术，提高知识传授和知识内化的质量与效率，提升教师的课程设计水平和教学引导能力，推动基于网络的形成性考核和基于纸介的终结性考核的结合，并加强基于网络平台和信息技术的学生学习分析研究，实现理念、实践、效果三方面的重要转变。

1.混合式教学模式改革

应探索采用线上学习与线下学习混合、课前视频学习与课堂讨论学习相结合的教学模式，改变传授知识的传统模式。

2.教学资源设计制作

混合式教学需建设知识点化的教学视频，并采用微课等适合在线式或碎片化学习的形式制作，避免使用单一、传统的课堂实录视频。教学视频可以是自行录制的，也可以是学校认可的第三方慕课平台上的视频资源，但不应存在版权问题。

3.课堂教学活动设计

混合式教学改革课程应全程使用数字化学习平台，充分利用网站学习社区（课前预习、课后作业、小组讨论和在线答疑）。混合式教学改革课程要求学生课外学习时间与课堂教学时间比例不低于 2∶1，课堂讨论时间一般要求占课堂教学总学时的 50%以上。

4.课程考核方式改革

开展混合式教学的课程，要积极探索形成性考核和终结性考核相结合的考核方式，还可单独制订教学计划，若为平行班课程可单独组织课程考核。平时成绩比例不低于 50%，并且成绩分布应合理。

三、项目申报

（1）项目负责人应该由教学经验丰富、教学特色鲜明、具有中级及以上专业技术职务的教师承担，建设团队结构合理、分工明确，团队成员应该实际参与项目建设，主持人的授课比例不得少于总课时的三分之一。

（2）学校鼓励高水平教授参与项目建设，鼓励教学方法灵活创新、学生学习体验和评教好的青年教师积极申报。各级教学名师、教坛新秀、微课教学比赛或课堂教学优秀奖获得者优先申报。

（3）学校对申报混合式教学课程建设的课程类型不做限制与要求，但须为我校在职教师开设且能在建设期内完成教学改革实践的课程；申报校本慕课建设项目的课程原则上应为大类平台必修课程、专业必修课程和重要的专业选修课程；申报精品慕课建设项目的课程，原则上应为校本慕课中期检查优秀等有一定基础的课程。

（4）学校鼓励各类精品课程、重点改革与建设课程、网络资源共享课程、精品视频公开课、合格课程评估优秀课程积极申报，已具备一定数量教学视频的课程优先申报。

（5）每学年组织一次立项，混合式教学和校本慕课建设项目一般安排在上半年，精品慕课建设项目一般安排在下半年，项目评审坚持择优立项原则，宁缺毋滥。每位教师最多可主持一项建设项目。

（6）对于参加申报但未立项的项目，如该项目通过教师团队的建设确实达到相应的建设验收标准并已在进行教学应用，可通过后期资助的形式对该课程给予认可。

四、检查验收

项目建设周期为一年,本着"可检验、有检验、有奖励、有惩罚"的原则开展工作,项目建设过程中的抽查、中期检查和验收由教务处组织专家进行,抽查、中期检查、验收的意见需提交校教学委员会审议通过。

学校根据工作需要安排抽查和中期检查,其中混合式教学建设项目开设一轮后可以申请验收,慕课建设项目在正式上线应用后可以申请验收,严格按照申报书和开发计划表的要求进行检查和验收。验收结果设定等级,对优秀者给予一定奖励,对逾期不完成的予以撤项,特殊原因最多可申请延期一年。

(一)精品慕课建设项目

(1)要求提供全程原创视频等相关教学资源,教学资源和视频技术指标应符合国家资源共享课和视频公开课相关要求。

(2)中期检查时,需要提交:项目进展报告、基本的课程视频、教学资源(根据开发计划表要求)等。

(3)验收时,需要提交:项目总结报告、课程网站、建设的课程资源(含课程标准、课程设计、课程教案、考核方案等)、完善的课程视频、完整的教学资源、学生学习效果评价研究、课程质量分析报告等。

(二)校本慕课建设项目

(1)要求提供全程视频等相关教学资源,其中二分之一以上为原创,教学资源和视频技术指标应符合国家资源共享课和视频公开课相关要求。

(2)中期检查时,需要提交:项目进展报告、基本的课程视频、教学资源(根据开发计划表要求)等。

(3)验收时,需要提交:项目总结报告、课程网站、建设的课程资源(含课程标准、课程设计、课程教案、考核方案等)、完善的课程视频、完整的教学资源、学生学习效果评价研究、课程质量分析报告等。

（三）混合式教学课程建设项目

（1）开展混合式教学的内容应达到三分之一，提供混合式教学所需的教学资源，有一定量的原创内容，教学资源和视频技术指标应符合国家资源共享课和视频公开课相关要求。

（2）中期检查时，需要提交：项目进展报告、基本的课程视频或视频链接（完成率达到50%）、数字学习平台课程网站、学生学习效果研究等。

（3）验收时，需要提交：项目总结报告、建设的课程资源（含课程标准、课程设计、课程教案、考核方案等）、完善的课程视频或视频链接、数字学习平台课程网站、学生学习效果评价研究等。

（4）混合式教学课程围绕教学理念、教学内容、教学方法、教学手段、考核方式等方面综合考评课程建设成效。

①教学评价：根据学生反馈、专家评价和学院意见等方面综合评价教学效果。②受益分析：通过主讲教师汇总的学生学习成果，以及学生评教、课堂教学情况调查等综合反映学生受益程度。③教学特色：借助数字学习网络平台教学记录、教师课程总结和教学观摩活动等多种形式评价课程的建设特色。④教学研究：通过数字学习网络平台课程建设、课程研讨报告、教学研究论文等形式评价教学研究情况。

五、保障机制与激励措施

（1）学校成立课程教学形态信息化创新应用工作领导小组，聘请校内外专家，成立课程教学形态创新咨询指导专家小组，会同教学委员会、督导委员会，对教学形态创新工作进行全面的咨询、指导、评审和验收。

（2）对于首次开展的精品慕课和校本慕课给予2倍教学工作量上浮认定，对于因教学效率提高产生的实际教学课时减少的课程，工作量按教学计划课时计算。

（3）对于建设优秀者，推荐到区域和全国慕课平台，对在知名慕课平台、上线的慕课视同国家级课程建设项目，对在区域慕课平台、上线的慕课视同省市级课程建设项目。

第四节 在线开放课程管理细则

为贯彻教育部《关于加强高等学校在线开放课程建设应用与管理的意见》，扩大 MOOC 等新型在线开放课程和优质教育资源的受益面，实现 MOOC 时代教育教学方式的创新，主动适应学生个性化发展和多样化终生学习的需求，将更多的学习时间与自主性还予学生，促进学生的个性化学习和分类培养，加快推进教学形态信息化创新应用工作，加强组织管理，加强过程考核，促进新型课程应用，探索适合我校实际的在线开放课程管理办法，可制定以下细则。

一、基本原则

学校要秉持"鼓励创新、保证质量、先申请再认定"的原则，各教学单位要依据各专业人才培养方案和课程体系建设的总体要求，积极稳妥地推进在线开放课程作为课堂教学的重要补充，鼓励教师创新教学形态、扩大在线课程应用面，促进学生学习方式转变、提高自主学习能力，帮助学生学习、成长、成才。在保证教学质量的前提下，鼓励利用优质教学资源开展在线学习、翻转课堂和混合式教学。

二、在线课程运行管理规范

（1）在线课程负责教师是课程运行的第一责任人，要严格遵守国家网络与信息安全管理规范，确保课程正确的政治方向、价值取向，确保课程内容的科学性，依法、依规开展在线教学活动。

（2）学校鼓励广大教师积极利用国内外知名在线课程平台面向我校学生及社会学习者提供优质的在线课程服务。平台主要包括爱课程（中国职教 MOOC 频道）、学堂在线、智慧职教 MOOC 学院、好大学在线、浙江省精品在线开放课程平台、宁波市高校慕课联盟平台等。

（3）上线课程需由课程负责人根据本人意愿，结合课程实际，选择相应的课程平台。首次开课需填写开课申请表，经所在学院、学校和开课平台对课程审核通过后方可上线运行。开课前必须进行培训，培训合格方可正式上线运行。在线课程开设时间原则上每年两期，上半年为3—6月，下半年为9—12月，具体以学校通知和平台需求为准。

（4）学校鼓励教师积极投入在线课程运行管理之中，并根据需要组建课程运行团队，课程团队成员参与工作量分配。学校为每门课程配备2名勤工助学学生协助课程运行管理，加强在线课程学习过程中的在线交流，为学习者提供优质的学习体验。课程团队要根据课程平台要求做好课程开课、运行和结课管理工作，根据社会学习者的实际情况制订学习计划、调整教学内容。建议课程运行周期为6—14周，每周的学习时间为2—4小时。

（5）要求课程团队在开课前15天完成课程建设工作，并做好课程介绍页发布，开放社会学习者选课系统，鼓励教师开课前利用各种渠道增加选课人数；开课过程中要加强过程性管理，加强学习过程中的交流互动工作，充分利用平台提供的如公告、论坛、邮箱等工具，积极发动讨论主题、回复等工作，增强学习者的学习积极性。

（6）做好课程评价管理，合理设置评分标准和细则，严禁随意更改成绩。课程结束后，教师应积极配合平台做好成绩发布、证书申请等结课工作。

（7）学校鼓励教师积极利用在线课程面向在校生开展翻转课堂等混合式教学，实现校内课堂教学创新。对于申报国家、省、市级精品在线课程的课程，原则上要求已经面向在校生开展一轮以上的教学实践。

三、在线课程运行考核和奖励

（1）学校对在线课程运行进行质量监控及评价，并根据课程运行效果进行成果认定及工作量补助。其中，课程运行过程中产生的经济收益或奖励归课程团队所有（以学校与平台签订的协议为准），并由学校给予不低于课程运行收入的1∶1配套资助。

（2）学校将在线课程运行纳入教学效果考核，根据当年课程运行效果对课程团队进行资助，课程运行效果原则上分为优秀、合格、不合格三个等级。评定标准根据每期运行情况综合确定，主要评价指标包括选课人数、课程资源丰富程度及更新量、作业次数、公告数、论坛总主题数、教师回帖数、成绩通过人数、纸质证书获得人数等，课程运行评价指标的数据由各运行平台统一提供。每年3月对上一年的课程运行情况进行认定，优秀等级经费为6000元/期（或对应教学工作量），良好等级经费为3000元/期（或对应教学工作量），不合格等级不予资助，并暂停课程在平台上线运行1期，如一门课程累计出现两次不合格，取消该课程在第三方平台的上线资格。

（3）对第三方平台提供教学服务费的课程，采用"差额补足、余额不扣"的原则，对于采用第三方平台托管的课程给予500元/期（或对应教学工作量）经费资助。

（4）有以下情形之一的，将直接认定为不合格：

①课程运行过程中出现思想政治性偏差及错误；②未按课程发布时间及时发布教学资源，并造成不良影响的；③课程负责人或者团队成员均不参加学习过程指导及交流的，并造成不良影响的；④课程负责人不配合平台要求做好开课、结课工作，并造成不良影响的；⑤课程负责人随意更改成绩造成不良影响的。

（5）首次在校内开展在线教学、混合式教学等课堂教学创新，计算工作量时根据实际情况（教师自己原创视频在实际教学中对应的课时）给予1.6倍教学工作量认定（非原创资源不在此范围内），多个平行班则在此基础上乘以系数0.9，原则上要求项目已通过中期检查，混合式教学建设项目不属于此范围；新增课时量部分不计入教师考核工作量。若同一门课有多个任课教师，只对参与视频拍摄的任课教师认定工作量（方法同上），但每个老师认定的课时总和不能超过本课程的计划课时。

（6）对于利用优质教学资源开展混合式教学、教学效率提高、线上线下实际学习课时比计划课时减少的课程，工作量计算时仍按照原教学计划课时计算。

（7）对于校外引进面向校内学生开课的优质在线课程，通识课程由思想政治理论课教学部或基础课教学部申请，学科基础课和专业课由专业所属学院申请,学校审核通过后,根据相关规定办理引进程序,相关费用由学校统筹安排。为了加强对该类课程的精细化和规范化管理,将安排课程助理组织课程线下面授、考核等管理工作,以提高课程教学服务质量。通识课程的助教由思想政治理论课教学部或基础课教学部选拔确定,学科基础课和专业课的助教由专业所属学院推荐,上报学校审核与备案。课程结束后根据实际学习人数和具体实际工作,给予不超过15分/门的服务工作量(15单位教学工作量)认定。

(8)课程负责人需事先提出申请并提供详细的实施方案备查,对未提出申请或未按实施方案开展教学的课程将不给予认定,具体流程如下:

①校外在线课程平台教学工作量认定流程:由课程负责人在开课前一周向教务处提出申请,并提交课程地址和详细的开课计划,学校根据开课计划组织抽查,课程结束后需要提交课程总结报告和课程运行数据,学校根据运行数据以及第三方平台的反馈给予相应经费支持。②在校内开展课堂教学创新的教学工作量认定流程:任课老师须在开课前经由各教学单位同意向教务处提出申请,并提交详细的教学设计和实施方案,特别是自创视频应对应原实际教学课时,学校根据实施方案组织开展检查,学期末需要提交课程总结报告,学校根据实效认定教学工作量。③在线课程服务工作量认定在课程结束后进行,由课程助理提出书面申请和课程总结报告,教务处会同开课单位根据课程总结报告和实际工作给予认定。

四、在线课程创新应用优秀成果评选

为及时推广在线课程运行的优秀经验,表彰在在线课程运行某一领域的改革与创新,营造积极开展在线教学的良好氛围,对在线课程创新应用相关成果进行奖励。

(1)被列为市级精品在线课程,学校按照精品在线课程给予建设经费资助;被列为省级精品在线开放课程,学校在精品在线课程建设经费基础上再追加5万元;被列为国家级精品在线开放课程的,学校在原有建设经费基础上再追加5万元,并根据市级、省级和国家级课题核算教研分,以精品在线课程认定文件为依据。

（2）学校将以一年为周期组织评审在线课程优秀成果，表彰在课程运行过程中有创新、有突破、有实效的在线课程，如辅修专业、校际互选、实践考核、直播面授等方面。评选类型包括在线课程运行质量奖、在线课程运行最佳团队（个人）奖、在线课程运行最具突破奖等若干奖项。成果认定注重在线课程的实效、亮点、影响面，宁缺毋滥。

（3）评选的基本条件为：

①经公开课程平台认证上线，完成至少两期面向社会学习者的全在线教学活动及面向在校生的 SPOC 教学改革与实践。课程质量高，共享范围广，应用效果好，示范性强。②在以下某一方面有突出表现：教学内容与资源、教学设计与方法、教学活动与指导、团队支持与服务、教学效果与影响等，坚持质量为本，注重共享应用，体现融合创新。③成果认定需经课程负责人提出申请、现场汇报、评审专家确认等环节。

（4）学校对每项给予 1000—5000 元的奖励。

第十九章　信息化教学创新应用环境创设

以信息技术推动教育理念变革、以模式创新推动教学效果提升是新时代高校教育信息化发展的必由之路。教育部早在《教育信息化十年发展规划（2011—2020年）》中就明确提出："高等教育信息化是促进高等教育改革创新和提高质量的有效途径，是教育信息化发展的创新前沿。"教学信息化是高校教育信息化建设的核心内容，是衡量一所高校整体教学质量与水平的重要指标，实现教学信息化的基础和关键在于构建一个完善的信息化教学环境。

我国高职院校大规模的教学信息化建设大多从20世纪90年代开始，随着互联网的发展日新月异，人工智能、云计算、大数据、虚拟现实等技术在教育领域的应用日趋成熟，信息技术对教育领域的影响和变革作用日益显著，尤其体现在教学基础环境的信息化上。教育部在2015年颁布的《职业院校数字校园建设规范》中指出：数字校园的基础设施包括校园网络、数据中心、网络信息服务、网络管理与网络安全、多媒体教室、仿真实训系统环境、数字广播与网络电视系统和数字安防系统。在随后的数字校园建设实践过程中，数字校园的理念得到了逐步扩充和完善。总的来看，目前教学信息化建设已经从基础设施设备的建设走向了全方位信息化教学环境的建设，更加重视信息技术对教学的促进作用。教育部在2017年出台的《关于进一步推进职业教育信息化发展的指导意见》中明确要求各地建设有线、无线一体化认证，高速、稳定、安全的校园网络，加强数字媒体制作室、数字化教室等教育信息化硬件基础建设，进一步优化职业院校信息化教学环境。由此可见，教学信息化基础环境建设的内涵应该是以网络、多媒体教室等硬件基础设施信息化为依托，并在此基础上实现学校围绕教育教学的各项业务信息化，构建虚实一体、良性互动的校园信息化生态环境，从而让师生能够持续提升自身的信息化能力。

  学校高度重视信息化建设。在教育信息化推进过程中，以全国职业院校数字校园实验校建设为契机，落实智慧校园"十三五"建设专项规划，结合实际制定了"全国职业院校数字校园实验校建设项目"工作方案，采用整体设计、顶层规划，以"整体规划、分步实施、资源整合、数据共享、适度超前"为原则，将"信息技术促进教育教学模式改革"作为重点探索与实践任务，搭建学校教学信息化应用环境的总体框架。

  以校园网络和数据中心的基础设施作为学校教育信息化的整体硬件核心；扩充出口带宽，建设有线网络、无线网络和各类专网融合的校园全覆盖网络；扩容改造数据中心，使其成为基于云计算和虚拟化技术的学校计算、交换和存储中心。

  根据学校以现代服务业为主体的专业结构特色构建信息化教学环境。升级改造校际、校企之间教学协同，双向实时互动的智慧教室；建设数字化技能教室、大场景虚拟仿真实训室、虚拟仿真实训基地等；并通过建设教育技术服务中心，为师生开展多种形式的信息化教学提供优质的信息技术服务。

  通过融合创新网络学习空间实现智慧育人。升级完善网络教学平台功能，进一步完善网络学习空间功能，创新网络学习空间应用模式，提升网络学习空间利用率；持续采集空间学习者的学习行为数据，建立校本人才培养工作状态数据平台——校本数据库。

  学校不断更新和完整信息标准及制度，支持各种系统之间的信息共享和操作交互，建设信息安全和运维保障体系，满足数字校园对信息技术的长远发展需求。

第一节 优化基础设施，建立信息化高速路

一、天地互联，网络条件迅速改善

一般来说，学校接入网络带宽越高，信息技术对教与学的互动性、个性化、交互性的支撑作用将会越明显。10MB 以下的宽带，只能基本满足以文本资源为主的大规模信息浏览服务；100MB 以下的宽带，只能支持少量视频业务和流媒体业务；如果要开展基于移动端的在线学习业务，接入宽带要求必然更高。随着流媒体类数字教育资源的增长，越来越多的学生通过网络教学视频学习，致使高校出口带宽压力进一步增大，甚至造成出口经常堵塞，正常网络应用被挤占，这一问题必须引起重视。目前大多数高职院校的校园网还存在着公网 IP 地址资源严重缺乏，网络出口带宽不能满足日益增长的业务需求，校园网络覆盖区域存在许多盲区，学校办公区、教学区、生活区网络未能统一管理等问题。这就对高职院校的 4G、Wi-Fi 等移动互联技术提出了更高的要求，必须建设网络信号质量、安全和网络融合满足学校发展需要的，能有效覆盖整个校区，有线、无线并存互补，支持电脑、笔记本、手机及其他智能终端设备接入的高速泛在校园网络。

二、数据中心，夯实信息化底层架构

数据中心作为数字校园的重要枢纽，面对规模不断膨胀、数据量逐年递增的校园信息化系统，能提供可靠、灵活、可扩展的高性能运算、存储能力，是目前高职院校信息化建设过程中需要重点考虑的工作。传统的数据中心普遍存在着业务连续性差、灵活性差、业务部署周期长、管理维护成本高和负载应用高（如每学期的集中选课）等问题。利用虚拟化和云计算技术可以帮助数据中心减少服务器数量、优化资源配置并简化管理，实现动态 IT 基础设施环境建设，进一步改善现有的架构和管理模式。但是，目前多数高职院校

仅实现了用虚拟服务器简单代替物理服务器，而没有把数据中心内的存储、网络及应用交付系统进行针对性调整，致使虚拟化技术提供的高可用性高可靠性和资源动态分配等非常有应用价值的功能无法实施。

学校按照"硬件集群、数据集中、应用集成"的理念，建设符合国家标准的数据中心机房，以及集中管理的 IaaS 云计算平台。目前全校拥有运行的各类服务器共 101 台，存储阵列 7 套，总容量近 100TB。近年来学校不断优化数据中心，完善基于云计算和虚拟化技术的学校计算、交换和存储中心，尝试基于云计算的桌面虚拟化应用。这使数据中心具备安全、节能、可靠的机房环境，并具有极高的扩展性和管理的便利性，满足了日益增长的信息化硬件需求。云计算数据中心通过提供服务器虚拟化、计算资源自主申请、快速服务器部署等功能，为校园整体的信息化底层架构打下了坚实的基础，为后期开展更多的信息化服务提供了灵活的条件和可靠的保障。

第二节　教学环境智慧化，保障教育教学方式创新

一、智慧教室，支撑信息技术与课程教学融通

随着微课、慕课的发展，翻转课堂、混合式教学方法改革的兴起，师生对多媒体信息化教学环境的要求也越来越高。目前，国内高职院校的多媒体教室多为简易多媒体教学环境，有多媒体计算机作为教师机，也有液晶投影仪、投影屏幕、中控系统和音响设备等，但存在着无法实现交互、设备配件更换成本高等问题。多媒体教室作为高职院校最直接、最主要的信息化教学场所，对其环境和设备进行合理的改造，建设能感知学习情景、识别学习者特征、提供合适的学习资源与便利的互动工具、促进学习者有效学习的基于物联网的智慧教室，已成为学校信息化发展的迫切需要。

智慧教室是一种基于物联网技术，并集环境智慧调节、统一身份认证、自由拼接和互动、智慧教学、视频录播、资产管理及远程控制于一体的智能化教学环境，运用智慧技术，支持智慧教与学，实现教室的智慧管理。智慧

教室核心设备主要有智能网络中控、物联网核心系统设备、高清自动跟踪摄像机、高清音视频编码器、互动投屏器、大屏显示终端、分组讨论系统设备、智能声音系统、互动直播预览终端等。高职院校在智慧教室的建设过程中既要考虑成本，又要兼顾实用性和易用性，要根据不同课程体系的差异性分层分类、按需建设。

近年来，学校投入 100 多万元完成了 8 间智慧教室的升级改造工作，为信息化教学提供了强有力的环境支撑。这一方面满足了教学内容多样化的呈现和运作，另一方面也能辅助师生教学互动过程的智慧化，并将这个过程拓展延伸到课前课后。只有这样才能改变传统的教学组织方式，突破时空界限和教育群体的限制，支持教师开展混合式教学和网络研修等多样化的教学活动，支撑学生的个性化学习、自主学习、协作学习和探究式学习，真正实现移动学习、泛在学习。

二、虚实一体，提升教育教学质量

从现代教育系统的构成要素来看，智慧学习环境是智慧教育的基础要素。智慧学习环境强调利用现代化技术创新教室设计，适应教学的个性化需求，支持更为开放的情境式、探究式、讨论式、翻转式等模式的课堂教学，加强师生之间及学生之间的互动讨论，激发学生的学习兴趣和自主学习能力，促进学生创新思维能力的培养，为推进教学改革、推动课堂教学模式的转变奠定基础。

为使信息技术在专业建设、人才培养中的支撑和引领作用得到充分发挥，高职院校还应积极探索建设虚拟仿真实训系统和远程视频互动教学系统。可根据本校实际，打造数字化技能教室、大场景虚拟仿真实训室、互动体验室、虚拟仿真实训基地等；积极探索综合应用虚拟仿真技术，开展安全、经济、离线的操作技能训练、考核和鉴定；积极探索具有职业教育特色、满足在线学习需要的虚拟仿真实训系统，打造 3D 全景慕课；基于移动互联网，利用视频技术、传感技术等搭建实时远程视频互动教学系统，再现真实操作环境，实现远程会议、远程互动实训教学，实现高端培训、会议、论坛的同步教学与互动，以及与企业、外场的实时视频教学与互动。中外合作专业可通过外方课程的实时视频或录像方式，实现同步教学与互动。

学校近年来积极探索虚拟仿真系统在教学、培训和技能鉴定等方面的应用，促进实践教学的信息化，提高实践教学的效果和效率。以正在建设的智慧旅游实训基地项目为例，它突破传统旅游教学实验室的单一功能，紧密联系"智慧旅游"发展趋势，融入行业最新技术和真实数据，为学生提供更贴近旅游行业发展实际的实践教学条件，充分发挥学生的创新能力。它是培养高素质的应用型人才的综合性培训基地。项目引入先进的以软件管理为主的自动化管理模式，将以人为本的传统智慧旅游经营方式转变为互联网交互式的代理性经营模式。学生不但可以通过平台模拟传统智慧旅游的经营，还可以通过系统直接接触真实智慧旅游，实现真实经营、自主创业的功能。对于用户体验，该项目摆脱了传统智慧旅游以接待为主的模式，提倡智慧服务，通过人机互动智慧展示推销产品；通过智能职能问答、线上预定的方式预定产品；通过在线监管、无纸化操作和移动体验提高服务水平和丰富用户感官体验，真正实现旅游智慧化。改变传统职业教育先有职业，再教授技能的单一被动模式，进而转变为先学习有效技能，再根据所学技能去匹配现有职业或未来新型职业的主动多样性模式。利用信息高速通道，为建立我校教学活动与职场活动实时对接提供了可能，缓解教师对虚拟仿真资源认识不足、教学设计能力低下等问题，破解虚拟仿真教学资源存在的应用性、教学性、必要性、教学设计四大难题，为实现与专业课程配套的虚拟仿真实训系统开发与应用发挥作用。

三、教育技术中心，服务信息化教学有效运行

为了更好地发挥智慧教室、智慧实训室的功能，需要重点破解的难题是如何提升师生的信息化教学和学习能力，有效地将信息技术和课程融合。大多数学校采用培训的方式，手段和对象都比较单一，效果难以保证。学校应该把智慧教室、智慧实训室等环境作为师生进行多重交互、合作学习、资源共享的场所。学校不仅要培训师生正确使用一些软硬件设备，还要给予技术

支持与服务，让师生在掌握信息技术的基础上，了解信息技术在教学中能够提供的帮助，在教与学的实践中能解决.实际的问题，这样才能充分调动师生的主动性、积极性，提升师生的自我发展能力，使教学形态信息化创新应用工作得到深化。

第三节 构建网络学习空间，共建共享资源，增进质量评价

一、云端结合，促进优质教学资源共享

一般来说，教育系统讲的网络学习空间是运行于学习支撑服务平台之上，面向正式学习与非正式学习的虚拟空间。随着数字校园建设的深入，基于云平台的网络学习空间开始在全国范围兴起。高职院校应正视网络学习空间在云、网、端三个层面以及相互之间的连接中发挥的作用，逐步扩大空间应用范围，调动广大师生的积极性和创造性，探索更多促进教学方式与管理方式变革的常态化空间应用模式，推动网络学习空间朝着智慧学习空间发展。

因此，高职院校要升级完善现有网络教学平台功能，增强用户体验，增加移动端，优化兼容性，完善数据统计方面的功能，进一步完善网络学习空间功能，创新网络学习空间应用模式，提升网络学习空间利用率，从而满足学生校内学习、校外实习实训和毕业后终生学习的需要；满足教师（包括企业兼职教师）构建全流程、多模式的网络教学空间的需要；满足校外学习者职业技能持续提升的需要。同时，不断加强资源建设，不断整合优质资源，丰富专业教学资源的内容建设。

二、校本数据平台，提高教学系统应用成效

大数据时代教育数据的价值已经超越了简单的"统计分析"，演变为促

进教育变革的科学力量和战略资产。从"数字化"走向"数据化"是网络学习空间建设的重要方向。网络学习空间在运行过程中将持续、实时采集到更细、更全、更优的教育数据，持续采集空间学习者的学习行为数据，建立系统完备的个人学习档案，这样就能动态跟踪学习者的学习过程，实时关注每位学生的学习状态，及时评估其学习表现及结果，并提供及时而有效的帮助。要通过一定的数据传递与交换机制，建立校本人才培养工作状态数据平台—校本数据平台，实现各种教育数据在空间平台之间及其他系统之间的透明流转与融通共享。数据交由数据中心处理形成校园大数据，提供"一站式"决策支持，直观地监测各类关键指标的情况，为学校领导、管理部门和学院提供各项决策支持，为不同用户提供智能化和个性化服务。

学校以教育部颁发的《教育管理信息化标准》和相关行业信息标准为基础，制定了学校数据字典和信息编码标准。保证数据在采集、处理、交换、传输的过程中有统一的规范，确保数据的准确性、权威性，最大限度地实现信息资源共享。规定各业务系统的供应商在数据对接与系统安全等方面的接入要求，解决各业务系统信息孤岛现状，尽可能地消除数字化校园的短板。建设共享数据库平台，解决各应用系统中同构、异构数据的集成问题，实现数据共享，与互联网资源、各种应用系统跨数据库.跨系统平台无缝接入和集成，并根据需要提供数据服务。提供全校统一的用户管理平台和授权、认证体系，实现各应用系统的"集中认证"，规范用户操作行为。建设集成各业务应用、数据资源和互联网资源的信息管理平台，根据用户身份、权限及自身需求，提供个性化的信息资源和应用服务。依托学校共享数据平台，清洗与整合数据，提高数据质量，为大数据趋势下的分析挖掘提供可用数据，为管理和服务工作提供决策依据。

第二十章　信息化教学创新应用实践研究

学校将教学形态信息化创新应用工作作为教学创新、教学改革的重要举措，列入学校"十三五"重点工作和面向未来的战略部署工作。为推进具体工作的实施，广泛开展"信息化教学创新应用"相关技术、运行模式、管理机制的研究，加强互联网信息技术在课堂教学、实验实训.教材开发、技能考核等方面的研究，近年来学校立项的市级以上教学形态信息化创新应用研究领域的项目有 40 多项，努力探索建设能够体现高职教学特征、符合高职学生认知规律、满足高职学生学习需求的信息化创新应用模式。

第一节　信息技术与专业建设

一、分类培养视域下慕课在高职院校专业教学中的有效应用

高职院校应当根据不同学生的认知水平、知识结构、能力表现、个性专长等，实施分类培养，既体现以人为本、因材施教的教育理念，又适应当前生源多元化倾向的现实需要和国家教育改革的新要求。《国家中长期教育改革和发展规划纲要（2010—2020 年）》提出，要"树立人人成才观念，面向全体学生，促进学生成长成才。树立多样化人才观念，尊重个人选择，鼓励个性发展，不拘一格培养人才"。越来越多的高职院校开始改革人才培养模式，探索培养多样化人才的路径。

高职院校实施分类培养工作，意味着大而统的标准化教学模式被打破。传统教学形式已不能满足学生个性化学习的需要，所以教学资源类型要更加

多样，这对专业教师也提出了更高要求。教育教学工作如何适应人才培养模式改革是高职院校面临的新挑战。而慕课在分类培养实施工作中可以发挥特有的作用。

（一）慕课对高职院校分类培养模式改革带来的积极意义

慕课作为 Web 2.0 时代教育信息技术的新成果，表现出诸多优点，如学习开放自由、优秀教育资源实现共享、满足学生个性化学习需要、互动多元等。从课程教学角度来讲，慕课必将对高职院校分类培养工作带来积极意义。

1.缓解教学资源不足的问题

高职院校实施分类培养，就要打破大而统的标准化教学的格局，改变现有模式化的培养目标、教学要求和评价标准。学生有更多的选课自主权，发展方向多样化。平行班授课、大班授课的比例会因此减少，"行政班"被拆分，组建形成更多的"教学班"。原先一个专业只有一个培养方向，师资、教学条件、课时分配无须多样配比。如今培养类别多了，"教学班"多了，学生个性化需求多了，对教学资源的要求也更高了，高职院校原本就紧张的教学资源因此更加局促。运用慕课这一在线课程形式，通过借助现有慕课平台，共享优秀大学的优质教学资源。同时，由于慕课事先制作、团队管理，没有传统课堂的时空局限，能够吸引越来越多的行业企业专家在线授课。专任教师通过慕课教学，也可以把更多的精力放在如何更好地因材施教上。

2.满足学生个性化学习的需要

由于高职院校生源多元化，所以学生的个体差异比较明显。每一位学生的基础和兴趣都不一样，即使同一类培养方向的学生之间也会存在差异。班级授课不论是"行政班"还是"教学班"都无法实现真正的个性化教学，而慕课能够较好地满足学生个性化学习的需要。学生往往是在兴趣的驱动下，根据自己的学习目标和先验知识在慕课平台上选择适合的课程，自主把握学习进度。学习内容自主、学习时空不受限、学习节奏自行把握，这也是慕课被推而广之的原因之一。

3.提高分类教学的效率

绝大多数高职院校已经完成了"项目教学法"改革，而"教学做合一"

的教学方法在实践中带来了课堂教学容量受限的问题。学生分类培养，意味着他们除了学习共性课程外，还要学习分类课程。在总学时基本保持不变的情况下，教学任务完成有难度。将一部分教学内容转移到课外，通过慕课的形式进行教学，一定程度上可以弥补这一缺憾，从而提高分类教学的效率。

（二）明确慕课在分类培养课程体系中的角色

实施分类培养就要明确培养类别，重构课程体系，按类别开展教学。

分类教学课程体系如图 20-1 所示，可以设置三个层级的课程类型。公共课程包括公共必修课程与公共选修课程。公共必修课程应区分共性教学内容与专业教学内容，以便为分类培养打下良好的基础。专业基础课程为同专业学生的必修课程。专业模块课程则由学生在教师指导下自主选择适合自己的模块进行修习。专业拓展课程为提升型课程，对应专业各模块开设，旨在进一步提高学生的职业发展能力。

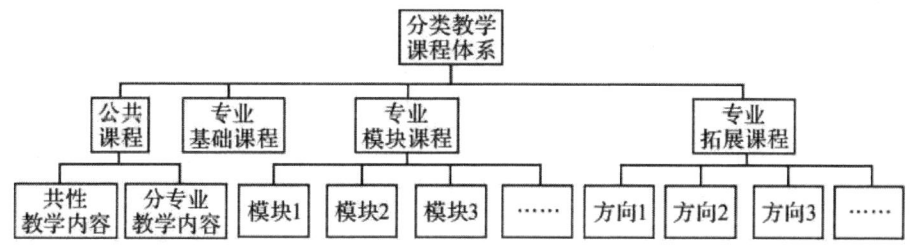

图 20-1 分类教学课程体系

哪些课程或教学内容适合采用慕课形式，则要根据高职院校的教学资源情况、专业建设情况、课程特点、学生生源差异等因素综合考虑。一般来说，公共课程中的"共性教学内容"、专业基础课程中的理论课程较为适合采用慕课形式，可借助现有的慕课平台，或开发校本慕课。在专业模块课程与专业拓展课程中，实验实训条件要求低的内容或课程、理论性较强的内容或课程、行业企业专家教授的内容或课程适宜通过慕课或"翻转课堂"的形式开展教学。

需要明确的是，并不是所有的课程都适合以慕课的形式开展教学，也不意味着慕课这种虚拟课堂可以替代大学传统的面授课堂。较之本科院校学生，高职院校学生在知识水平、学习自觉性、学习能力方面存在差距，大规模开设慕课并不妥当。传统的面授课堂仍然是当下高职院校开展专业教学的主要形式，而慕课则是有力的补充。

（三）构建基于慕课的分类、分层、分段的教学模式

在分类教学中，慕课应合理运用，并与传统课堂有效对接，通过分类、分层、分段的设计发挥积极的作用。

1.慕课分类教学与传统课堂统一授课相融合

高职院校的分类培养各有特色，但在课程设置上都有共性课程与分类课程之分。若按老办法，分类课程只能被统一、固定地安排在某一或某几个学期。学生不能自主选择修习时间，不论基础好坏学习能力高低，按照同一进度开展教学，学生的个性化学习需求因此被忽视了。分类课程若采用慕课，以数字课程包形式呈现，一类培养方向对应一个分类课程包，每一位学生从入学开始即可按其培养类别自主选择课程包里的课程或内容，自行把握学习进度。在允许的期限内，学习能力强的学生早些修习，学习能力较弱的学生多花些时间修习或晚些修习，这样能保证每一位学生都能较好地达到学习目标。这意味着整齐划一的教学节奏被打破，个性化学习贯穿整个专业教学过程。

事实上，不是所有的分类课程都适合采用慕课，高职院校现有的教学条件也无法完全实现"全慕课"教学，这就给建设分类课程包带来了一定难度。一个有效的办法是，一个分类课程包不能涵盖某一类别的所有课程，但纳入其中的几门课程或部分内容彼此之间应有关联、分层次，易于学生按某一类别渐进式开展学习。

分类课程包之外的课程或内容则仍然在传统课堂上开展教学。这种面授形式的课堂教学有其不可替代的优势：课堂交流便捷即时，修课学生容易结成稳定的学习共同体，教师可以随时根据学生的学习反馈调整教学方法和教学节奏，而且教师自身的人格也能在教学中潜移默化地影响学生。这些都是在线教学所不具备的。

2.慕课分层构架与学习权限有限开放相呼应

分类课程包应循着"公共课程→专业基础课程→专业模块课程→专业拓展课程"这一逻辑顺序选取课程或内容，课程与课程之间、内容与内容之间层级鲜明又相互衔接。慕课教学采用"微视频"即微课形式，每节课时长为10分钟左右，这是基于学生最佳注意力时长的考虑。做成慕课的课程或部分教学内容由若干节微课组成，有逻辑联系的微课之间，应按学习规律与教学进度有序构架，设计学习权限，即学完了前一节微课并达到教学要求后，才有资格学习后一节微课。引导学生有步骤、阶梯式地开展在线学习，避免学习的盲目性与随意性。

构建以微课为单位的分层分类课程包，关键要厘清每一类培养方向所需的知识、能力、素质要求以及各门课程的教学目标。分层设计的关键还在于技术层面，因为微课学习权限宜采取有限开放的方式，学生点击某一门微课进入学习前，系统会提示其是否有权限进入学习，提示有权限则能顺利进入学习，提示无权限则打不开学习页面。

3.慕课分段设计与专业教学整体进度相协调

慕课因其学习个性化、非同步、灵活开放的特点而适于开展分类教学，但纳入大学专业教学体系里的慕课仍然有一定的时空限制，除了受到大学学制的限制外，还应与采用传统课堂教学的课程相协调。分类课程包里的某一门课程或内容在什么阶段学习，什么时候必须学完，教学团队要根据专业教学进度做出安排。这并不意味着减弱了慕课学习的灵活性，对学习自觉性相对较弱的高职院校学生来说，对学习进度的适度干预是对学生在线学习的指导和督促。

在分类教学中，某些课程或内容适宜借助慕课"翻转课堂"开展教学。每次课前由教师明确慕课学习的具体内容和要求，学生课外在线学习，课堂则以讨论和巩固所学为主。"翻转课堂"模式下，每一节微课都有非常明确的学习进度要求和相对确定的学习时间，并与传统课堂教学紧密衔接，这也是提高分类教学效果的有效办法。

（四）基于慕课形式的分类教学应解决的基本问题

1.多渠道获取慕课资源

慕课制作需要投入大量的财力和精力，分类课程包里的所有慕课全由高职院校的教师自己建设既不现实又无必要。一部分慕课课程可以来自XuetangX、果壳网MOOC学院、慕课网等慕课平台，比如分类培养课程体系中的部分公共课程、专业拓展课程。当下，信息化教学是热点，多地陆续搭建高校慕课联盟，这也是获取慕课资源的有效途径。高职院校更要通过政策和措施激励本校教师积极建设校本慕课。通过多渠道获取或自主建设慕课，形成种类多样、内容丰富的慕课教学资源。

2.提高师生的信息素养

慕课依赖于畅通的网络与计算机系统进行传播与使用，而绝大部分高职院校都有较好的网络教学条件，所以要让慕课切实发挥作用。在成熟的在线教育生态系统与数字学习文化还没有形成之前，提高师生的信息素养是关键。慕课时代，高职院校教师应及时更新教学理念，掌握信息化教学技术，敢于尝试在线教学，以适应教育教学改革的要求。在传统课堂上，教师也要添加信息化教学元素，通过微信群、QQ群、网络课程等途径实现点名、提问、作业提交、考试等环节的教学活动，让学生逐渐适应在线学习。师生的信息素养提高了，慕课的作用才能真正得以发挥。

3.加强学生的学习诚信教育

慕课学习不是面授课堂，师生之间连着网络，但有时空的阻隔。电脑另一端的学习者的身份难以确认，在线作业和互动问答是否由学生本人完成也不得而知。尽管技术设计可以解决一部分学生的学习诚信问题，但仍然需要对学生进行学习诚信教育，引导学生自觉、自主、真实地在课外开展在线学习。

二、高职信息技术教育的专业化转型研究与实践中

在以计算机网络为主的信息社会，信息能力已成为人们适应社会的必备素质。劳动市场对就业人员信息能力的要求也不断提升，需要具有较强

信息意识和能够熟练运用现代信息技术手段解决工作实际问题的信息化人才。

我国的高职教育已渐渐成为社会关注的焦点,高职教育培养的是面向生产、建设、管理、服务第一线的应用型专门人才,因此高职院校的信息技术教育要与专业的整体知识结构相交叉、相融合,使得学生能够运用信息技术分析本专业的信息需求和工作岗位中的应用管理。我们应该通过分析研究信息技术在相关工作领域中的应用情况,进一步结合专业工作岗位的实际需求,对原有高职信息技术课程进行全方位的转型。转型涉及课程设置、课程体系构建和信息技术基础课程改革等方面。

(一)信息技术教育与信息技术素养

信息技术教育不是单纯的技术教育,而是以学生信息技术素养提高为目标的教育。信息技术教育应该包含信息技术课程和信息技术与其他学科的整合两大部分,以信息技术素养培养为目标的信息技术教育对于高职高技能应用型人才培养的重要性,教育界已经达成共识。信息技术素养包含四个部分:信息技术知识、信息技术能力、信息意识和信息道德(见图 20-2)。

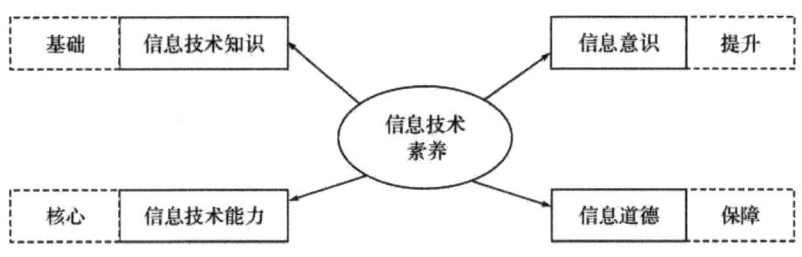

图 20-2 信息技术素养构成

信息技术知识是指与信息技术相关的基础理论知识,包括计算机软硬件知识、多媒体知识、网络知识等。信息技术能力是指信息工具的使用能力,包括信息搜集获取能力、信息分析鉴别能力、信息加工处理能力、信息沟通和交流能力以及信息的综合应用能力。信息意识是指对信息的敏感度,以及对信息价值的判断能力。信息道德是指在信息获取、使用、制造和传播过程中，应该遵守的基本道德规范、法律法规。

在信息时代下，信息技术已经融入生产、建设、管理、服务工作中的每一环节。为了满足工作第一线对高职毕业生的要求，结合高职院校自身特点，根据信息技术素养构成，高职教育对信息技术素养的要求有：①熟练掌握工作岗位相关的信息技术知识。信息技术知识作为信息技术素养的基础，是进行信息技术能力训练和信息意识提升的前提。②具备与工作岗位要求相适应的信息技术能力。信息技术能力是信息技术素养的核心所在，包括基本信息技术能力和专业信息技术能力。信息技术能力需要通过实践训练进行不断地强化和巩固。③具有敏锐的职业信息意识。具有敏锐的职业信息意识，才能在实际工作中感受到对信息的需求，捕捉、分析和判断信息，觉察到信息的价值所在，挖掘出信息的真实价值，实现对信息技术素养的提升。④树立正确的职业信息道德观念。在当前社会，信息滥用随处可见，知识产权意识普遍淡薄的今天，树立正确的信息道德意识，自觉遵守相关的道德规范、法律法规，才能保证不会给工作造成无法弥补的损失。

（二）目前高职信息技术教育存在的问题

培养具有扎实的信息技术知识.熟练的信息技术能力、敏锐的信息意识、正确的信息道德观念的高职毕业生，是对高职院校信息技术教育提出的新要求。当前的高职院校信息技术教育已无法满足社会的实际需求，高职院校在信息技术教育上仍存在诸多问题。

1.忽视高职信息技术教育的重要性

对信息技术的内涵理解有偏差，把计算机应用基础课程等同于信息技术课程，甚至等同于信息技术教育，两者虽有密切联系但不能等同，前者只是后者的一部分内容。同时，计算机应用基础课程的课时有减少的趋势，部分院校已经开展计算机应用基础课程改革方面的研究，但对于针对专业的信息技术教育未给予足够的重视。

2.忽视高职信息技术教育培养目标的统一性

很多院校信息技术教育培养目标还停留在计算机操作和应用层次，专业层面的信息技术课程培养目标不够明确,没有形成统一的专业信息技术培养目标,更没有形成专业人才培养的信息技术能力框架,造成信息技术课程设置相对孤立,课程各自为政,培养目标分散。

3.忽视高职信息技术课程教学内容的关联性

信息技术课程的教学内容相对离散、安排不合理,教学内容与实际工作岗位需求相分离。在设置专业信息技术课程时,没有很好地结合不同专业工作岗位对信息技术的需求,造成教学内容与行业工作岗位关联性不大。

4.忽视高职信息技术课程体系的系统性

高职院校普遍缺乏对信息技术课程设置的研究,缺乏对信息技术本质的认识,缺乏对信息技术课程设置的整体设计;开设课程单一、结构不合理,没有形成完整的课程体系,忽视体系的系统性。

针对以上问题,为了更好地体现高职为企业行业服务的培养目标,实现高职培养具有创新能力和实践能力的高素质人才和劳动者的宗旨,需要结合实际工作岗位的需求对信息技术教育进行专业化转型,形成完整的信息技术课程体系,使得信息技术课程与专业的整体知识结构相交叉、相融合,使学生能够运用信息技术分析和处理本专业的需求以及在工作岗位中的应用,培养学生的信息技术综合运用的能力及运用相关信息知识解决各专业实际问题的能力。

(三)高职信息技术教育专业化转型的一般路径

高职信息技术教育专业化转型是解决当前高职院校信息技术教育存在问题的需要,同样也是培养高职学生信息技术专业运用能力的需要。专业化转型就是针对相关专业对信息化人才的需求,重新构建一个融合高职、信息技术、专业职业特色的三年不断线的信息技术课程新体系。通过分析认为,高职专业信息技术教育专业化转型应本着"三·三"的课程设置理念,其相互关系,如图20-3所示。

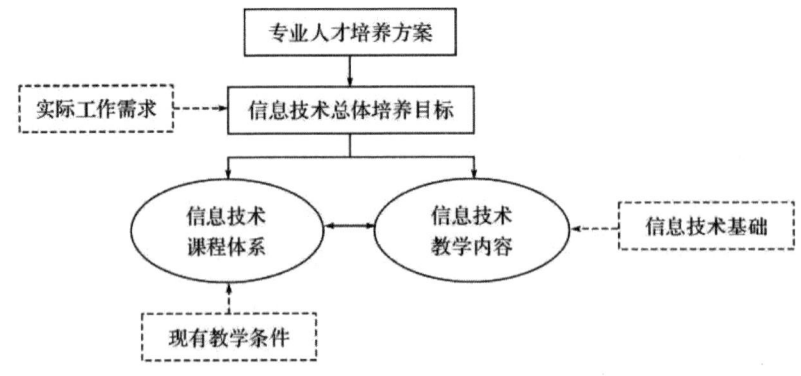

图 20-3 "三·三"高职信息技术课程设置理念

第一个"三"是指"三个层面",分别为:信息技术总体培养目标、信息技术教学内容、信息技术课程体系。需要从人才培养方案来分析人才信息技术能力的总体目标,需要从专业工作岗位、工作任务中梳理信息技术课程的教学内容,需要从专业总体的课程体系中考察信息技术课程的设置。

第二个"三"是指在不同时期影响目标制定、内容选择和课程安排的三个因素:实际工作需求、信息技术基础、现有教学条件。实际工作需求是指在制定信息技术课程的总体培养目标时,必须考虑到实际工作需求,要从企业工作岗位对信息技术的需求出发,制定适合劳动力市场需求的信息技术培养目标;同时还必须考虑到职业发展的需求,对人才未来的职业走向有前瞻性的预测,在制定时应充分结合职业岗位群对信息技术能力的需求。信息技术基础是指在选择信息技术课程教学内容时,必须充分考虑到学生的信息技术基础,不同类型、地区的生源基础存在差异,比如职高生的计算机操作明显比普高生熟练。

基于"三·三"理念,在人才培养方案的指导下,立足于当前实际工作岗位的需求,充分考虑职业的未来发展需求,制定专业的信息技术总体培养目标。然后根据.总体培养目标,结合学生的实际信息技术基础,选择适宜的信息技术教学内容。同时根据学校现有的教学条件,统筹规划、设置和安排信息技术课程,形成有效的信息技术课程新体系,实现信息技术教育的专业化转型。

第二节 信息技术与课程建设

一、基于学习者角度的微课建设策略研究

2013年，概念以迅猛的速度在中国教育界掀起了一场"微"热潮，并得到了很多教育界专家及老师的认可。其实微课的出现并不是偶然的，而是教育专家们对教育信息化探索中的一个突破，是对以往课堂实录、教学视频的应用反思的结果，是教学资源建设上的一次变革，是教学模式的一次创新。微课资源网站建设跟随着微课热不断涌现，并取得了一定的成效。

（一）微课建设现状分析

在国外，微课资源网站有Khan Academy、TED-Ed、Teacher TV、WatchKnow Learn。其中Khan Academy和TED-Ed最具影响力。在表现形式上除了常见的真人演讲外，还有动画、电子黑板等，并配有字幕和知识介绍。课程内容短小精简，内容面向的年龄层次全、专业数量多。在配套资源上，国外微课网还提供知识地图，学习者可以通过回顾自己的学习历程来制订学习计划，并可以选择教师，向教师提问以解决疑难，通过自我练习和测试完成每个学习任务，整个学习过程具有很强的交流性。微课已经应用日常教学中，并取得了良好的教学效果。

在国内，最具影响力的微课资源网站主要是针对中小学微课资源的"中国微课网"，以及针对高校师生的高校微课资源网站。在表现形式上主要以真人讲授结合PPT等多媒体为主，部分微课是课堂教学实录，视频常配有简单的课程相关说明，以方便学生学习。课程内容大多是平时上课的教学内容，主要针对在校学生。国内微课网在配套资源建设上有两种情况：一种是教师优秀微课展播，另一种是学生点播。前者主要提供教师的课件、教案、在线评论等功能，是从教师角度考虑微课的应用；后者主要提供相关课件、在线测试、在线问答等功能，包含的内容不具有完整性。总的来说，我国微课目

前还主要处于建设状态，各学校缺少从学习者角度建设的微课，大部分只是用来展播，在教学上的应用范围不广，甚至几乎没有。虽然有极少数学校有日常教学应用案例，但只处于阶段性的探索应用，并没有完全融入日常教学中，从学习者视角的微课应用研究几乎为零，更多的微课只是教师间互相交流或教师专业能力提升的一种手段。

（二）目前微课建设存在的问题。

当代课程建设越来越突出以学生为本的发展模式，教学思想和教学手段越来越符合学生的学习行为习惯。在引入微课这个热点教育媒介的时候，我们也应该朝着这个方向去建设。现在我们身边微课的数量是很庞大的，但有调查显示有高达 50% 的同学不知道微课为何物，也没有见过微课。我们做了那么多微课，但还有那么多同学不知道微课，这不得不引起我们的思考。微课在建设过程中特别是进一步应用过程中存在的问题日益凸显，具体表现如下。

1.教师观念不明确

现在有很多教师听说过微课也在做微课，大家都知道微课很热。可是有一部分教师只是为了评比而建设微课，比完以后微课就成为摆设，没有真正应用到日常教学中；还有一部分教师把传统的课堂实录当作微课，而不是根据学习者学习需要去设计与建设，课堂实录式的微课存在枯燥、内容针对性不强的情况，以致学习者想用却用不起来。

2.表现形式单一

目前，国内微课的表现形式主要包括视频录播、课堂教学过程录像、录屏这几种表现形式，而且往往一位老师的资源只有一种表现形式。整个学习过程比较生硬，缺乏活力与多样性，缺少动画、音频、图集等多种媒体的融合。

3.时间太过固定

在微课录制过程中，比赛组织方往往会规定一个时间范围，这容易给教师造成引导性，以致教师掐着时间去建设微课，不能根据自己的教学要求最大限度地发挥设计，思路。

4.教学内容设计缺乏创新性

目前，微课的建设还是停留在教师需要讲授一个知识内容点，然后设计一堂微课这种模式。在教学设计上并没有脱离传统教学的影子，学生还是被老师牵着或扶着走。真正的微课是教师为了满足学习者的需要而录制一段微课。因此，在微课教学设计过程中，我们应该摒弃传统课堂教学设计的模式，创新微课教学设计，按照学习者的学习意愿去设计教学。

5.配套教学资源匮乏

目前，国内微课比赛很多，优秀的微课也很多，但是众多的微课只是老师们评比的成果，从学生学习角度出发的微课少之又少，那些看起来高大上的微课并不能得到真正的利用。我们似乎偏离了建设微课的初衷，即利用教学资源实现区域资源平衡。微课是为了学生个性、高效的学习而设计的资源，不仅仅是为了展示教师的教学风采，所以我们更应该从学习者角度去思考，以建设满足学习者需求的微课，只有这样的微课才能走得更远、应用得更深。

从学习者角度出发分析微课现状，我们发现微课的发展呈现出目前态势的主要原因是微课建设者理念的偏差和微课自身发展的不足。教师是微课的主要建设者，他们的想法直接影响到微课的应用效果，一节微课用来展示还是用来供学习者学习，建设者具有直接决定权，因此首要的任务是改变教师的观念。同时要根据学习者的需求和微课存在的不足来改善目前微课的表现形态。

为了保证学习者角度的微课建设策略更加有针对性和可操作性，我们需要根据前期微课网站和学习者访谈这两方面的定性研究来设计调查报告，并从学习者群体中随机抽取一定量的调查对象进行定量研究。

（三）学习者角度的微课建设策略

1.多种途径转变教师的微课观念

首先，必须改变目前微课评选办法。鼓励教师参加优秀微课评选，既可以提高教师积极性，又可以推动微课建设质量提高，但是在评选过程中不能只看微课质量好坏，还应该结合微课的配套资源，甚至是应用效果。其次，可以组织教师参加各类微课研讨会，更好地认识微课、学习微课、建设微课。最后，及时做好微课反馈工作，一方面可以了解学习者对微课的希望，另一方面也可以让教师更好地朝学习者需要的方向去建设微课，形成良性循环。

2. 从学习者角度考虑微课的表现形式

微课的主体内容是微视频，即在网络学习中利用微视频来进行交互学习的活动。目前微课的主要表现形式是视频录播，但是视频录播不等于课堂教学视频。如果一个教师只是在讲台，上侃侃而谈，那么即使教师讲授得再深情，也无法打动学习者的心，就算打动了也无法让学习者全身心投入。因此，微课可以通过视频、PPT、图片集、音频等多种媒体组合的形式呈现，而不仅仅是视频。调研发现，微课适合以视频录制为主、结合多种媒体的表现形式。比如视频录制与 PPT 录制相结合，可以避免单一 PPT 录制时，因教师与学生眼神交流的缺失，造成整个微课缺少活力、学生对画面产生厌倦。再比如视频录制与屏幕录制相结合，可以让学生对教师的操作印象更加深刻，整个微课不显呆板，也使得学生更容易接受。此外，还可以使用手写板或交互白板等与视频录制相结合的方式。在录制条件受限的情况下，智能手机录制也是一种解决途径。微课制作未必要高大上，只要表现形式合适并被学生所接受，那么就都是合适的。总之，微课应该采用简单经济的、大多数终端都能播放的媒体形式，同时还应考虑学习者的使用偏好，提供多种媒体融合的呈现形式。目前比较普遍、合理，也最易实现的方式是教师正面教授画面结合 PPT 录屏，并在合适的地方穿插动画、操作录屏等，既有清楚的内容知识展示，又有教师讲授时与学习者的眼神交流，更有利于知识的获取。

3. 合适的时间控制

在众多的微课竞赛标准上往往会看到明确要求时间长度为 X 分钟，那么我们不禁要问 X 分钟是好的微课，难道 X+1 分钟就不是好的微课了吗？微课的时间需要根据微课内容来决定，对于 5 分钟能讲解完的偏要录制成 10 分钟似乎也不是那么必要。但是，微课毕竟是"微"的，一段微课设计得再好，内容选取得再好，讲授的教师讲得再生动，如果时间过长，学习者也会产生疲劳，因而降低学习效果。传统资源就存在"资源粒度大""资源应用效率低下"的弊端。我们可以把微课设计在 10 分钟左右，至多不能超过 20 分钟。在这段时间内老师可以讲清讲透某个知识点或教学主题，而学生也可以保持较高的学习注意力集中度。微课本来就以微为特点，所以在短短的这几分钟内，我们要有精简的开幕、巧妙的知识引入、明确的知识点讲解，还要保证有深度的结尾,以保证知识的拓展与进一步学习内容的衔接。由于微课的总体时间不宜过长,所以对于知识内容较多的无法在一个微课中完成的课程,可以通过系列微课的方式更好地表达给学习者。

4.合理的微课内容设计

合理有效的教学主题与内容设计可以拉近师生间的心理距离,激发学习者主动学习的能力。针对性强的教学设计可以使教学目标明确,比如在重点、难点、疑点类的教学设计中,学习者可以根据自身知识缺陷实现个性化学习,提高学习的自由度,提升自己的自信心与满意度。因此,需要明确微课录制的用途一不是把课本知识简单地转化为视频,更不是记录课堂教学的过程。我们需要站在学生学习角度有目的性地制作学生需要的微课。微课的内容可以是一个知识点,也可以是一项操作演示,还可以是一个题型的讲解,不论怎样,微课是为学生学习提供方便。教师要选取学生需要的内容,这样录制的微课才能被学生所需要,因此,学生可以利用微课完成一段时间学习之后的复习和巩固。

5.巧妙的动画引用

动画可以引起学生兴趣,但过度地使用动画效果会分散学生注意力,因此在微课制作中动画的引入需要根据实际情况,而不是一味地多使用。根据微课内容,如果通过动画能更直接地让学生获取知识,则可以考虑在微课中引入动画,免去繁杂的语言传授。如果所有的微课都用动画,那对微课的长期应用来说是不现实的。一方面,因为老师的制作技术有限,吸引眼球的动画对于普通非专业老师来说制作起来有难度,另一方面,如果请专业团队制作,那费用也是极高的,因为我们的微课并不是一两节,而是要成为长久性的学习方式之一。我们要鼓励教师在能力范围内,根据微课设计需要、内容需要,适当加入动画元素。通过动画的生动表现形式既能使学生印象深刻,又能把复杂的、需要大量语言或文字表述的内容轻松而清晰地传达出去。

6.丰富的微课配套资源

从学生角度出发的微课,用途主要有两类,一类是结合翻转课堂教学模式在日常教学中使用即教学类,另一类是提供学生课后自主学习的方式即自主学习类。不论从哪个功能出发,我们都需要站在学习者的角度去建设配套资源。因为微课如果要给学习者留下深刻印象，达到有效知识获取的目标，除了内容完整、设计吸引人外，还要给学习者美好的学习体验。练习、作业、解答等各种资源可以有效辅助学习活动并启发学习者的思维，帮助学习者加深对知识的理解，解决与微课内容相关知识的疑问，建立学习者与教师的学习共同体，使学习变得更具人性化。根据调查发现，有70%的同学希望微课能有相关配套资源，而不只是一个微课，如果只有微课，而忽视了配套资源建设，会使微课知识内容呈现孤立状态，不利于学生的系统学习，造成知识碎片化，使微课利用率大打折扣，也不利于微课的长远发展。

基于学习者角度的微课就是要建设以教学视频为主要载体，并提供由微任务单、教学课件及习题测验等多种资源构成的教学环境。经过对学生访谈内容分析，发现对于学习者来说微课的配套资源主要应该包括以下几类：

（1）教学设计：明确微课教学任务，展示具体教学过程的安排。

（2）微课任务单：引导微课学习，提高微课学习有效性。

（3）相关练习：巩固微课学习知识点，进一步加深微课学习内容。

（4）相关知识解答：是对练习的一次校对并解析，查找学习漏洞，拓宽知识解题思路。

（5）相关课件：与微课相配套的课程内容，如讲义、PPT等。

（6）过关测验：对于一段时间的微课学习通过小测验来检验掌握情况。

（7）相关延伸知识：指引更宽更深的方向学习，避免微课知识的碎片化。

学习者自我指导、以人为本是智慧学习的目标。当前，学习者的学习方式呈现出移动、泛在、智慧的特点，研究基于学习者角度的微课能更好地指导我们去建设学习者期望的微课，满足学习者在学习过程中的需求，注重微课的过程应用，淡化微课展示的目的，使微课真正成为学习者的学习助手，同时在学习者的不断使用中微课将更加健康、长久地发展下去。

二、信息化教学下"C语言程序设计"课改探索

在"C语言程序设计"课程项目化改革基础上，结合信息技术在课程教学中的应用，进一步对本课程进行基于信息化技术手段的教学改革。

(一)课程项目化改革与教学设计

按照高职高专"工学结合、任务驱动"突出实践能力培养的要求,提高教学质量的教学改革,特别是课程教学体系的完善,以适应高职教育理念与目标。为使本课程教学更贴近电子类专业、提高课堂教学效果以及高职学生学习兴趣,对传统"C语言程序设计"课程教学体系进行改革实践与总结。课程以"项目引导,任务驱动"为思路,从实践工程应用入手,以实验过程和实验现象为主导,共分10个项目,24个任务。在编写过程中,以keil软件为编程环境平台,以完成"电子琴设计与实现"为主线,包括九个循序渐进的项目。通过项目分析,又将其分成若干个具体任务,每个任务都包含着C语言的若干个知识点和技能点。

在课程教学上,采用理实一体化教学模式,建立创设情境、教师引导、主动探究、协作互动、轨迹追溯和多元化评价反馈并存的多维度学习环境。每次课堂中,首先由教师根据课堂任务进行情境创设,使学生融入角色中理解问题和解决问题。教师对任务进行分析和引导,使学生理解任务要求,激发学生的主动探究欲望和学习兴趣。根据任务的要求,在特定情境下,要求学生发挥团队合作精神以完成课堂任务,教师根据学生或小组任务情况及时记录成绩。根据每次成绩情况及时跟踪每位学生学习情况,利用网络教学平台实现轨迹追溯,同时根据自我评价、组内互评和教师评价等多元化评价方式核定每位学生期末成绩(见图20-4)。

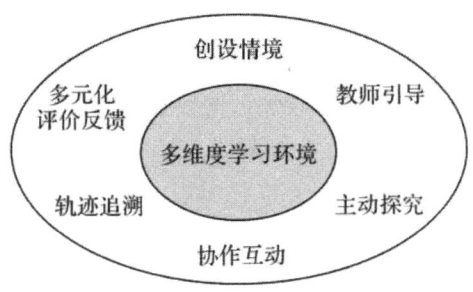

图20-4 教学设计思路

（二）信息化教学改革

针对电子类专业，"C语言程序设计"课程在项目化课程改革的基础上，结合信息技术的教学手段，对C语言进行信息化教学改革尝试，利用网络教学资源平台、校本慕课视频教学及网络互动学习平台实现信息化教学，采用仿真学习软件、交流平台、微课堂、视频及动画等多种信息化手段展开教学。

（三）教学效果

应用多种信息化教学手段进行课堂教学，包括视频、动画、微课堂、照片等多种信息技术，应用仿真学习软件展现程序设计思路，应用网络互动学习平台实现自主学习，应用多元化体系使评价结果更具针对性。

利用信息化资源进行教学，步步为营，引导学生完成课堂任务，在激发学生学习兴趣、促进学生自主学习、培养学生学习能力以及提高课堂教学效果方面都有很大的促进作用，学生综合素养和职业技能得到稳步提升，学生独立设计的编程作品在企业中得到了很大肯定。

总之，通过课程项目化改革和信息化技术教学设计，"C语言程序设计"课程具有很多特点。它拓展了传统课堂教学模式，优化了课堂教学过程，达到了课前预习有任务、课中实施重实效、课后强化求提高的教学效果。综合应用网络学习平台、慕课教学、仿真软件、视频和动画等多种信息化技术手段，把信息化技术贯彻到课堂内外所有教学过程，促进学生自主学习，提高学习积极性。通过信息技术，有针对性地解决教学过程中重难点，针对不同学习程度和能力学生进行多样化教学，使教学更具针对性。

三、高校体育网络化教学及其发展策略。

在"体育强国"理念的号召下，体育作为高校课程建设中一门重要的公共课程，在保障学生健康发展和提高体育技能上具有重要的作用。从2014年上半年国家高校精品网络课程的收录数据来看，收录的高校体育课程教学课件已达到3.5万个，教学案例超过5万个，电子教案超过31万个，教学实践方案达到 9 万个。可见，高校体育网络化课程得到了迅猛发展，这些资源为高校体育教学网络化奠定了基础。

（一）高校体育课程网络教学的发展现状及其价值

从国外发展来看，将网络技术引用到教学中的时间较早，网络化教学已经得到了广泛的应用，不论是在理论研究上还是具体实践上都已经相当成熟。美国在 1996 年就提出要让互联网成为推动教育发展的助力，仅在 1997—1998 年，美国 5020 所大学中就有 1690 所高校设立了网络课程。对于体育教学而言，最早将网络技术应用到教学中的是美国的斯坦福大学，同期澳大利亚的南昆士兰大学也将网络技术应用到体育教学的实践中。在体育电子教学方面，2001 年美国麻省理工学院最早在体育课堂中应用了电子教学材料。当前国外许多高校已经建立了较为成熟的体育教学平台，通过互联网实现远程教学与在线考核，给学生带来了便利。

从国内发展来看，1995 年国内科研网成立，标志着网络技术正式应用到教学中。《面向 21 世纪教育振兴行动计划》出台后，网络课程最早在清华大学及浙江大学开始运用。在体育教学网络化上，北京体育大学和上海体育学院是最早一批推进高校。目前这两所学校已经建立了较为完善的高校体育教学平台。在理论研究方面，2005 年裘友凤等系统地阐释了信息技术对高校体育教学的影响，探讨了素质教育背景下现代信息技术在学校体育教学中的应用。2008 年阿英嘎等对我国现代体育网络课程教学的建设现状进行了深入梳理和分析，指出当前我国高校网络化体育教学发展还处于初始阶段，体育网络课程呈现区域分布不均的问题。2010 年闵文彬等分析了网络教学资源的特点，探究了传统体育教学模式存在的缺陷，阐释了网络资源在高校体育教学发展上的优势。

一般而言，高校体育教学网络化具有以下三方面价值。

（1）有利于教学内容的直观化展示。体育教学的完成大多依靠教师体育技能动作的传授。传统体育教学中，教师会在课堂上通过亲身示范向学生传授动作，这里存在的一个重要缺陷就是，一些有难度的动作如果老师只是演示一两遍，学生很难掌握。网络化体育教学则可以解决这一问题。学生通过网络技术，对教师教学视频中的示范动作进行放慢或定格处理，从而掌握技术要领。另外，网络化教学内容包含较多的图片、动画和视频，将体育理论内容直观地展现在学生眼中，有利于学生的理解和学习。

（2）可以实现师生之间双向有效的交流。高校传统的体育教学方法，大多是以班级为单位进行课堂教学，教师很难顾及每一个学生，师生之间的沟通和交流少之又少。借助网络化教学手段，每个学生都可以与老师进行互动交流，可以实现一对多、多对多的教学指导，可以及时从线上老师处得到体育学习的指导。另外，教师也可以通过网络教学设备，录制学生体育课程中学习的状况，课后可以通过观看视频，找出学生不标准的动作和欠缺的体育技能，进而对每个学生进行更好的指导。

（3）为学生创造个性化发展空间。原来体育课堂教学的方式，使教师大多集中在固定的教学内容上。由于受到学生人数的限制，教师只能根据大多数学生的实际开展教学活动，难以为学生创造个性化的体育素养的发展空间。通过互联网络，学生可以在丰富的网络教学资源中选择自己感兴趣的课程或技能，进行自主的个性化体育学习。

（二）当前高校体育课程网络教学的主要模式与聚焦点

1.高校体育教学网络化的主要模式

（1）远程教学模式。所谓的远程教学模式，就是学生和教师之间通过网络技术实现非面对面的交流，打破传统体育课堂教学时间和地点的限制而进行的教学活动方式。1998年，教育部正式在全国4所高校设立远程教育试点单位，随后又启动现代远程教育工程和新世纪网络课程监视工程。截至2015年上半年，我国已经有超过半数的高校自建了网络远程教学平台。当前远程教学模式已经步入第三代（见表20-1）。

表 20-1 远程教育模式发展历程

发展历程	年代	远程教育分类	主要媒体
第一代	19世纪中期—20世纪中期	函授教育	印刷材料、照相、电话、幻灯片、投影、录音
第二代	20世纪中期—80年代末	多媒体教学的远程教育	大众传媒、个人媒体、早期远程电子通信
第三代	20世纪90年代至今	开放式远程学习	现代远程电子通信、无线移动通信、计算机多媒体、计算机网络、虚拟技术

第三代远程教育系统通过互联网络教学平台为学生提供一个虚拟的教学环境，教师和学生之间可以通过在线网络进行交流。网络系统也会根据教师和学生之间的交流将学生体育课程中遇到的问题进行实时传输，对课堂教学效果进行管理和评价。还有一种按需选择的远程教学模式，学生可以借助互联网和校园网络课程平台，按照自己的需求选择体育课程教学视频。这种远程体育教学和管理的模式，可以为学生在线学习提供答疑，还会对学生的学习测试和作业情况进行评价，并对学生体育知识掌握及应用情况进行管理。

（2）Web体育教学课件模式。Web课件是指网络环境下的教学课件。课件内容资源包括文字、图片、动画、视频等多元化媒体形式。通过系统化的网络导航，学生可以根据自己的需要进行检索，有利于进行自由、自主的学习，培养体育运动的个性化发展。这种网络化体育教学模式的特点是可以下载携带，是一种非实时性的教学系统。学生可以自主地选择体育课程学习的时间，也可以在不同的地点完成学习任务。智能化手机终端为学生的网络体育课程学习提供了更大的便利性。学生只要通过浏览器连接到校园Web浏览器上，就可以进行体育课程的学习，还可以找到解决体育运动问题的方法。

（3）Think Quest网络体育学习模式。Think Quest网络体育学习模式是一种基于网络的、任务式驱动体育学习的网络教学模式。现今，这种网络教学模式在国外得到了飞速发展，在国内正处于上升阶段。这种教学模式给学生提供了一个主题式的学习任务，学生可以自主进行课程主题内容和资源的建设。学生还可以通过自己的经验或者查找多样的课程资源来充实网站的内容。这种教学模式通过学生创设实践对学生的知识掌握和学习发挥潜移默化的作用，学生创设的网页可以被其他学生共享。这种教学模式在我国还不常见，今后值得推广。

2.高校体育课程网络教学的聚焦点

（1）教学材料的实用性。体育网络化的教学材料是体育教学网络化的基础。教学材料的实用性是指网络教学资源必须符合学生的发展实际，必须满足高校体育教学的发展需求。高校网络化体育教学资源与材料要丰富翔实。丰富的资源可以供教师和学生自由选择体育发展路径，它是高校体育教学课程网络化设计的基础，也是保证良好的体育教学质量的支撑。当前许多高校的网络化体育教学资源和材料较匮乏，已经成为高校网络化体育教学发展的重要阻碍。例如，有些教材对具体的体育技能动作和要点缺乏精细提炼，导致学生不能很好地把握体育技能的动作要领。

（2）教学界面的可观性。体育教学的网络化除了要注重网络教学材料与资源的实用性和丰富性之外，还应该加强体育教学网络系统的建设，尤其是用户界面建设。在进行界面设计时，首先要保障界面的亮度与色彩的搭配，不能过于华丽也不能过于朴素，应用适当的色彩配合教学资源的展示，突出教学主题和内容。其次要在界面中使用趣味性的动画和图形，增强学生学习的趣味。例如，在技术动作教学时，可以利用图形和动画提升学生对教学动作的理解能力。最后要注重系统版面的设计，要根据教学的需求进行设计，通过文字和图形的配合，契合学生的学习习惯，同时满足学生的发展需求。

（3）教学内容的创新性。络体育教学模式在教学资源上可以实现资源的共享和应用，在教学实践的内容上也要注重创新。例如，将网络体育游戏引入课堂教学中，借助体育游戏提升学生的兴趣，引导学生热爱体育锻炼。

（三）当代体育教学网络化的发展策略及建议

绝大多数师生表示高校有必要建设体育网络教育资源，并且认为网络体育教学课程建设十分迫切，具体项目的建设顺序依次为网络课件、媒体素材运动处方、体育常见问题解答等。可见，推进高校体育教学网络化有着现实的迫切性。高校体育教学网络化的发展策略与建议如下。

1. 建立体育课程学习网站

高校体育课程学习网站的建立，是体育教学网络化发展的前提。首先网站的建设应该以学生体育交流和学习为基础，将提升学生体育锻炼的实践能力作为网站建设目标。高校体育课程学习网站可以通过图片、视频或者文字向学生展示多样的体育锻炼技能。同时还能通过在线记录，对学生的体育锻炼情况进行分析和评价，展示学生体育实践中出现的问题，为学生身体机能锻炼提供帮助。

2. 建立线下网络学习小组

为加强学生之间的沟通和交流，可以在网络系统平台线下建立形式多样的体育课程教学小组。体育课程网络学习小组的设立与传统的课堂教学中分组学习的特征相似。可以根据院系或者学生自身的体育技能兴趣分成小组，充分满足学生自觉自愿的原则，让学生可以在相互的交流和经验分享上，轻松完成体育课程的学习，提高和增强自己体育锻炼的兴趣和意志。例如可以划分院系体育课程讨论小组，根据学生专业发展方向，进行专门的体育技能培养。还可以根据体育项目设立专门的教学小组，如篮球讨论组、排球讨论组、跑步协会等。让学生在自身兴趣发展的基础上，自身的身体机能也得以发展。

3. 完善网络体育教学平台建设

高校首先应该加大对校园网络化教学基础设施建设和软件建设的资金投入力度，促进网络体育教学平台的创新和完善，为高校网络化教学的推广提供资金支持。其次要完善体育网络教学的管理，保障网络教学平台正常运作。再次要对教师和学生进行宣传，积极引导教师和学生利用网络教学平台，提高学生利用网络进行自主学习的能力。最后高校之间也应该加强信息资源的共享和合作。

4. 加强教师对网络体育教学平台的使用培训

调查显示，体育专业教师对计算机操作使用的熟练程度较欠缺，无法满足网络化教学的要求。在网络化教学逐步发展的趋势下，教师应该高度重视网络化教学基本技能的掌握，真正做到将网络技术与实际教学相融合。高校网络系统平台的管理者应该发挥其技术优势，对体育教师进行培训，向教师传授网络化教学的技能与知识，推动高校体育网络化教学发展。

5.促进体育教学资源的共享

当前我国高校的教学资源拥有量存在地域和校际差别，西部偏远地区高校的资源远远少于东部发达地区，重点高校的教学资源占有量比普通高校多。加大校际和地区之间教学资源共享是解决这个问题的途径之一。通过高校间的合作，搭建不同高校之间的体育网络教学资源共享平台，可以将彼此的教学资源充分利用，实现校际之间师生的交流，为学生的讨论性研究学习提供一个良好的沟通平台。

6.提高学生体育网络资源的自主获取能力

研究表明，当前学生的网络应用率已经达到90%。体育资源获取的途径中，网络获取占63.3%、纸质书籍获取占22.6%、电子书籍获取占9.7%。学生进行体育知识的学习应该充分发挥自己的主体作用，只有自己积极地进行体育教学资源的获取，才能真正地发挥高校网络体育教学平台的作用。教师在体育课程教学中要主动引导学生掌握网络教学平台的应用技能，提高学生对体育运动的关注及体育资源的获取能力。这样既可以发挥高校体育网络教学平台的作用，又可以提高学生学习的自主性。

高校体育网络化教学为提高学生体育运动提供了良好的学习平台。从高校体育网络化发展历程来看，高校体育网络课程建设和相关技术的完善是我国高校体育教学未来的发展趋势。我国高校应该加强网络平台建设，发挥课堂教学和网络教学模式相结合的优势，促进学生体育素养的形成。

第三节　信息化与课堂教学模式

一、基于微课的翻转课堂教学模式设计和实践

信息技术在教育教学领域的深入应用，使得作为教学"第一现场"的传统课堂也面临着考验，必须改革传统课堂以迎接挑战，翻转课堂正是变革传统课堂的一个有效途径。翻转课堂是利用现有信息技术手段，构建信息化教学环境，重新规划课前、课内、课后活动，通过知识传递、知识内化、知识巩固的颠倒安排，实现传统教学中的师生角色的翻转，达到对传统课堂教学模式的教学设计方法革新的目的。

翻转课堂作为一种教学设计方法，已经成为国内外学者、教育工作者研究和实践的热点问题，它对课堂的积极作用、对教学效果的正向影响已经得到学者和教育从业者的一致认可。在国外，对翻转课堂的研究已经比较深入，积累了一定的研究基础，更多的教育从业者开始针对不同学段、不同学科、不同课程类型，把翻转课堂应用到教学中，经过一定时间的翻转课堂实践，取得了较好的教学效果。仅就高校范围的应用来看，国外的杨百翰大学麦里特商学院的 MS Excel 课程和西雅图大学机械工程系控制系统课程在经过翻转课堂实践后都取得了明显的效果；国内也有学者开始结合课程开展实验研究，利用问卷、访谈、学习成绩对比等方法验证具体应用模式的有效性。目前国内对于翻转课堂的研究更多地集中在理念性、探索性、策略性的文章上，比如有学者构建了信息化环境下兼具中国传统文化特色的"太极环式翻转课堂模型"，有学者分析了翻转课堂有效实施的策略和需要注意的问题。

综合国内外的研究文献，现有的研究都忽视了针对课堂前知识传递阶段的设计和研究，而对于翻转课堂的实施而言，其关键是课前、课内、课后活动的设计与衔接，以达到课前、课内、课后活动一体化。笔者结合自己的课程教学，对该问题进行了实践探索，提出了一个基于微课的"翻转课堂"教学模式。

（一）翻转课堂中的微课

1.微课的概念及其特点

"微课"一词是伴随着微博、微信、微电影等出现的，与智能手机和移动互联网的普及分不开，也和人们进行移动学习时对"微内容"的需求分不开。微课之"微"指的是内容少、时长短，微课之"课"指的是以教学为目的，可以指一堂课亦可以指一门课。从微课概念的提出至今，虽然学界对微课仍未形成统一的定义，但学者和实践者在不断地完善其内涵，丰富其形式，教育工作者对微课的认识也越来越深刻、全面。

国内较早提出和实践微课的是广东省的胡铁生，他把人们对微课概念的认识分成"微资源构成""微教学过程""微网络课程"三个阶段。由全国高校教师网培中心举办的首届微课大赛，以教学经验交流和教学风采展示为目的，把微课界定为"以视频为主要载体记录教师围绕某个知识点或教学环节开展的简短、完整的教学活动"。参赛教师可以自选一门高校课程，充分合理运用各种现代教育技术手段及设备，设计课程，录制10—20分钟的微课视频，要求提供配套的教学设计文本、多媒体教学课件等辅助材料。在中国开放大学的五分钟课程网，以"人人可看，人人能懂"为建设目标，根据教学需要，针对一些社会热点问题，选取了普适性强、学习者急需、易于用五分钟课程表现的知识点。运用动画、三维、虚拟现实等多媒体技术，使得抽象、宏观、微观等难于理解的知识点，以视频的形式呈现出来，以加深学习者对教学内容的理解。所有微课以视频为载体，没有提供其他学习资源，视频长度要求为5—10分钟。在国外也有很多经过教学实践验证有效的.类似微课的网络资源，如 Khan Academy、TED Ed，以及 Udacity、edX、Coursera 等 MOOC 平台上的视频资源。

尽管人们根据实际需要和应用场合的不同，对微课做出不同的解读，赋予了不同的含义，使其出现了不同的表现形式，但在综合各位学者的观点后，笔者认为微课应该具有的特点为：①服务于自主学习，兼顾移动学习需求；②针对某一知识点，主题突出、设计合理；③以教学视频为主，包含其他学习资源；④学习时间不宜过长。在此基础上，笔者通过对国内外微课和视频的比较分析，探索相关微课的开发思路和方法，提出符合"翻转课堂"教学模式需要的微课设计和建设方法。

2."翻转课堂"中的微课设计

微课作为"翻转课堂"的重要组成部分，直接决定课堂前知识传递效果，影响课堂内教学活动的设计，从而影响到最后的教学效果。用于翻转课堂的微课，不应该是一个完整的课堂，而是服务于课堂的一个环节或者几个教学活动的集合，并通过网络教学平台展示。微课包含教师讲解、演示的"微视频"，辅以课件、案例、素材等学习资源；以"微作业练习"为主，辅以在线答疑、在线测试、在线调查等自主学习活动的学习反馈。具体设计如图20-5所示。

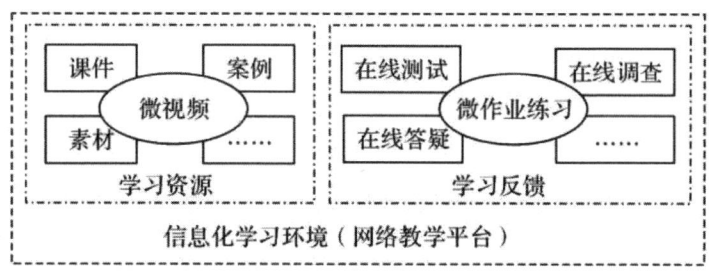

图20-5　用于"翻转课堂"的微课构成

微课内容的选取必须是基于对教学目标、教学对象和教学内容的分析与提炼，需要根据实际教学需要制作教学视频和收集网络教学资源。此外，还应根据需要设置作业练习和在线答疑等学习反馈，提供一个信息化学习环境，及时了解学生的学习状况和遇到的问题，进而做出更有针对性的辅导。微课的学习时长和难度应该根据具体课堂教学内容而定，微视频时长不宜超过15分钟，完成整个微课学习的时间应控制在30分钟左右。

（二）基于微课的"翻转课堂"教学模式设计

1.基于微课的"翻转课堂"教学模式的构建依据

要进行"翻转课堂"教学模式的构建，使得教学模式有操作依据、有理论支持，必须理清课堂翻转的过程，把握翻转课堂的特征，遵循翻转课堂的设计原则。

（1）理清课堂翻转的过程。"翻转课堂"是对教学结构的翻转。在借鉴国内外相关研究后,课堂教学结构翻转的过程如图 20-6 所示。

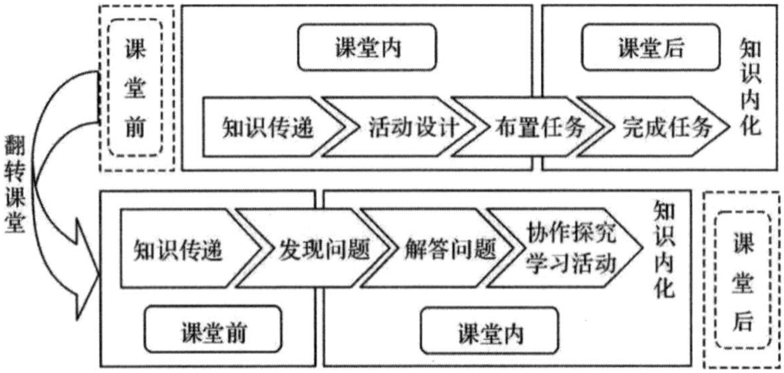

图 20-6 教学结构"翻转"

(2)把握翻转课堂的特征:翻转课堂不仅仅是简单的教学结构的翻转,还是对传统课堂的颠覆,翻转后的课堂中教师不再单单是课程内容的传授者,更多的是变为学习过程的指导者与促进者;学生则由原来讲台下被动接受的"观众"转变为教学活动中积极主动的参与者。根据不同学段,不同学科、不同课程类型,翻转课堂的方式可以多种多样,但基本理念大同小异。有效的翻转课堂具有以下几个重要特征:学生从被动的听众转变为主动的学习者;需要借助信息技术实现课堂翻转;课堂内安排各种活动实现学生知识建构和内化;课堂内有时间帮助学生掌握更具挑战性的概念,培养解决实际问题的能力。

(3)遵循翻转课堂的设计原则:进行"翻转课堂"教学模式设计时,应该遵循相关理论,并依据以下设计原则。①要有利于学生知识的建构和内化。建构主义学习理论认为,知识不是通过教师传授得到的,而是学生通过意义建构的方式获得的。翻转课堂将传统的知识传递放在课堂前完成,课堂内增加了师生互动、生生协作等活动。老师要把课堂的舞台让位于学生,成为协调者和指导者,从而更好地调动学生的主观能动性,激发学生学习的活力,更好地体现学生的主体地位,使得学生能更好地完成知识的建构和内化。②要有利于实现分层教学。根据认知负荷理论,传统的课堂选取相同的教学内容,采取统一的教学组织,使得基础好的学生认知负荷过低,造成教学时间浪费,而基础差的学生认知负荷过高,阻碍了学习。因此在翻转课堂中,要为学生提供足够的微视频和相关的学习资源。学生可以根据自身的基础,灵活选择学习资源、安排学习时间,不用担心影响其他同学进程;可以反复多次观看视频,不必担心知识点的遗漏,从而实现真正的分层教育、个性化学习。③要有利于学生对学习的掌握。美国心理学家布卢姆提出的"掌握学习理论"认为,只要提供最佳的教学并给以足够的时间,多数学习者能获得优良的学习成绩。在翻转课堂中,要为学生创建一个舒适的信息化学习环境,营造轻松的学习氛围,使得学生不必像在课堂上听讲那样紧绷神经;摆脱了群体教学模式中教学进度的困扰,学习不再受时间限制,使得学生可以按他们自己的节奏学习,直至掌握所安排的内容。

根据课堂教学结构的翻转,不难发现其关键是:课堂前如何利用信息技术实现知识传递,课堂内如何设计活动实现知识内化。而翻转课堂的特征和设计原则是构建基于微课的"翻转课堂"教学模式的依据。

2.基于微课的"翻转课堂"教学模式的实施流程

根据翻转课堂的特征和设计原则,在借鉴国内外"翻转课堂"的实际应用案例后,基于设计思想不断改进和完善应用模式,形成图 20-7 所示的适合软件应用类课程实际课堂需求的、基于微课的"翻转课堂"应用模式。该模式通过课前的过关,任务、课内的典型任务和课后的拓展任务实现了知识传递、知识建构和内化、知识巩固和拓展。软件应用类课程是指以具体软件的应用为教学内容的课程,要求学生熟练掌握软件功能等理论知识,同时还要求学生具备软件的实践操作技能。前者可以通过教师的讲授获得,而后者需要在实际操作中培养。

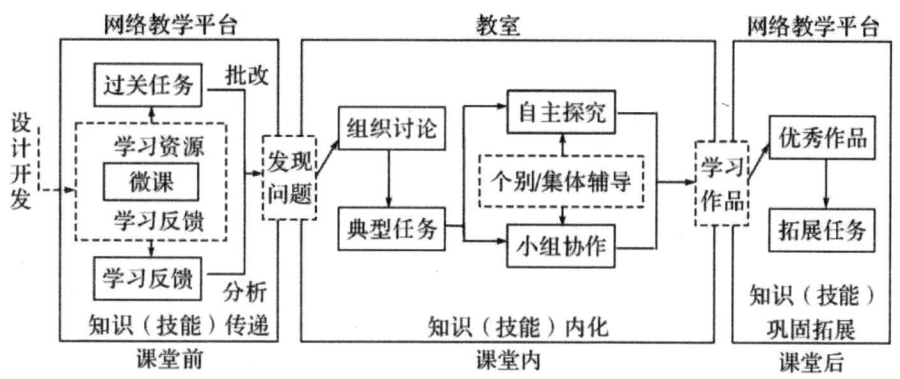

图 20-7 "三大任务"的翻转课堂教学模式

课堂前准备阶段：教师首先要根据教学安排的需要，重新梳理单元教学内容，把适合通过教师讲授、演示的内容分离出来，确定微课的教学目的与内容，收集学习资源，完成微课的教学设计；然后制作微视频，考虑软件应用类课程的特点。微视频制作时应该注意：①微视频可以采用录制屏幕和同期声的形式，以尽可能还原鼠标和键盘的操作过程；②视频中应偶尔出现教师讲授的镜头以增加教学的真实感和现场感；③视频中还要适当加入操作关键点、注意点等提示信息，便于学生把握重难点；④考虑到学生的认知负荷，视频时长应控制在 15 分钟以内。最后，把微视频等学习资源上传到网络教学平台，并为微课设置过关任务，搭建在线答疑、在线讨论等信息化学习环境。

课堂前传递阶段：学生在规定时间内通过观看微视频，参与在线答疑、讨论等环节完成教师所设置的过关任务，实现知识（技能）的传递；教师通过批改学生过关任务的完成情况，分析在线答疑和讨论情况，获取微课的教学效果并发现学生的问题。

课堂内化阶段：解决课堂前传递阶段教师搜集到的问题，根据问题的类型可以组织探究式课堂或讨论式课堂；在完成问题解答后，教师设置典型任务，根据任务难易程度，学生或自主探究或小组协作学习，教师或在旁边观察学生操作情况或与学生交流讨论，教师进行适宜的个别辅导或集体讲解；最后完成任务形成学习作品，实现知识（技能）的建构和内化。

课堂后巩固阶段：教师根据学生的完成情况进行点评后，把优秀的学习作品在网络教学平台上展示；教师还可以搜集教学内容相关的拓展学习资源来设置拓展任务，学有余力的学生可以挑战拓展任务，实现对知识（技能）的巩固和拓展。

（三）基于微课的"翻转课堂"教学模式实践研究

1.实践方案

为检验基于微课的"翻转课堂"教学模式的可操作性和需要注意的事项，以"Flash 动画制作"中的"按钮制作"教学内容为例，开展基于微课的翻转课堂实证研究。为进一步探究基于微课的翻转课堂教学模式对软件应用类课程的有效性，我们选取实验班对"按钮制作"开展教学实践，在实践中搜集数据进行分析，并运，用调查问卷和访谈的方法了解学习者对新模式的认可度，探究与传统模式相比.学生学习兴趣、解决问题能力的变化。

2.实施过程

班级共有 40 人，已经完成 Flash 前续内容的学习，课程建有完整的网络课程，前期已经在网络课程上进行了辅助教学的尝试，学生具有进行网络学习的条件，也具备利用网络自主学习的能力。

（1）教学内容分析：在"按钮制作"教学单元中，选择将"按钮元件的创建方法""按钮的四个帧的作用"等知识和技能通过微课完成。

（2）微课设计和制作：录制了一个 13 分钟的微视频，主要讲解"按钮元件的创建方法""按钮的四个帧的作用"等内容，并设置了"三个常见按钮"（由易到难）过关任务。此外，还开展对微课难度是否适宜、利用多少时间完成任务等在线讨论来收集反馈信息。

（3）课内活动的开展：根据学生反馈进一步讨论了按钮中"点击"帧的功能，然后以"认识电脑"作为典型任务，要求学生通过自主探究的形式完成任务的制作。

（4）课后活动的设计：选取优秀的"认识电脑"作品在网络课程上进行展示，并布置"六位一体教学"拓展任务，上传任务所需素材供学生自主拓展学习。

二、微课理念引导的高职课堂教学模式改革

现代信息技术应用于职业教育改革是一种必然趋势。教学信息化主要体现在将信息技术与专业课程进行整合，即通过信息技术来更便捷、更有效、更有趣味地展示专业教学内容。这种整合不仅改变了教师的教学方式和学生的学习方式，而且改变了教学过程中的人际交往方式。教师不再只是知识的传授者，而是教学活动的组织者、学生学习的指导者和帮助者、学生能力的培养者；学生不仅仅是知识,的接受者，也可以成为教学课程建设的参与者。教师大量的工作从课上转为课下，如建立专业知识的网络资源，为学生学习提供大量的文字、电子音像等信息材料，以便为学生的个性化学习和自由发

展提供广阔的空间。

微课是教育信息化不断发展到一定程度而涌现出来的具体表现形式,它将教育信息化从多媒体应用主导发展到在线视频与互动教学主导,是以阐释某一知识点为目标,以短小精悍的在线视频为表现形式,以学习或教学应用为目的的在线学习和移动学习的结合体。但是,从国内已有的主要微课研究情况来看,微课研究往往处于一种理论化的构建,更多的是探讨微课的概念与要求,很少涉及实际操作中的问题,并没有从某一门具体的专业课程建设角度来探讨如何通过微课教学模式
提高教学效果。

(一)高职微课教学改革需要以微视频为核心构建完整的教学环境

微课教学是以微视频为主要载体、基于某一个具体"知识点"的资源重新组织和呈现。在微课教学模式中,教师可以通过微视频作为课堂教学内容的引入,也可以由学生自由支配时间,通过各种移动终端的接收设备(比如手提电脑、iPad,手机等),利用微视频在课前学习基本理论知识或者课后复习教师在课堂上的教学内容。

但是依靠单一的微视频并不能完成一门课程的教学任务,因此必须围绕系列微视频以及其他辅助材料来搭建一个有效的教学环境,以此来满足专业课程的整体教学需求。以系列微课程为核心的微课模式教学环境架构如图 20-8 所示。

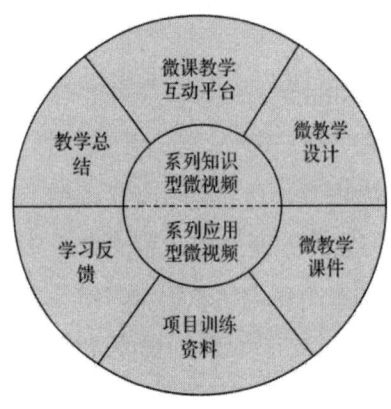

图 20-8 微课模式教学环境组成

（1）微课模式教学环境应当以一个系统连贯、内容完整的微视频链为核心，而不是仅仅包含一个或几个无联系的微视频个例。同时考虑到高职教学中实践操作的重要性，我们可以将微视频分类为知识型微视频和应用型微视频。知识型微视频主要包括教学内容引入、项目预备知识、课程拓展知识等，学生可以在课前通过自行阅读教学内容引入、项目预备知识等微视频来初步完成知识接受，课后自行阅读课程拓展知识微视频扩大知识面等。应用型微视频主要包括课程项目实践过程、训练重点分析等；项目化教学改革后，在课堂教学阶段，每个学生都需要进行实际操作训练，即使进行分组安排，对于 40 余人组成的班级，教师也很难做到对每组同学的实际问题立马解答，因此可以在学生实际操作训练的同时播放课前摄制的应用型微视频，即可让学生观看视频自行解决一些常规问题。例如在"检测技术与应用"课程中，除了创建有关温度、压力、距离、电磁波、磁场等各类物理量及其检测方法，常用传感器的特点、选择条件及使用说明等知识型微视频外，还应该有红外遥控器、倒车雷达等课程实践项目的设计重点、制作过程等应用型微视频内容。

（2）微课教学环境还需要具备传统教学中所需的教学设计、教学课、项目训练资料等课程资源，不过这类资源需要根据微视频链的内容进行调整与修改，使其能够满足微课教学的需求。通过这些资料，可以对微视频中的具体知识点进行详细分析，以便学生在自行学习的过程中能够有更详细的解说；同时，通过项目训练资料引导学生对课程内容进行强化训练，加深学习效果。

（3）微课教学环境还必须具备一个操作方便、应用轻松的微课教学互动平台。只有具备该平台，才能够将教师的微课作品进行教学应用及资源共享，才能引导学生在课前课后应用微课进行自主学习、探究学习和师生互动，才能组织教师开展基于微课教学的观摩、学习、评课、反思、研讨等教研活动。

（二）围绕微课教学环境形成有效的微课课堂教学模式

在以系列微视频链为核心构建了一个微课教学环境后，并不是说就不需要教师通过课堂的模式组织教学，而是需要我们在微课条件下，对传统的教学模式进行进一步调整，通过信息化的有利条件使得知识的传授、实践的训练更加方便、快捷和有效，建立新的微课课堂教学模式，具体框架如图 20-9 所示。

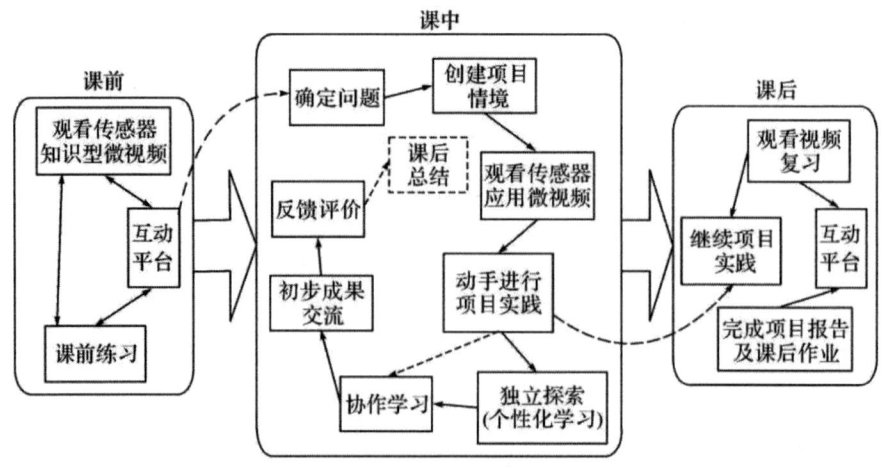

图 20-9 微课课堂教学模式

（1）微课课堂教学模式通过系列微课程将传统教学过程中很多概念性的知识点以微视频、课前联系及互动平台交流方式移到课前完成，学生可以通过电脑、iPad、手机等工具自由选择时间进行在线学习或移动学习，完成知识了解的过程。由于在线学习与移动学习的便捷性、微视频内容的知识高压缩性与直观性，学生可以通过相对零碎的时间模块完成学习知识内容；此外，由于教学互动平台的存在，如果学生在自行学习过程中遇到问题，可以及时通过学习平台求教于其他同学，或者由教师在某一个统一时间进行平台解答。

（2）在课堂教学过程中，教师可以根据互动平台的问题反馈进行教学调整，创建项目情景，指导学生进行项目实践，协助解决项目制作过程中遇到的各类问题。由于通过在线学习与移动学习，学生已经初步完成了教学内容的知识传递，教师在课堂上可以有更多的时间指导学生进行项目实践的训练，让学生通过独立探索和协作学习完成工作项目。在这个过程中，教师主要是想办法引导学生进行交流探讨、进行制作分析等，教师的角色真正从课堂演出的主演转变为课堂演出的导演，在提高学生学习兴趣和强化课堂教学氛围的同时，将内化知识的过程潜移默化地完成，提高了学习的有效性。同时应用型微视频的引入，在学生实践训练阶段可以将教师从频繁的基本问题解答中解脱出来，教师有更多的时间引导学生进入专业知识的深入学习，针对不同的学生进行个性化的指导工作。

（3）由于课堂教学时间的有限性，大部分学生无法在课堂教学时间内完成整个教学项目的训练工作，必须在课后继续进行项目训练。此时，学生既可以通过观看各类教学视频来帮助自己独立解决项目训练过程中遇到的问题，又可以通过互动平台和老师、同学进行问题交流与解答，进一步完成知识内化的学习过程。

三、线上线下一体化"互联网+"个性化"O2O"教学模式研究

"互联网+"教育不是一个单纯的教育技术变革，也不是对传统教育的颠覆，而是构建教育过去、现在和未来的桥梁。现代教育需要通过互联网技术获得"互联网+"的能力，形成新的"信息能源"，从而推动整个教育行业的快速整合，最大限度地利用相关产业和社会资源来充实和丰富教育资源，使得教育更加开放、教师和学生之间的联系更加紧密，更易于提供O2O个性化的教学，也为构建终生学习社会奠定坚实基础。

（一）"互联网+"教学的现实特征

1. "互联网+"教学与传统网络教学区别

传统的网络教学很重视将课堂教学内容和教学方式复制到网络平台，依靠视频方式进行讲解，却常常忽视对教学内容的碎片化设计和重构，无法有效利用网络技术实现协作式和个性化的教学环境，存在众多影响教学质量的问题：一是基于论坛的网络互动教学方式缺乏科学组织，与讨论主题和课堂教学结合不够，学生僵化地围绕教师进行学习，无法形成自己的学习模式，网络系统提供的固定功能和模块也难以体现教师教学设计的创新性和学生自主学习的规划性。二是由于目前的网络学习平台更专注于对学生结果的评价，没有学习过程的记录和分析过程，网络学习平台无法帮助教师准确地分析学习者的学习进度、难度和程度，难以为学生制定个性化的学习方案，而学生也对网络工具的个性化功能充满疑虑。三是学习过程设计存在较大区别，教学过程通常包括知识传授和知识内化两个阶段。知识传授是通过教师在课堂中的讲授来完成，知识内化则需要学生在课后通过作业、操作或者实践来完成。传统网络教学与"互联网+"学习过程区别如表20-2所示。

表 20-2　传统网络教学与"互联网+"教学过程比较

学习过程	传统网络教学	"互联网+"教学
知识传授方式	传统网络教学以教师为中心，教师在教学平台开展广播教学，学生处于被动接受的地位，整个教学没有教师和学生的现场互动，教师无法通过平台进行面对面的学习指导，学习效果堪忧	"互联网+"教学模式以学生为中心，教师多采用网络现场直播和课后预约指导的方式对学生进行指导，同时课前还有相应的自学环节，让学生按照自己的节奏学习知识，各类教学资源可重复学习直到学懂为止
知识内化方式	传统网络教学模式知识内化方式较少，基本以课后训练巩固方式为主，辅以偶尔的邮件或者在线沟通指导	"互联网+"教学模式涵盖了教师现场指导、个人探究、小组协作、反馈提升、线上指导等多种模式
个性化教学	传统网络教学模式实施过程中，教师根据自己的主观判断，随机选择学生进行辅导	"互联网+"教学模式通过互联网技术和大数据分析掌握学生学习过程数据，系统能为每一个学生制定相应的学习方案，进行个性化辅导
教育价值的传播模式	传统网络教学模式基于网络广播的纯线上模式开展知识传播	"互联网+"教学模式基于 O2O 的理念，采用线上线下结合的方式进行知识传播;
教学活动中师生角色定位	传统网络教学模式中，教师为教学的发起者和组织者，往往也是教学的终结者	"互联网+"教学模式中，学生可以是知识的拥有者、教学活动的发起者和组织者

2."互联网+"教学促使学习模式的变革

在"互联网+"的教育观中，课程教学必须围绕学生的需求和个人偏好实施，教师虽为主体，但学生是中心。师生共同制定教学和学习方案，学生根据平台提供的学习软件，规划适合自己的学习方式和学习进程。学生利用平台教学资源进行自主预习，教师利用课前时间帮助学生构建一个新的学习时空，鼓励学生不受时空限制地进行课程内容的探索、知识技能的训练，形成较为严密的学习型组织。在课堂教学环节，教师在教学设计和教学组织中仍然为主导地位。教师在课堂中组织高质量的协作学习活动，通过项目化训练和答疑，培养学生独立学习能力。课后，教师和学生将学习过程数据上传到大数据平台进行分析和信息共享，分析结果作为实施个性化教学和分层教学的科学依据，让每个学生都能顺利达成学习目标。

3.基于"互联网+"教学的新特征

"互联网+"教学能按需构建学习环境。随着移动技术和大数据分析技术的不断成熟，每个学习者的学习信息采集将更加便利，教育者能更好地构建虚拟学习社区和课堂，具有相似学习诉求的学习者能更加自如地开展自学和协作学习。

"互联网+"教学需要联通世界。"互联网+"教学为不同语言和学习背景的学习者提供合适的教学资源和方案，比如 MOOC 的开发人员考虑到学习者的语言差.异，在制作 MOOC 课程时，力求短小精悍，通俗易懂，并配有翻译字幕。因此"互联网+"教学模式不但真正打破时间、地域的限制，还突破了语言和文化的壁垒，使得整个教学体系更加完善，学习者可以获得世界范围的优秀教育资源。

"互联网+"教学不断突破和尝试构建新的教学内容和方式。不少学习者尝试在多样化的教学模式和学习方法中找寻适合自己的模式经验，但效果差强人意。现在，在"互联网+"模式下，学习者也将成为学习的发起者，讨论的组织者甚至知识应用的创新者，势必导致知识体系、教育价值观和教育体制的变革和突破，教育的使命、教育的价值观、教育体制正通过互联网与教育不断融合而重新定义，让学生更加愿意学，教师更加愿意教。"互联网+"教学提供有效的个性化和协作化教学服务，培养学生自主学习意识，将学习成为自身内化特质，实现基于"O2O"的教学价值推送，这样才能形成真正的教学内容和方式的突破。

（二）"互联网+"教学模式的构建

1.模式构建的理论基础

本模式主要基于美国教育学心理学家布卢姆的掌握学习理论和建构主义

理论。布卢姆认为，只要能有效选择卡罗尔学习模式中的机会、毅力和能力这些变量，那么学习过程和成果就是可以进行掌控的，学生就很有可能实现设定的学习目标，达到相应的知识技能水平。因此，只要允许学生在合适的时间和较为理想的学习条件下积极从事学习活动，就可以在时间充足的情况下达到理想的学习结果。而"互联网+"教学恰恰可以帮助学生突破时间、空间的限制，依靠网络和大数据技术来定制个性化的"O2O"学习方案。教师将教学内容的设计和面对面的在线教学作为工作重点，教师依靠互联网将最好的教学内容通过最有效的方式传递给全世界的学习者。

2."互联网+"教学模式的学习环境的构建

根据建构主义学习理论，"互联网+"教学注重学生个体差异，培养学生通过获取外界信息结合自身能力对知识经验进行重构的能力。本模式沿用了建构主义学习环境的构建模式，即对教学情境、工具、资源、组织架构四个基本要素进行设计。其中工具是指教学过程加工工具、处理工具、交流工具、可视化工具等，教师利用这些工具设计教学方案、提供多媒体资源、组织协作学习和讨论活动，让学习者接受个性化教学，培养学生自主学习的能力。资源泛指促进教学的所有静态和动态素材，狭义指根据个体需求按照一定教学策略重组加工后的元知识。组织架构是指知识在互联网的表现形式，涉及知识图谱的排列顺序、元认知形式、知识使用程序和学习策略。教师将学习环境要素与互联网教学相结合，科学地搭建真实的学习环境，更能激发学生学习兴趣，提高教学质量。

3.基于"互联网+"教学模式设计

目前，网络教学模式可以分成纯在线模式和线上线下相结合模式，这两类在线学习模式都存在各自的缺陷。纯在线教学模式存在退学率高、缺乏面对面教学指导和难以考核认证等问题，导致大部分学习者难以坚持学完课程并获得与传统教学模式同等水平的教学效果。线上线下相结合的模式可以解决纯在线模式在教学支持和教学效果方面的问题，但对教学场所、学习人数有一定要求，要求学习者到场进行操作和考核。虽然没有在线模式那么方便，但其教学质量和教学效果是比.较接近传统教学的。从"互联网十"角度来看，后者较符合将教育价值通过互联网进行传播从而产生新的价值的一种教学模式。

参考文献

[1]杨云,张亦辉.计算机网络技术与实训[M].北京:中国铁道出版社,2009.

[2]胡钦太.融合与创新:教育信息化理论发展[M].北京:高等教育出版社,2017.

[3]李馨.信息化教学设计的理论与模式研究[M].长春:东北师范大学出版社,2015.

[4]严争,疏凤芳.计算机网络基础教程[M]. 4版.北京:电子工业出版社,2017.

[5]熊建强,黄文斌.计算机网络教程[M].2版.北京:机械工业出版社,2013.

[6]王建珍.计算机网络应用基础[M].3版.北京:人民邮电出版社,2013.

[7]唐玉林.物联网技术导论[M].北京:高等教育出版社,2014.

[8]潘荷新.网络技术应用与实训教程-Internet 环境[M].北京:科学出版社,2009.

[9]龚娟.计算机网络基础[M].2版.北京:人民邮电出版社,2013.

[10]杜辉,赵娜.计算机网络基础与局域网组建[M].北京:北京邮电大学出版社,2013.

[11]谢希仁.计算机网络[M]. 7版.北京:电子工业出版社,2017.

[12]王协瑞.计算机网络技术[M]. 4版.北京:高等教育出版社,2018.

[13]刘敬贤,高静,周建坤.网络设备配置项目教程[M].北京:清华大学出版社,2015.

[14]杨云,杨欣斌.计算机网络技术与实训[M]. 3版.北京:中国铁道出版社,2014.

[15]刘丹宁,田果,韩士良.路由与交换技术[M].北京:人民邮电出版社,2017.

[16]黄林国,章仪.网络安全技术项目化教程[M].北京:清华大学出版社,2012.

[17]吴兴勇.实用网络技术[M].北京:中国农业大学出版社,2015.